Aspectos Jurídicos do
Countertrade

L532a Leister, Margareth
   Aspectos jurídicos do "countertrade" / Margareth Leister. Porto Alegre: Livraria do Advogado, 2000.
   344 p.; 14 x 21 cm.
   ISBN 85-7348-148-X

   1. Comércio internacional. 2. Contrato Comercial: Direito internacional privado. I. Título.

CDU 347.741:341

Índices para catálogo sistemático:

Comércio internacional
Contrato comercial: Direito internacional privado

(Bibliotecária responsável: Marta Roberto, CRB-10/652)

Coleção Direito e Comércio Internacional

Margareth Leister

Aspectos Jurídicos do
Countertrade

Porto Alegre 2000

© Margareth Leister, 2000

Capa de
Humberto Rossetti Baptista

Revisão de
Rosane Marques Borba

Projeto gráfico e composição de
Livraria do Advogado Editora

Direitos desta edição reservados por
Livraria do Advogado Ltda.
Rua Riachuelo, 1338
90010-273 Porto Alegre RS
Fone/fax: 0800-51-7522
E-mail: info@doadvogado.com.br
Internet: www.doadvogado.com.br

Impresso no Brasil / Printed in Brazil

Dedico este livro

Aos Professores *José Roberto da Fonseca*, pela visão wagneriana do mundo; *Eros Roberto Grau* e *Guido Fernando Silva Soares*, que sempre me incentivaram; *Araminta Azevedo Mercadante*, amiga, pelos chás, chopes e conversas, além da orientação acerca do GATT; e *José Tadeu de Chiara*, pela valiosa contribuição que trouxe ao exame de qualificação;

Aos inúmeros amigos e principalmente à minha filha *Bárbara*, pela paciência com que se iniciaram compulsoriamente nas veredas do Direito Internacional;

Ao paternalíssimo e cativante amigo *Luiz Olavo Baptista*, meu orientador de teses e de posturas na vida.

Siglas

ACECO	*Association pour la Compensation des Echanges Commerciaux*
AID	Associação Internacional de Desenvolvimento
ASEAN	Associação das Nações do Sudoeste Asiático
BIRD	Banco Internacional de Reconstrução e Desenvolvimento - Banco Mundial
BNT	Barreiras não-tarifárias
CAME	Conselho de Assistência Mútua Econômica (COMECON)
CCI	Câmara de Comércio Internacional de Paris
CEE	Comunidade Econômica Européia
CEI	Comunidade dos Estados Independentes
Convenção de Viena	Convenção das Nações Unidas de 1980 sobre a venda internacional de mercadorias
EFTA	Associação Européia de Livre Comércio
FMI	Fundo Monetário Internacional
GATS	Acordo Geral sobre o Comércio de Serviços e Anexos
GATT	Acordo Geral sobre Tarifas e Comércio
INCOTERMS	*International Commercial Terms*, publicação da C.C.I. dando o significado das abreviações das cláusulas e contratos em 18 países (FOB, CIF, *et alli*). Inicialmente publicada em 1936, e subseqüentemente revista encontrando-se em vigor a de 1990.
MERCOSUL	Mercado Comum do Cone Sul
NAFTA	Acordo de Livre Comércio da América do Norte
NICs	Países recentemente industrializados
OCDE	Organização para Cooperação e Desenvolvimento Econômico
OMC	Organização Mundial de Comércio
ONU	Organização das Nações Unidas
OPEP	Organização dos Países Exportadores de Petróleo
OTAN	Organização do Tratado do Atlântico Norte
PNUD	Programa das Nações Unidas para o Desenvolvimento
PIB	Produto Interno Bruto
RDA	República Democrática Alemã
RFA	República Federal da Alemanha
SGS	*Societé Générale de Surveillance SA*
UNCITRAL	Comissão das Nações Unidas para o Direito do Comércio Internacional
UNCTAD	Conferência das Nações Unidas para o Comércio e o Desenvolvimento
UNCTC	Centro das Nações Unidas para as Empresas Transnacionais
UNIDO	Organização das Nações Unidas para o Desenvolvimento Industrial
UNIDROIT	Instituto Internacional para Unificação do Direito Privado

Prefácio

O exame do *countertrade* sob o prisma jurídico é difícil, porquanto o tema é muito amplo. Tais práticas revestem-se de aspectos políticos, regionais, econômicos e de regime jurídico extremamente localizados.

Num enfoque dos aspectos gerais do comércio compensado, podemos começar com um registro anedótico interessante. Provavelmente o inventor dessa técnica, ou talvez aquele que modernizou e sofisticou a troca, - que é conhecida desde o início do comércio, no alvorecer da história das relações humanas - e a transportou para o moderno comércio internacional, foi Hjalmar Schachst, que foi Ministro das Finanças na Alemanha de Hitler. Quando assumiu o Ministério das Finanças, a Alemanha era um país extremamente endividado, que fabricava alguns produtos industriais. O país recuperava-se da I Grande Guerra, e ainda vivia a crise do pagamento das dívidas que assumira pelo Tratado de Versalhes. Tinha uma necessidade premente de matérias-primas, faltavam-lhe divisas e precisava exportar a sua produção, a fim de obtê-las e manter ou elevar o nível de emprego. Seus fornecedores e clientes mais promissores eram os países do esfacelado Império austro-húngaro, os quais também viviam crises monetárias e precisavam dos manufaturados alemães.

Suprindo a falta de divisas de ambas as partes, iniciou um sofisticado programa de trocas de manufaturados por matérias-primas, obtendo, quando podia, retorno parcial em divisas. Muitas das operações modernas de *countertrade* obedecem àquilo que ele chamava de *Kompensazione geshaeft*, ou *gegenshaeft*.

Essas práticas são o ponto de partida das operações de *countertrade*. Com o correr do tempo e a prática, elas se modificaram e sofisticaram-se.

É interessante notar que na América Latina, onde o problema da escassez de divisas era parecido embora decorrente de outras causas, ocorreu o estabelecimento dentro da ALADI, de "acordos de compensação", com mecânica semelhante a de alguns dos que haviam sido celebrados pela Alemanha com os países balcânicos e que, depois, foram repetidos por outros países europeus.

Em 1948, quando da implantação do Plano Marshall, existiam na Europa 200 tratados bilaterais em vigor para aplicação do comércio compensado e que permitiam as compensações como se fez no seio da ALADI.

O grande obstáculo enfrentado pelo contracomércio na América Latina foi a dificuldade de informação. Os países da região não estabeleceram, ainda, o nível de comunicação e de conhecimentos recíprocos que permitiria a esse comércio desenvolver-se. Por isto, o "contracomércio" não atingiu o mesmo nível que havia atingido na Europa da primeira metade do século. Depois, a mudança decorrente da onda neoliberal e a solução do problema da dívida externa permitiram a volta à prática do comércio sem recurso a trocas.

É importante ressaltar que as operações de comércio tradicionais são preferidas, porque o *countertrade* tem custo elevado. Se, numa operação normal de comércio, os custos são de "x", no contracomércio eles serão de "x+y".

Os custos de administração, negociação e controle são maiores, pois o número de contratos envolvidos, o número de horas de negociação, o número de viagens envolvidas, finalmente os riscos que fazem parte do negócio, que são parte integrante do contracomércio têm seu peso.

Entretanto, a despeito da maior complexidade e custo, o *countertrade* continua a ser usado. Do ponto dos países em desenvolvimento, ele pode ser a oportunidade para uma colaboração no sentido sul-sul muito importante. Ele tem também a utilidade política de permitir dissimular os preços reais dos negócios, permitindo operações em que esses sejam manipulados, dificultando a detecção do *dumping*, em certas operações. Daí partem algumas das restrições que o GATT fazia à prática do comércio compensado. Também mantém sua função de facilitador do comércio quando há falta ou escassez de divisas.

A prática do *countertrade* hoje é apanágio das companhias *trading* e dos governos, porque se comprovou que essas operações desdobram-se em dois ou três níveis, às vezes mais, e implicam localizar e reunir todos os interessados.

Alguns exemplos mostram-nos que o *countertrade*, hoje, não se resume à simples troca de mercadorias, no sentido tradicional. Num caso, a CBS, a grande cadeia de televisão dos Estados Unidos, realizou uma operação que é classificada, juridicamente, como de *countertrade*, tendo por parceira a CC-TV, a companhia de televisão da China. O acordo consistiu em trocar o tempo de anúncios na CC-TV por programação televisiva da CBS. Esta comercializa esses minutos de *spots* publicitários da televisão chinesa, distribuindo-os entre companhias norte-americanas que estão interessadas em fazer uma imagem junto ao público chinês.

Outro caso que foge dos padrões normais e mostra a amplitude das operações de *countertrade* consistiu num *offset* feito entre entidades de Israel, Espanha, Portugal e da antiga Iugoslávia com MacDonnel Douglas Company, uma produtora de aviões. As companhias de aviação desses países compraram aviões da MacDonald Douglas com a condição de que esta organizasse certo número de excursões turísticas ou enviasse determinado número de turistas, com cuja receita os aviões seriam pagos. Então, a companhia teve que desenvolver dois esforços: o de encaminhar os turistas e o de fornecer os aviões. Os países apenas ofereciam sua estrutura de acolhimento, para receber os turistas e daí tirar os recursos necessários a fim de que a operação se completasse. A companhia era creditada de uma comissão mais alta do que as das agências de turismo e era utilizada como meio de amortização do preço dos aviões.

A dívida externa de alguns países foi também objeto de operações de *countertrade*, das mais variadas maneiras, sendo os títulos repassados, convertidos em investimentos e trocados por mercadorias ou por dívidas de outros países.

Isso permite visualizar, de um lado, a flexibilidade e, de outro, a amplitude que podem atingir as operações de *countertrade*. É praticamente ilimitado o que a imaginação humana pode suscitar em matéria de *countertrade*.

Isso dá uma amostra do desafio que Margareth Leister aceitou ao encetar a elaboração deste livro. E a fez com inegável competência, concluindo um trabalho inédito em português, um dos poucos textos jurídicos escritos sobre este rico e complexo tema.

Aqui, operações como a troca, o *barter* e outra são examinadas no detalhe de suas características próprias.

Por exemplo, a troca - a mais clássica das operações - hoje, praticamente, não é encontrada - foi substituída por uma série de sucedâneos, que são formas bastardas de troca, em que ocorrem duas vendas simultâneas, ou a conjugação de vendas sucessivas - o caso das operações sucessivas que vimos - ou a conjugação de trocas com outorga de garantias bancárias ou seguros, e/ou com a concessão de financiamentos simultâneos, que permitem vendas posteriores no outro sentido.

Isto faz com que haja uma estrutura contratual que se assemelha um pouco à estrutura contratual usual no comércio exterior, nas operações a longo prazo. Existe um protocolo básico, um *umbrella agreement* a partir do qual são celebrados alguns contratos ancilares ou satélites, que permitem completar e detalhar a operação. A autora detém-se na morfologia e nos aspectos funcionais de cada um desses tipos, penetrando-lhes as dificuldades com a mão firme do pesquisador preparado. Não se perde em comparações com institutos que nada têm a ver, pois situados em outros contextos, nem deriva para a demagogia fácil das frases feitas e dos lugares-comuns a que ninguém se opõe. Ao contrário, seleciona e examina com rigor, mas também com leveza de linguagem este universo complexo das operações de *countertrade*, complexo e tão variado que aqueles que o contemplam pela primeira vez, ou sem se aprofundar não conseguiam ver as linhas que compõem o sistema. Agora, ajudados pelo excelente trabalho de Margareth Leister, poderão ver organizado o mundo do *countertrade*.

A elaboração de um protocolo de *countertrade* é talvez das peças mais complexas de ser preparadas por um advogado, que exige uma experiência profissional ampla e setorizada, porque é preciso prever tudo aquilo que vai acontecer e regulamentar. O protocolo, sumariamente, deve deixar aparente a desvinculação dos contratos; estabelecer bem quais serão os instrumentos ancilares vinculados, e com cuidado, fixar neles, de modo coordenado, as características, as qualidades, as quantidades e os prazos das entregas e dos negócios sucessivos; cuidar das cláusulas penais com muita atenção; escolher qual o foro e a legislação que regerão as obrigações; e estabelecer, extremamente. Convém também não esquecer a possibilidade de cessão de direitos dentro dos protocolos.

Essas operações passarão a ser mais fáceis se os que as praticarem estiverem apoiados neste livro que recomendo como instrumento de trabalho, indispensável aos operadores do comércio exterior. Mesmo os que não são da área jurídica encontrarão aqui idéias, sugestões, orientação, para que possam atuar melhor na área do *countertrade*.

Luiz Olavo Baptista

Sumário

Apresentação 19
Capítulo 1 - Fatores econômicos e políticos 29
Capítulo 2 - Breve histórico 49
Capítulo 3 - Conceito e tipologia do *countertrade* em nossos dias 63
   3.1. Tipos de operações de *Countertrade* 66
   3.1.2. Parâmetros para a tipificação 69
   3.2. Formas originais 71
   3.2.1. *Barter* 71
   3.2.2. *Offset* ou acordo de compensação de saldos 81
   3.2.3. Acordos de compensação 88
   3.2.4. *Counterpurchase* 92
   3.2.5. *Buyback* ou acordos de recompra 98
   3.2.6. Conversão da dívida externa 109
   3.2.7. *Switch trading* 115

Capítulo 4 - Aspectos de Direito Internacional Público 121
   4.1. Os acordos de *countertrade* em face do sistema
      Bretton Woods 121
   4.1.1. A posição do FMI 121
   4.1.2. A posição do Banco Mundial 124
   4.1.3. Em face do sistema GATT/OMC. 127
   4.2. Reações e acomodações 133
   4.2.1. Posições governamentais 133
   4.2.2. Posições das Organizações Internacionais 137

Capítulo 5 - A prática do *countertrade* 141
   5.1. Qualificação dos contratos 141
   5.2. Forma contratual 142
   5.2.1. Grupos de contratos *versus* contrato único 142
   5.2.1.1. Protocolo básico 155
   5.2.1.2. Cláusula de vínculo obrigacional mútuo 160

5.2.1.3. *Bell agreement* ou contrato-quadro 163
5.2.2. Contratos independentes 165
5.2.1. Compra-e-venda 166
5.2.1.1. Transferência de tecnologia e contrato de fornecimento 168
5.2.1.2. Prestação de serviços 171
5.3. Cláusulas típicas 174
5.3.1. Vigência do contrato 175
5.3.2. Flutuação das moedas envolvidas 184
5.3.3. Preço e valoração do objeto do contrato 187
5.3.4. Produtos/mercadorias e padrões de qualidade 196
5.3.5. Forma de entrega 204
5.3.5.1. Execução periódica e continuada 207
5.3.6. Termo de sigilo 209
5.3.7. Documentos necessários em cada fase 211
5.3.8. Possibilidade de cessão dos créditos e de transferência das obrigações a terceiros 214
5.3.9. Forma de extinção de obrigações 218
5.3.10. *Exceptio non adimpleti contractus* 223
5.3.11. Excludentes de cumprimento de obrigação 226
5.3.12. Renegociação e/ou *amiable compositeur* 235

Capítulo 6 - Patologia das operações de *countertrade* 243
6.1. Dificuldades 243
6.1.1. Custo operacional elevado 243
6.1.2. Riscos 246
6.1.3. Financiamentos 249
6.2. Vantagens 252
6.2.1. Captação de mercados 253
6.2.2. Preservação de reservas 255
6.2.3. Aceitação do *countertrade* como elemento diferenciador entre dois ou mais produtos competitivos 259

Conclusão 261

Bibliografia 269
Livros 269
Artigos 272
Relatórios, guias e estatísticas 276
Obras citadas e recomendadas 277

Anexos 283
1. *Barter* 283
2. *Barter* com utilização de conta bloqueada 287
3. Acordo de compensação 291

4. Protocolo de acordo de recompra 299
 5. Protocolo de *counterpurchase* 300
 6. Acordo de compensação 301
 7. *Counterpurchase* 304
 8. *Counterpurchase* 313
 9. *Buy-back* 317
10. *Lease purchase* 324
11. *Offset* 326
12. *Offset* 330
13. Acordo de cooperação industrial e comercial 335
14. Contrato de conta bloqueada 340
15. *Joint-venture* 341

Apresentação

O comércio, desenvolvido paralelamente à humanidade, estabeleceu-se após a primeira divisão do trabalho por especialização. Já na transição entre o período paleolítico superior e neolítico, marcada pelo final da última glaciação em meados de 9.000 a.c., há notícias da ocorrência do escambo[1] na forma de trocas isoladas. Após, com o desenvolvimento da agricultura e da pecuária, veio a troca regular de produtos por produtos (a chamada "troca inferior") e sua condução à produção mercantil.[2] Daí passou-se à troca equivalente, com o desenvolvimento das noções de valor e preço[3] (a chamada "troca superior"). A princípio, produtos de consumo foram utilizados como intermediários de trocas: peixe seco, nas comunidades pesqueiras; gado; blocos de chá, no Tibete; barras de sal; açúcar; couro; peles; conchas; tecido de algodão; dentre outros;[4] até que os metais

---

[1] Há notícias de comércio de obsidiana na região conhecida por "Crescente Fértil" (Oriente Médio), proveniente da Ásia Menor. V. DIAKOV e S. KOVALEV, *História da Antigüidade*, vol. 1, Lisboa: Estampa, 1976.

[2] RICARDO J. MARTINS, *in Operações com Moeda Estrangeira*, São Paulo: Aduaneiras, 1988, descreve a evolução e explica os seguintes efeitos: "[...] no fim da Idade Média, a economia de escambo foi paulatinamente substituída pela economia monetária, ou seja, a permuta de mercadoria por outra mercadoria deu lugar a um processo de compra e venda de mercadorias, ou seja, a permuta de mercadoria por moeda, num primeiro momento e, em seguida, a permuta de moeda por moeda - o que chamamos de câmbio".

[3] Para uma visão geral, é de particular interesse PAUL SWEEZY, *Teoria do Desenvolvimento Capitalista*, capítulo VII, São Paulo: Abril Cultural, 1983.

[4] "Em cada região, os homens escolheram como instrumento de troca uma mercadoria rara o bastante para ter valor, abundante o suficiente para fornecer os meios de pagamento e desejada de forma a ser aceita por todos em troca de bens" GUITTON e BRAMOULLÉ, *in Économie politique*, Paris: Dalloz, 12ème édition, 1979.

demonstraram sua adequação para as funções básicas da moeda:[5] unidade de conta, padrão de valor de pagamentos futuros, meio de troca e reserva de valor. Desenvolveram-se[6] a moeda metálica,[7] a moeda-papel,[8] o papel-moeda,[9] moeda fiduciária[10] e a moeda escritural.[11]

---

[5] DORNBUSCH e FISCHER, in Macroeconomia, São Paulo: McGraw-Hill, 1982; GUITTON e BRAMOULLÉ, ibid.

[6] EUGENIO GUDIN, in Princípios de Economia Monetária, 7ª edição, vol. 1, Rio de Janeiro: Agir, 1970; ensina que: "O fenômeno da moeda pressupõe uma ordem econômica, em que a produção é baseada sobre a divisão do trabalho. O equilíbrio da produção e do consumo tem lugar no mercado, onde os produtores se encontram para trocar mercadorias e serviços, uns com os outros. A função da moeda é a de facilitar os negócios do mercado, agindo como intermediário comum de troca" apud JOSÉ TADEU DE CHIARA, in Moeda e Ordem Jurídica, Tese de doutoramento apresentada perante o Departamento de Direito Econômico da Faculdade de Direito da Universidade de São Paulo, 1986.

[7] "À medida que se desenvolve a troca e se precisa a noção de valor, é o dinheiro que fica constituindo a medida do valor e o meio de circulação. A troca cede lugar à permuta pecuniária; nos primeiros tempos utiliza-se, à guisa de dinheiro, o gado, depois os moluscos, os metais preciosos, etc". V, DIAKOV e S. KOVALEV, op. cit.. No movimentado porto de Ur, na Suméria, a prata começou a ser utilizada como padrão para o preço dos produtos no III milênio.

[8] Ou moeda fiduciária, baseada na confiança no banqueiro emissor - que lhe garantia a convertibilidade em moeda metálica.

[9] Desenvolvido na China, conforme noticia Marco Polo: "Há em Cambaluc [atual Pequim] a Zeca do grande senhor. Ali faz o Grã-Cã [Cublai-Cã, senhor da China de 1.259 a 1.294] cunhar moedas da seguinte forma: pegam na casca das árvores [...] e com a pele que há entre a casca e o tronco fazem uma pasta [...]. Estes papéis ou tiras são cortados de vários tamanhos, quase sempre compridos e estreitos; aos mais pequenos dá-se o valor de metade de um soldo; outros, maiores, valem um soldo, outros meio ducado de Veneza, e outros dois ducados, cinco ou dez, outros valem um bizâncio, outros três bizâncios e assim até dez bizâncios. Todos estes papéis e cartões têm o selo do Grã-Cã. [...] Reparte-os por todas as províncias e reinos, e paga com eles as suas contas. Ninguém pode rejeitar esta moeda, sob pena de ser condenado à morte. E todos os mercadores aceitam estes papéis como pagamento de suas mercadorias. [...] Os comerciantes aceitam-na, com grande prazer, pois poderão, por sua vez, comprar aquilo que bem quiserem. [...] uma vez por ano, publica-se um aviso, dizendo que todos os que possuam ouro, pedras finas e prata os levem à Zeca, para ali serem trocados por papel-moeda". MARCO POLO, in Livro das Maravilhas, 3ª edição, Porto Alegre: L&PM, 1985.

[10] Moeda emitida por instituições financeiras, que garantem a sua convertibilidade com os encaixes bancários, metais em depósito, port-folio comercial.

[11] Créditos da instituição financeira, oferecidos a seus clientes mediante escrituração em conta-corrente. A expressão moeda escritural é atribuída a ANSIAUX, que a cunhou em seu artigo "La circulation scripturale", in REVUE ÉCONOMIQUE INTERNATIONALE, março de 1930, apud GUITTON e BRAMOULLÉ, op. cit.

Com a consolidação das fronteiras nacionais,[12] o comércio tornou-se internacional,[13] conduzido embora parte por nações e parte por indivíduos.[14] Ao longo dos tempos, o comércio tem sido objeto da imposição de novas barreiras, mas continua a desempenhar forte papel ao promover mudanças na história da humanidade. Mesmo nos grandes impérios, em que já se estabelecera a moeda única - curso forçado[15] - para os negócios, bem como o desenvolvimento de vários sistemas legais, tais como em Roma,[16] China, no império de Alexandre Magno, dentre outros,[17] estes não se mantiveram no

---

[12] A propósito, ver FREDERICK ENGELS, *The Origin of the Family, Private Property and the State, in Engels: Selected Writings*, Londres: Pelican Books, 1967; e a crítica de L. J. MacFARLANE, *Teoria Política Moderna*, Brasília: Editora da Universidade de Brasília, 1981.

[13] Nesse sentido, GUIDO FERNANDO SILVA SOARES, "Contratos Internacionais de Comércio: alguns aspectos normativos da compra e venda internacional", *in* YUSSEF CAHALI (coord.), *Contratos Nominados*, São Paulo: Saraiva, 1995: "[...] as relações de troca, de compra e venda primitivas, fazem supor um relacionamento com "o outro", e tal fenômeno é demonstrativo de que o direito comercial (enquanto direito estamental e profissional), nascido na Idade Média, no seu berço, foi um direito 'internacional' entre aspas, pois o adjetivo *internacional* só pode ser aplicado nas relações humanas quando do surgimento de unidades normativas fechadas (os Estados), em finais do século XIV".

[14] TREBILCOCK e HOWSE, *in The Regulation of International Trade*, New York: Routledge, 1995, informam que o primeiro acordo comercial entre nações-estados foi assinado entre os reis do Egito e da Babilônia, cerca de 2.500 a.C.

[15] GUITTON e BRAMOULLÉ assim diferenciam *Curso Forçado* de *Curso Legal*: "[...] as moedas têm curso legal desde que os vendedores e credores as tenham que aceitar em pagamento sem limitação, mas o banco que as emitiu é obrigado a reembolsá-las, ao portador e à vista, em moeda metálica. [...] as moedas têm curso forçado desde que sejam inconvertíveis [...] o público é obrigado ou 'forçado' a utilizá-las como moeda" , *op. cit.*. JOSÉ TADEU DE CHIARA, *op. cit.*, assim as distingue: "O curso legal constitui-se na disposição legal que, de forma indiscriminada, veda a recusa de determinada moeda para pagamento de débito de qualquer natureza. O curso forçado distingue-se do curso legal, pois, enquanto este toma a moeda na sua função de instrumento de troca e meio de pagamento conferindo-lhe compulsoriedade na circulação, o curso forçado diz respeito ao próprio conteúdo de valor da unidade monetária, fazendo prevalecer a expressão nominal do instrumento monetário, e impedindo a sua conversão em metal precioso".

[16] "O *talento* dos gregos, o *sestércio* dos romanos, o *ducado* de Veneza [...] oferecem exemplos de moeda de conta [...] que não existiram materialmente [...] mas eram utilizados como o meio para expressar o valor de mercadorias". GUITTON e BRAMOULLÉ, *ibid*.

[17] Desde 1800 a.e.C., com a Mesopotâmia (Babilônia sob Hammurabi) e demais impérios persas; sistema Minóico (2.700 a.e.C.); Civilização de Harapa

tempo. Com isso, suas instituições normativas e de coerção foram substituídas por outras mais adequadas às necessidades emergentes. Ao passo que outras nações foram se formando e diversificando, o tempo e o desenvolvimento tecnológico estabeleceram novos desafios. Em resposta, são desenvolvidas inovações que se disseminam rapidamente na prática comercial, passando a ser, ao mesmo tempo, oportunidade e repto para os governos, empresas e indivíduos atuantes no cenário internacional.

Tais inovações são fruto da reciprocidade de interesses das partes envolvidas, gerando uma regulamentação contratual diversa dos modelos tradicionais a reger os negócios levados a termo.

No curso da história, o comércio internacional desenvolveu-se a partir do estabelecimento dos primeiros núcleos organizados - cidades, Estado ou reinos - e segue a sorte das nações. Evolui, ou morre. Essa evolução significa inovar para responder aos novos desafios postos pela história. Novas soluções econômicas e comerciais são logo objeto de elaboração jurídica - quer pela formação de novos modelos,[18] quer pela adaptação de institutos já existentes. Com o fim de apontar o nexo lógico entre essas questões e o assunto deste estudo, faremos breve registro de algumas idéias a respeito da mutabilidade e renovação do direito, tanto quanto o permitem os limites deste livro, iniciando por Miguel Reale:[19]

> "[...] nas sociedades em mudança não se verifica apenas uma insólita aceleração no processo de adaptação dos modelos jurídicos à infra-estrutura

---

(2.300 a.e.C.); consolidação da Dinastia Chiá, na China (2.200-1.600 a.e.C.); Grécia, a partir de 600 a.e.C.; *Pax Romana*; Império hindu estabelecido por Bimbisara, por volta de 500 a.e.C.; Império Japonês, sob o príncipe regente Shotoku (600 e.C.); Rússia kievita, a partir do ano 1.000.

[18] "[...] modelos jurídicos são os que surgem na experiência jurídica como estruturação volitiva do sentido normativo dos fatos sociais" MIGUEL REALE, *Estudos de Filosofia e Ciência do Direito*, São Paulo: Saraiva, 1978.

[19] *In Estudos de Filosofia e Ciência do Direito*, ibid.

social, mas se põe a exigência de novos critérios na concepção desses mesmos modelos [...]. Elaborar um modelo jurídico é, por conseguinte, um trabalho de aferição de dados da experiência para a determinação de um tipo de comportamento não só possível, mas considerado necessário à convivência humana. [...] O modelo jurídico é, pois, algo que se destaca e se autonomiza da fonte da qual promana, em virtude de sua contínua e necessária adaptação à multiplicidade dos fatos sociais".

E ensina, em sua clássica obra *O Direito como Experiência*:[20]

"é a forma de vida atual que suscita e exige, ao lado dos modelos tradicionais, criações imprevistas no plano negocial, engendrando uma multiplicidade de 'contratos inominados', demonstrando, como salienta Messineo, que os 'institutos jurídicos têm, o mais das vezes, o seu germe, não na fantasia dos juristas, ou do assim chamado legislador, mas sim na capacidade inventiva prática dos próprios interessados, recebendo geralmente uma disciplina costumeira, antes que a legislação dela se apodere'."

Já no início do século, Planiol afirmava que a inovação só seria possível com a criação de "novos objetos de contrato" e a mistura de "seus diversos gêneros".[21] No mesmo diapasão, Álvaro Villaça Azevedo:[22]

"A liberdade contratual revolucionou os meios jurídicos, sendo responsável, ainda, pelo desaparecimento dos formalismos exagerados vindo dos romanos. A liberdade de contratar abriu novos horizontes aos indivíduos, que iniciaram a criação de

---
[20] *O Direito como Experiência*, São Paulo: Saraiva, 1968.
[21] *In Classification synthétique des contrats, apud* BERNARD Teyssié, *Les groupes de contrats*, Paris: Lib. Générale de Droit et de Jurisprudence, 1975.
[22] *In Contratos Inominados ou Atípicos*, 2ª edição, Belém: CEJUP, 1984.

inúmeros contratos, nos moldes de suas necessidades atuais, aumentando o elenco de convenções inéditas, ao lado dos contratos tradicionais, que chegaram até nós através da mencionada depuração pelo tempo, sedimentando-se no ordenamento jurídico positivo, com regulamentação particular".

Com efeito, a existência de sistemas normativos internos e internacionais concomitantes a um sistema monetário internacional não impede o surgimento de práticas comerciais sem substrato jurídico, como fruto da criatividade do meio empresarial e das necessidades comerciais emergentes.

Vêm a propósito as palavras de Von Ihering,[23] quando discorre sobre o progresso do direito:

"Com o decorrer do tempo os interesses de milhares de indivíduos e de classes inteiras prendem-se ao direito existente, por maneira tal, que este não poderá nunca ser abolido sem os irritar fortemente. [...] Daí uma luta na qual, como em todas as lutas, não é o peso das razões, mas o poder relativo das forças postas em presença que faz pender a balança e que produz freqüentemente resultado igual ao do paralelogramo das forças, isto é, um desvio da linha reta no sentido da diagonal".

Se é verdade que um contrato é a transposição jurídica de uma operação econômica,[24] o instrumento técnico - meio - que vai permitir que o agente alcance os fins pretendidos e a tutela de seu interesse deve se adequar às dinâmicas inovações emergentes, fruto da evolução constante e da transformação das instituições. Ludwig Enneccerus[25] assim trata o tema:

---

[23] *In A Luta pelo Direito*, 15ª edição, Rio de Janeiro: Forense, 1995.
[24] Nesse sentido, HANS KELSEN, que entende ser o contrato criação de uma norma jurídica particular que gera obrigações e direitos concretos não existentes antes de sua criação (*in El Contrato y el Tratado*, apud ORLANDO GOMES, *Contratos*, Rio de Janeiro: Forense, 1990, 12ª edição).
[25] Enneccerus, Kipp e Wolff, *in Tratado de Derecho Civil*, Tomo II, volume 1, Barcelona: Bosch, 1933.

"[...] los contratantes, supuesto que haya un interés digno de protección, pueden convenir relaciones de obligación de cualquier contenido, siempre que no sean contrarias a las prohibiciones legales o las buenas costumbres. [...] es de advertir que, a diferencia del derecho romano, pero de acuerdo con el derecho común, en el derecho de obligaciones se reconoce tambiém la representación imediata. En cuanto a esto se aplican las reglas generales".

E Pontes de Miranda:[26]

"[...] a vida muda. Embora os princípios permaneçam, mudam-se estruturas e conteúdos de negócios jurídicos".

E Geraldo de Camargo Vidigal:[27]

"O que se passa no espírito humano, reflete-se nas instituições do homem. [...] Hiatos de tempo separam o momento em que alguém concebeu um aprimoramento, ou modificações ou soluções revolucionárias, e o momento em que um grupo social institucionalizará o que foi concebido".

Voltando ao pensamento de Von Ihering:[28]

"O direito é como Saturno devorando os seus próprios filhos; não pode remoçar sem fazer tábua rasa do seu próprio passado. [...] Mas o direito considerado como causa final, colocado em meio da engrenagem caótica dos fins, das aspirações, dos interesses humanos, deve incessantemente ansiar e esforçar-se por encontrar o melhor caminho e, desde que se lhe depare, deve terraplanar toda a resistência que lhe opuser barreiras".

---

[26] *In Tratado de Direito Privado*, Tomo XXXVIII, 3ª edição, Rio de Janeiro: Borsoi, 1972.
[27] *In Teoria Geral do Direito Econômico*, São Paulo: Revista dos Tribunais, 1977.
[28] *Op. cit.*

A formação de novos modelos ou a transmutação dos modelos conhecidos ocasionam o surgimento de novos contratos, chamados "atípicos."[29] Seguindo o princípio da autonomia da vontade, o magistério de Orlando Gomes ensina que as partes contratantes detêm a faculdade de criar quaisquer obrigações, em decorrência da liberdade de contratar assegurada pelo direito moderno. Os modelos contratuais utilizados com freqüência tornam-se objeto de regulamentação, e, com isso, passam a ser:

> "[...] contratos *nominados* ou *típicos*. Os que se formam à margem dos *paradigmas* estabelecidos - como fruto da *liberdade* de *obrigar-se* - denominam-se contratos *inominados* ou *atípicos*".[30]

Nesse diapasão, Luiz Alfredo Paulin[31] nota que:

> "[...] em alguns casos, as figuras atípicas passam a ter contornos bastante identificáveis, em razão da prática. É que o próprio mercado, valendo-se constantemente desta figura contratual, passa a dar-lhe certos contornos mais perceptíveis. Assim, o mercado, de certa maneira, estandartiza o conteúdo dos contratos. [...] em relação a várias figuras contratuais, muito embora elas não sejam objeto de norma positiva, é possível desde logo, a partir da prática reiterada por parte dos agentes econômicos, estabelecer-se os exatos contornos do instituto".

Dentre estas inovações, destaca-se a prática do *countertrade*, também conhecido por "contrapartida co-

---

[29] ÁLVARO VILLAÇA AZEVEDO, *op. cit.*, explicita: "Contrato atípico é o que não se ajusta em qualquer dos tipos, dos moldes, dos modelos, contratuais estabelecidos em lei. Respeitando-se o fato de estar incrustada no uso a expressão contrato inominado, mais tecnicamente seria de dizer-se contrato atípico. A atipicidade significa ausência de tratamento legislativo específico".
[30] *Op. cit.*
[31] In *Contribuição ao Estudo dos Contratos Internacionais de Know-how*, tese apresentada para a obtenção do grau de doutor perante o Departamento de Direito Internacional da Faculdade de Direito da Universidade de São Paulo, 1994.

mercial", que ocupa posição de destaque no comércio internacional. Hermes Marcelo Huck,[32] em 1986, apontava que:

> "[...] se não existe tipificação para o contrato de *countertrade* e ele existe como fenômeno econômico, cabe a nós, juristas, tipificá-lo. Na realidade, é função nossa captar essa necessidade do mundo econômico e dar fórmula jurídica a ela como advogados, como legisladores. Então, há que trabalharmos no sentido de vislumbrarmos e definirmos um enquadramento jurídico viável, possível, para que aceitemos esta operação, esta contratação que existe no mundo econômico".

Em 1996, o volume do comércio mundial é estimado em cerca de US$ 4 trilhões,[33] dos quais cerca de um terço dos negócios envolvem outros meios de pagamento que não moeda[34] ou crédito.[35] E é neste contexto que se desenvolve nosso estudo.

---

[32] *In* palestra proferida no "Seminário sobre os Aspectos Jurídico-Legais das Operações de *Countertrade*", Resumo dos trabalhos, Rio de Janeiro: FUNCEX, 1984.
[33] Dados do Fundo Monetário Internacional e da O.M.C.
[34] Nas palavras de GUITTON e BRAMOULLÉ (*op. cit.*): "O que é moeda? [...] Jamais cessaremos o questionamento acerca do que seja a moeda. E sempre nos embaraçaremos para responder. Existem vários tipos de resposta. [...] Na resposta mais recente [...] chamaremos de moeda um bem, ou mesmo um simples signo, que dá a seu detentor um certo poder: de se liberar de uma dívida, de assegurar um pagamento, de se desapossar. [...] Associamos, ainda, à idéia de liberdade, [...] da disponibilidade [...] com ela você pode comprar qualquer coisa, onde e quando quiser. É classificada segundo sua liquidez. [...] A *liquidez primária*, também chamada de *liquidez absoluta*, aplica-se à moeda propriamente dita, que oficial e praticamente tem todos os atributos da liberação total e imediata, que oferece a liberdade total. A *liquidez secundária* é atributo da quase-moeda [...] documentos que não são imediatamente aceitos como moeda, mas que podem ser rapidamente transformados em moeda [...] A *liquidez terciária* [...] é a que mais se distancia da moeda, com a liquidez possível mas não imediata, demandando tempo e gastos [...] é tudo o que chamamos de 'imobilizado'". Sob enfoque econômico, *Moeda* pode ser definida como "[...] aquilo que é geralmente aceito em pagamento de mercadorias, ou no cumprimento de outras espécies de obrigações comerciais"; DENNIS ROBERTSON, *A Moeda*, 2ª ed., Rio de Janeiro: Zahar, 1963. Sob enfoque jurídico, JOSÉ TADEU DE CHIARA, *op. cit.*, assim a conceitua: "[...] do ponto de vista das relações jurídicas, a moeda é indicada apenas por um vocábulo, a partir do que se desenvolvem funções e condicionamentos

que derivam, as primeiras, de mecanismos previstos pelo ordenamento (tais como compensação, tradição de moeda divisionária, [...], e, os segundos, de situações engendradas nos mercados que induzem diferentemente a ação dos agentes, ou de categoria de agentes. [...] Será, então, a moeda na sua conceituação jurídica, a unidade ideal definida como tal no âmbito de uma ordem jurídica considerada".

[35] "*Crédito* é a confiança na solvabilidade de alguém. [...] As duas principais categorias de crédito são: a venda a crédito, vale dizer, com o pagamento diferido [...]; e o empréstimo de moeda que é, na realidade, o empréstimo do poder de compra". (GUITTON e BRAMOULLÉ , *ibid*.).

Capítulo 1

> *Omnia mutantur, nihil interit.*
> Ocupar-se do internacional é aceitar coabitar com o sentimento da própria ignorância constantemente renovada.
>
> Jean Brilman

Fatores econômicos e políticos

De forma a introduzir o tema, reportar-nos-emos aos aspectos político, econômico e histórico, já que acreditamos não ser possível a dissociação da análise jurídica desta nova forma negocial emergente desses elementos que corroboram sua realização no plano concreto.

A observação da experiência deste século XX na prática do *countertrade* revela que seu desenvolvimento o foi a partir de realidades político-econômicas. Todavia, ainda que transformadas e superadas tais razões que lhe deram causa, a prática aprimorou-se e tornou-se uma das principais técnicas de transferir bens e capitais pelo mundo. Podemos extrair conceitos úteis à investigação a que nos dedicamos, e nesse passo situar as operações de *countertrade* sob o enfoque político, seguindo a tradição de que o Estado desempenha um papel vital no processo econômico.

Durante a guerra fria, o comércio internacional manteve-se em paralelo à divisão do mundo em dois blocos político-militares.[36] Todos os países membros da OTAN tornaram-se membros do *General Agreement on Tariffs and Trade* (GATT), ao passo que, os países membros do Pacto de Varsóvia tornaram-se membros do

---

[36] Que, consoante designação utilizada na literatura especializada do Século XX, subdividiam-se em Primeiro, Segundo e Terceiro mundos; ou ainda países desenvolvidos, centralmente planificados e em vias de desenvolvimento, respectivamente - nomenclatura esta utilizada pelas Nações Unidas.

Conselho de Assistência Mútua Econômica[37] (CAME - COMECON). Ainda que se verificasse o comércio interblocos político-militares, a preponderância foi do comércio intrabloco.

Sendo os interesses dos estados um feixe complexo, em que elementos de várias naturezas coincidem,[38] podemos afirmar que, com efeito, existe impacto do poder político no comércio interestatal e vice-versa. As alianças político-econômicas assim o demonstram: o livre comércio é praticado com maior amplitude entre os países politicamente aliados do que entre adversários, que submeteram o comércio a acordos bilaterais específicos.[39]

Para um enfoque histórico do *countertrade*, verificamos que o seu reaparecimento o foi em decorrência de interesses políticos bem alinhados, consoante deduzido da intensidade com que se colocou, num primeiro momento, o comércio interblocos. Em outro momento histórico, o *countertrade* pôde encontrar seu suporte político na assertiva de que formas alternativas do comércio se desenvolvem a partir de uma "autoridade" comercial hegemônica, que estabelecerá, imporá e supervisionará as regras a ser seguidas. Nesse sentido, é nítida a influência hegemônica da Rússia sobre os demais países do bloco socialista e a imposição de um meio de pagamento com alicerces na teoria marxista-leninista.

---

[37] Criado em janeiro de 1949.

[38] Ver, a propósito, STEPHEN KRASNER, "*State Power and the Structure of International Trade*", *in* WORLD POLITICS, vol. 28, 1976; ROBERT KEOHANE, "A Economia Política Internacional da Década de 1980", *in* INSTITUTE FOR CONTEMPORARY STUDIES, *Tarifas, Quotas e Comércio: A Política do Protecionismo* . Rio de Janeiro: Zahar, 1981; RAYMUNDO FAORO, *Os Donos do Poder*, 5ª edição, Porto Alegre: Globo, 1979; PAUL KENEDDY, *Ascensão e Queda das Grandes Potências*, Rio de Janeiro: Campus, 1989.

[39] Laércio Betiol, *in Integração Econômica e União Política Internacionais* (São Paulo: Revista dos Tribunais, 1968) exemplifica com os fatos ocorridos por ocasião da criação da Organização Européia de Cooperação e após o anúncio do Plano Marshall: "[...] os países ocidentais declararam o embargo ao comércio de produtos estratégicos com os países sob influência russa, dando à expressão 'produtos estratégicos' a mais lata compreensão".

Ainda no início da guerra fria, ampla maioria dos países, hoje em vias de desenvolvimento, eram colônias em processo de independência, e aqueles que conquistaram o *status* de Estados independentes, já na primeira fase da descolonização, antes das guerras, submetiam-se ao chamado "neocolonialismo".[40] Os movimentos nacionalistas e de libertação pipocavam, e as nações transformadas, que detinham esse perfil, tendiam a implementar programas de planificação econômica, o que as colocava em posição marginal ao sistema de *Bretton Woods*.

O modelo bipolar afirmava-se. Era crescente a luta para estabelecer áreas de influência mediante tratados, créditos e exportação de armas. Como a balança de poderes leste/oeste estava pendendo muito para o modelo ocidental, a União Soviética começou a oferecer ajuda econômica e militar para os países potencialmente aliados do Terceiro Mundo. Em dezembro de 1953, foi firmado um acordo comercial bilateral com a Índia de Nehru, considerado o país do Terceiro Mundo mais proeminente e politicamente importante à época. Nos próximos três anos, o "ouro de Moscou" socorreu aos seguintes países: Egito, Síria, Iraque, Afeganistão, Iêmen do Norte, Gana, Mali, Guiné, Cuba e Vietnã do Norte. Os Estados Unidos, a seu turno, empenharam-se na reconstrução da Europa ocidental e do Japão, com a transferência maciça de capital, implementando o Plano Marshall. Em brevíssima leitura, era esse o quadro das relações de cooperação entre o mundo industrializado e o mundo em vias de desenvolvimento.

Em meados da década de sessenta, a cooperação entre os países desenvolvidos e os países em vias de desenvolvimento, dada a dependência econômica dos últimos para com os primeiros, continuou assistencialista, quase paternalista, com investimento direto nos

---

[40] *Neocolonialismo* é a manifestação do poder das potências econômicas em relação às antigas colônias suas, de forma a assegurar novas posições econômicas, conforme V. VAKHRUCHEV, *O Neocolonialismo e os seus métodos*, Lisboa: Prelo, 1975.

segundos, ao mesmo tempo em que as barreiras à exportação dos produtos provenientes do chamado Terceiro Mundo recrudesceram.[41] Houve, ainda, a verificação de um fato econômico importante que não pode deixar de ser mencionado: essa foi a década da implementação do poder supranacional das empresas transnacionais, quando as empresas norte-americanas investiram maciçamente, num primeiro momento na Europa, depois no resto do mundo.

Desde então, foram verificadas mudanças de comportamento no padrão regionalismo e no nacionalismo enquanto fator de cooperação internacional para o desenvolvimento:[42] no início da década de sessenta, os países em vias de desenvolvimento eram conceitualmente vinculados às estruturas econômicas dos países industrializados,[43] dependendo destes últimos para o desenvolvimento de atividade econômica nos moldes da chamada "Segunda Revolução Industrial".

As vinculações colaterais Norte/Norte e Sul/Sul,[44] que se disseminaram na década de setenta, trouxe o aparecimento de organizações internacionais de integração econômica regionais[45] e a necessária adequação à

---

[41] Todavia, as perdas decorrentes de impedimentos às exportações não eram compensadas pelos investimentos diretos. Para aprofundamento no tema, ver INSTITUTE FOR CONTEMPORARY STUDIES, *op. cit.*

[42] Uma visão mais detalhada do tema "regionalismo" é exposta por Simão Davi Silber: "Perspectivas econômicas das empresas no MERCOSUL", *in* MERCOSUL: *A Estratégia Legal dos Negócios*, São Paulo: Maltese, 1994; acerca do tema "nacionalismo", ver SAMUEL P. HUNTINGTON, "Choque das Civilizações", *in POLÍTICA EXTERNA*, nº 4, vol. 2, 1994.

[43] Para desenvolvimento e fundamentação do tema "centro-periferia", ver PAUL BARAN, *A Economia Política do Desenvolvimento, in* Os Economistas, São Paulo: Abril Cultural, 1984, Capítulos V/VIII; PAUL SWEEZY, Parte IV, *op. cit..* Sob uma perspectiva local, ver CELSO FURTADO, *Teoria e Política do Desenvolvimento Econômico*, Os Economistas, São Paulo: Abril Cultural, 1983; GUIDO MANTEGA, *A Economia Política Brasileira*, 4ª edição, São Paulo/Petrópolis: Polis/Vozes, 1987; FERNANDO HENRIQUE CARDOSO, *Política e Desenvolvimento em Sociedades Dependentes*, Rio de Janeiro: Zahar, 1971.

[44] A "Nova Ordem Econômica Internacional", que propugnava a mudança estrutural e a nova divisão internacional do trabalho, em decorrência da formação e fortalecimento do Grupo dos não-alinhados.

[45] Para explicitarmos o modelo, recorreremos à síntese de PAULO BORBA CASELLA: "Existe correlação direta e necessária entre um projeto de integração econômica, sob as diversas configurações possíveis deste e as bases pri-

nova realidade.[46] A tônica dos anos oitenta foi a recessão global e os alinhamentos setoriais. Os anos noventa trouxeram mudanças estruturais de natureza política, ao contrário das décadas precedentes, que apresentaram mudanças estruturais de natureza nitidamente econômica.

Atualmente, a cooperação com os países em vias de desenvolvimento de forma a fornecer ajuda técnica seguiu aquelas tendências, modificando-se estruturalmente, em especial após as sucessivas crises do petróleo[47] e do endividamento externo, que atingiu os países desenvolvidos e em vias de desenvolvimento, indiscriminadamente.

A cooperação, enquanto ato de interesse político - com vistas à conquista de aliados políticos - e enquanto ato de interesse econômico - com vistas à criação, manutenção ou expansão de mercados, utiliza instrumentos desenvolvidos nas grandes crises e que, atualmente, possibilitam a reciprocidade e a proporcionalidade.

Em linhas gerais, podemos dizer que os países em vias de desenvolvimento tiveram fácil acesso ao capital

---

mordialmente econômicas, legais e institucionais, bem como acessoriamente sociais e culturais, que permitam a implantação e consolidação de espaço economicamente integrado". *In MERCOSUL: Exigências e Perspectivas de Integração e Consolidação de Espaço Econômico Integrado*, tese apresentada para o concurso para Professor Titular de Direito do Internacional Público do Departamento de Direito Internacional da Faculdade de Direito da Universidade de São Paulo, novembro de 1995.

[46] LUIZ OLAVO BAPTISTA ("Negociação de Contratos Internacionais de Cooperação", *op. cit.*) resume: "No âmbito das relações Norte-Sul, substituiu-se a idéia de assistência tecnológica pela de cooperação pública".

[47] Com a crise do petróleo, num primeiro momento, as importações de combustíveis quase quadruplicaram o seu valor, causando *deficits* nas balanças comerciais dos países importadores e dependentes do petróleo. Tal fato ocasionou uma deterioração na relação de trocas internacionais. Ao mesmo tempo, e até em decorrência da alta do preço do petróleo, ocorreu uma onda de protecionismo e conseqüente crise no mercado de matérias-primas. Os países em vias de desenvolvimento, na impossibilidade de aumentarem suas receitas provindas de exportações e diante do fato de que detêm baixa capacidade de poupança, foram buscar recursos externos, sob a forma de investimento indireto - empréstimos internacionais. E foi assim que os países do Terceiro Mundo tomaram bilhões de dólares em mútuo, para incrementar e financiar o desenvolvimento local.

estrangeiro nas décadas de sessenta e setenta, em especial ao capital proveniente de aliados políticos, e sofreram com a crise da dívida na década de oitenta. Os objetivos de desenvolvimento e estabilidade raras vezes foram conseguidos simultaneamente. Todavia, nem todos os países em vias de desenvolvimento alcançaram posição comercial destacada, especialmente em decorrência de problemas estruturais que se refletem diretamente no balanço externo, quer como problemas para vender sua produção, quer como dificuldades financeiras tais que impossibilitam a importação de tecnologia e bens de capital suficientes para a implantação de meios de produção.

Com o fim da guerra fria, verifica-se que as alianças políticas, que até então eram decorrentes do medo e de sentimentos de inquietação ante o precário equilíbrio da balança de poderes, passam a ser predominantemente decorrentes de interesses econômicos, acomodando as perspectivas multilaterais e regionais. Os recursos antes direcionados à defesa e à manutenção da ordem pública no âmbito internacional agora são alocados nos orçamentos sob rubrica "investimento" em vez de "defesa", ou convertem-se em poupança,[48] com finalidades internas ou externas, pois, com o fim da guerra fria, os fatores econômicos de dominação superam os militares.[49]

Em substituição ao antigo antagonismo "Norte x Sul"/"Leste x Oeste", vemos o surgimento e a consolidação de organizações regionais de integração econômica, utilizando a cooperação para o desenvolvimento (União Européia, NAFTA, Mercosul[50]), fruto do direito convencional, e não do direito consuetudinário.

---

[48] Conforme políticas desenvolvidas anteriormente pelos países, ou seja, conforme exista ou não *deficit* do setor público. *V.g.*, a redução do orçamento militar norte-americano deverá ser aplicado na redução do *deficit* público interno.
[49] Para o desenvolvimento do tema em suas múltiplas facetas, ver PRESTOWITZ JR., RONALD A. MORSE e ALAN TONELSON, *Powernomics - Economics and Strategy after the Cold War*, Lanham: Madison Books, 1991.
[50] Criado pelo Tratado de Assunção, em 26 de março de 1991.

O entendimento do professor Celso Lafer merece ser reproduzido na íntegra:

"O conflito Leste-Oeste, durante a sua vigência, estruturava e condicionava até certo ponto o tema Norte-Sul. Assim, o Movimento Não-alinhado, no campo político, e o Grupo dos 77, no campo econômico, retiravam grande parte de sua relevância do caráter de terceira força que se apresentava face ao chamado primeiro mundo e ao mundo socialista. O jogo tripartite possibilitado pela existência desses três agrupamentos de países se viu reduzido, também simplificadamente, a um novo jogo binário opondo, para alguns, um Norte reconciliado em suas metades Leste e Oeste a um Sul pobre, heteróclito e ameaçador. [...] existe uma relação Norte-Sul que [...] é e continuará a ser problemática enquanto os países subdesenvolvidos não estiverem plenamente incorporados, e de maneira satisfatória, aos fluxos dinâmicos da economia mundial, pois essa incorporação é um ingrediente básico para a estabilidade da ordem mundial. Existe a possibilidade desse processo de construção de uma nova ordem em novos mecanismos de cooperação, e o conceito de desenvolvimento sustentável,[51] [...], representa esse tipo de construção coletiva, baseada na cooperação. [...] Com essas forças centrípetas de aglutinação, de cooperação, de integração, coexistem nítidas forças centrífugas, de fundo étnico, nacionalista ou religioso".[52]

Paradoxalmente à integração regional, vemos, ainda, a transformação das organizações multilaterais e o

---

[51] "A expressão *'desenvolvimento sustentável'* foi incorporada ao vocabulário corrente pela Comissão Mundial sobre Meio Ambiente e Desenvolvimento (Comissão Brundtland), em seu relatório *Nosso Futuro Comum*, publicado em 1987. [...] A definição da Comissão Brundtland - 'satisfazer as necessidades da geração atual sem comprometer as necessidades das gerações futuras' - é endossada por este Relatório" .BANCO MUNDIAL, *Relatório sobre o Desenvolvimento Mundial 1992*.

[52] "Política Externa Brasileira: Reflexão e Ação", *in* J. Marcovitch - org., *Cooperação Internacional: Estratégia e Gestão*. São Paulo: EDUSP, 1994.

surgimento de organizações de âmbito global, tais como a OMC,[53] onde a tomada de decisões é participativa e - até porque - os interesses são convergentes. As transformações verificadas no final da década de oitenta na Europa Ocidental - expansão econômica, reunificação alemã e queda do regime socialista na Europa central e oriental - conduziram à assinatura do Tratado sobre a União Européia[54] e da criação do Espaço Econômico Europeu,[55] incluindo os membros da EFTA, tornando a Comunidade Européia representativa de cerca de 47% do comércio mundial.[56]

Com a formação de novos blocos com poder econômico, foi abalada a hegemonia[57] comercial dos Estados Unidos tendo, também como efeito, a disseminação de práticas comerciais não tradicionais antes restritas ao comércio interblocos e ao âmbito do CAME.

Conforme apontado por Celso Lafer[58] e por William Arthur Lewis,[59] já em 1977, o consentimento tornou-se uma das necessidades da nova ordem mundial, que ora se apóia mais na convergência de interesses que no arbítrio e na coerção. Uma exposição concisa de toda a problemática e seu desenvolvimento é dada por Arnold J. Toynbee:[60]

"O efeito cumulativo de duas guerras mundiais trouxe à tona uma tendência que vinha se manifes-

---

[53] Criada pelo Acordo de Marrakesch, em 19 de dezembro de 1993.
[54] Maastrich, aos 7 de fevereiro de 1992.
[55] Em maio de 1992.
[56] Informação fornecida por WILSON CANO, in *Reflexões sobre o Brasil e a Nova (des)Ordem Internacional*. 2ª edição, Campinas: Éd. da UNICAMP, 1993.
[57] ANTONIO GRAMSCI formulou a noção de *Hegemonia*, como palavra que designa uma forma de dominação que se exerce mediante a combinação de consentimento e coerção in *Maquiavel, a Política e o Estado Moderno*, 4ª edição, Rio de Janeiro: Civilização Brasileira, 1980.
[58] *Da Reciprocidade no Direito Internacional Econômico - O Convênio do Café de 1976*, tese apresentada ao concurso para Livre-Docente de Direito Internacional Público do Departamento de Direito Internacional da Faculdade de Direito da Universidade de São Paulo, 1977.
[59] *A Ordem Econômica Internacional*, São Paulo: Vértice, 1986, compilação e atualização das conferências realizadas na Universidade de Princeton, aos 15 e 16 de março de 1977.
[60] In *Um Estudo da História*, Brasília: Editora da UnB e São Paulo: Martins Fontes, 1987.

tando durante o meio século anterior a 1914. Em 1918, a Áustria-Hungria, uma das oito grandes potências em 1914, desmoronou. Na mesma data, o desmoronamento do império otomano se consumou. À Segunda Guerra Mundial, sucedeu-se a desintegração dos impérios coloniais britânico, francês e holandês e o número das grandes potências ficou reduzido a dois, ao passo que subiu a 140 o total de estados que se tornaram juridicamente independentes, durante o quarto de século seguinte. [...] Estas múltiplas tendências podem ser resumidas numa única fórmula: na nova era, o conceito dominante na consciência das comunidades é a percepção de que fazem parte de um universo mais vasto, enquanto que, na era anterior, o objetivo geral foi conter-se em seu próprio universo. Esta mudança de posição indica a reviravolta de uma expansão que alcançou seu ponto máximo ao redor de 1875".

Um outro fator a ser considerado é a ruptura do sistema centralmente planificado que, em traços largos, ocorreu da seguinte forma: na década de oitenta, a economia do bloco soviético encontrava-se paralisada pela incapacidade do modelo econômico em atender as demandas por bens de produção e de consumo e gerenciar a produção de forma a torná-la produtiva e globalmente competitiva. Esses fatos econômicos geraram a necessidade de renovação do estado no âmbito político e econômico. Nas palavras de Helio Jaguaribe, referindo-se exclusivamente à ex-União Soviética:

"[...] a economia soviética começa a declinar em sua capacidade produtiva exatamente no período de Khrushchev. O que aconteceu? Aconteceu, em síntese, que o sistema de incentivos existentes na União Soviética, a concentração de poder numa burocracia central, a total falta de espaço para a inovação, tanto dos subsistemas como das pessoas, a rigidez da centralização, controlada por um pequeno número de pessoas, com incentivos totalmente inadequados para a motivação do ser humano, permitiram que a União Soviética saísse da miséria, mas não que entrasse na riqueza. [...] Quanto mais complexa se tornava a União Soviética, menos o sistema tinha capacidade de dar atendimento a uma sociedade que já não era uma sociedade de mujiques, como a União Soviética de Lenin, mas uma sociedade de engenheiros, de economistas [...] Quando chegou a vez [...] de Mikhail Gorbachev assumir o poder, em 1985, ele [...] deu-se conta de que o sistema não tinha mais capacidade de funcionar".[61]

A configuração atual de interdependência recíproca de poderes conduz à cooperação econômica, buscando a equivalência das trocas mediante a proporcionalidade. As formas comerciais tradicionais trazem em si, intrinsecamente, o conflito de interesses, onde cada parte contratante tenta tirar a maior vantagem da outra.

A reciprocidade na esfera econômica passou a ser convencional, superando a utilização da *lex mercatoria* e a confrontação inerente às relações comerciais, sempre com interesses divergentes. Revisitando as formas de comércio praticadas pelo bloco socialista, com as essenciais adequações ao modelo ocidental, temos uma prática crescente ancorada na proporcionalidade das trocas.

Em 1984, as operações não tradicionais, comerciais ou financeiras, praticadas por mais de oitenta países, representaram cerca de 15% (quinze por cento) dos negócios mundiais,[62] ou cerca de US$ 600 bilhões. Da Tabela retro, tivemos uma visão sinóptica da prática do *countertrade* em diversos países, no período compreendido entre 1983 e 1986.[63]

Especialistas estimam entre 20% (vinte por cento) e 30% (trinta por cento) do comércio global,[64] tendente a

---

[61] "O Brasil e o Sistema Internacional Contemporâneo", *in* J. Marcovitch - org., *op. cit.*
[62] *The Economist*, Londres: janeiro de 1985.
[63] Fonte: Michel Kostecki, "*Should One Countertrade?*", *in* JOURNAL OF WORLD TRADE LAW, nº 21, ano 1987.
[64] Sam Okoroafo, *in* "*Determinants of LDC Mandated CT*", *International Market Review*, 1989.

aumento. A *Business Week* e a *General Electric* estimam em 30% (trinta por cento), a OCDE estima entre 15 e 20%,[65] ao passo que publicações do GATT admitem 8% (oito por cento). De qualquer forma, em estando o volume do comércio mundial em cerca de US$ 4 trilhões[66] até a menor estimativa significa um valor altíssimo, maior até que o Produto Interno Bruto (PIB) do Brasil. Verificam-se, até, projeções que estimam, para o ano 2000, poderem as operações de *countertrade* alcançar cinqüenta por cento do comércio mundial,[67] após o assentamento das mudanças políticas e econômicas e novo equilíbrio esperado.

Tabela 1

PAÍS I	FREQÜÊNCIA II	POLÍTICA III	MOTIVO IV	NATUREZA V
África do Sul	3	1	C/B	1
Albânia	3	3	P/I	3
Alemanha O.	3	2	M	3
Algéria	3	2	C/P/I	3
Arábia Saudita	1	1	C (petróleo)	1
Argentina	1	2	M/P	2
Brasil	3	2	P/M	2
Bulgária	3	3	I	3
Canadá	1	0	M	1
Chile	1	0	P	2/1
China	2	2	P/I	3
Colômbia	1	2	M/C	2/1
Coréia	1	1	M	1
Costa Rica	2	1	M/C	2/1
Egito	2	1	M/P	2
Equador	2	2	M/C/P	2
Estados Unidos	1	0	B	1
Filipinas	3	1	M/P	2
Honduras	2	0	C/M	2
Hungria	2	1	I/M	2

---

[65] *Apud* A. KRITZER (edit.), *International Contrat Manual*, Deventer: *Kluwer Law & Taxation Publ.*, 1991.
[66] *Ibid.*
[67] BRIGGS, *"Back to Barter?"*, in FORBES, 12.mar.1982, *apud* SCOTT LOCHNER, *"Countertrade and International Barter"*, in THE INTERNATIONAL LAWYER, vol. 19, nº 3, 1985.

Índia	3	2	I/P	2
Indonésia	3	3	M/P	2/1
Irã	3	3	C/P	3
Iraque	3	3	C/P	3
Israel	2	3	M	1
Iugoslávia	2	2	M/I	2
Jamaica	2	1	C (bauxita)	2
Japão	1	1	M	1
Jordânia	3	2	C (fosfato)	3/2
Malásia	2	3	I/M/C	2
Marrocos	2	2	M	2
México	2	1	P/B	2
Nigéria	3	3	C (petróleo)	3
Nova Zelândia	2	1	C (carne)	1
Paquistão	3	1	C/P	3/2
Peru	3	2	M/B	2
Polônia	3	2	P/I	3
Rep. Dominicana	2	1	C/I	2/1
Romênia	3	3	P/I	3
Tailândia	1	I	M/C	1
Tanzânia	2	1	M/I/P	3/2
Tchecoslováquia	2	2	M/I	3
Tunísia	2	1	C/I	3/2
Turquia	2	1	M	2/1
União Soviética	2	2	I/M	3
Uruguai	1	1	C/I	2/1
Venezuela	1	1	M/C (petróleo)	2/1
Zâmbia	2	1	P/C	3/2
Zimbabwe	1	2	C/M	2

Onde:

II 1 = freqüência abaixo da média
    2 = média (2 a 4% do comércio)
    3 = acima da média

IV P = problemas com pagamentos externos
    C = exportação de *commodities*
    M = exportação de produtos manufaturados
    I = cooperação industrial
    B = relações bilaterais especiais

III 0 = nenhuma política
    1 = assistência governamental
    2 = incentivos para o *countertrade*
    3 = *countertrade* obrigatório

V 1 = maioria das importações livres de controle
    2 = misto
    3 = controle administrativo

No âmbito econômico, temos que o acúmulo de capitais vem sendo substituído pela tecnologia aplicada aos meios de produção (acumulação do saber - ciência - e da técnica - tecnologia[68,69]) enquanto fator mais importante para a produtividade industrial. E, dada a crise de liquidez, em refluxo à grande expansão financeira do pós-guerra, essas mudanças não tiveram reflexos globais. Em face de tal conjuntura, o comércio internacional, em sua forma clássica, com vistas à adequação ao novo cenário, buscou formas alternativas para contornar o emergente problema com os meios de pagamento. Os anos oitenta trouxeram a crise dos balanços de pagamento dos países em vias de desenvolvimentos - a chamada crise do endividamento externo, que comprometeu os meios de pagamento de diversas economias potencialmente consumidoras.

Sem poupança interna e externa, os países em vias de desenvolvimento buscaram soluções distintas das tradicionais para os meios de pagamento de suas necessárias importações e implementação de tecnologia de ponta.[70] O modelo das décadas anteriores não mais se mostrou satisfatório, sequer disponível.

Por outro enfoque, os avanços atuais nos fluxos de informações e de fundos permitem às empresas escolher qual a forma mais rentável para a penetração ou manutenção de seus produtos[71] nos mercados, escolhendo

---

[68] *Tecnologia* aqui entendida como conjunto de conhecimentos, experiências e competências técnicas necessárias para a fabricação de um ou mais produtos, conceituação dada pelas Nações Unidas, in *Guidelines for the acquisition of foreign technology in developing countries, apud* MAURÍCIO C. ALMEIDA PRADO, *Contrato Internacional Transferência de Tecnologia (Patente e Know-how)* - São Paulo: 1995 - Dissertação apresentada para a obtenção de grau de mestre perante o Departamento de Direito Internacional da Faculdade de Direito da Universidade de São Paulo.

[69] Nesse sentido, EROS GRAU, in *A Nova Ordem Econômica na Constituição de 1988*, São Paulo: Revista dos Tribunais, 1990: "[...] hoje, o fator determinante do crescimento econômico, parcela do desenvolvimento nacional, já não é mais tão somente a acumulação de capital, mas também a acumulação de saber e tecnologia".

[70] Nesse sentido, CEDRIC GUYOT, *"Countertrade Contracts in International Business"* in THE INTERNATIONAL LAWYER, summer 1986.

[71] Por pertinente, esclarecemos que o termo "produto", neste livro, é utilizado no sentido marxista de "mercadoria", anotando-se que, para Marx, há uma

entre a exportação do bem final para um determinado mercado, investimento direto para a produção local, venda de serviços, venda de partes e componentes (entre subsidiárias), uso de *joint-ventures*, venda de tecnologia, difusão de franquias, e prática de algumas das formas de *countertrade*, notadamente as operações *buyback* e *offset*.

Dado o caráter oligopolístico presente no mercado internacional de tecnologia, a importância de políticas nacionais para a construção de sua capacitação tecnológica e as incertezas quanto ao impacto das novas tecnologias levou os países a reciclar a fórmula do *countertrade*, que foi, paulatinamente, adotada como variações do tema "Comércio Leste/Oeste".

De fato, alguns dos tipos de operação de *countertrade* apresentam a possibilidade de internalização de tecnologia de ponta, evitando os problemas de balanço de pagamentos e de baixas reservas em divisas,[72] tais como as importações pela via dos acordos de recompra (*buyback*) e dos acordos de compensação de saldos (*offset*).

A par das dificuldades com os meios de pagamento internacionais, na década de oitenta despontou um novo ciclo tecnológico, transformando o comportamento da sociedade e o perfil do comércio mundial.[73] Os anos oitenta vivenciaram um movimento revolucionário no panorama industrial, promovido por um desenvolvimento tecnológico e científico radical na engenharia de

---

importante distinção entre "produto" e "mercadoria", sendo esta última um produto destinado à troca. Assim, um produto tem um valor de uso, ao passo que a mercadoria tem um valor de troca.

[72] Utilizando as palavras de JOSÉ TADEU DE CHIARA, *op. cit.*: "o *Conceito de Divisas* aqui é utilizado no seu sentido geral do mercado internacional, no qual o ouro ainda na atualidade é utilizado como instrumento de pagamento, ao lado de moedas fiduciárias de maior estabilidade de poder de compra, e que se caracterizam pela ampla aceitação decorrente da participação relativa no comércio internacional do Estado que a emite".

[73] Nos últimos vinte anos, cientistas desenvolveram um profundo entendimento das estruturas moleculares e das propriedades da matéria, o que resultou na capacidade de intervir na estrutura da matéria e promover seu rearranjo com o propósito de obter as propriedades necessárias a um uso específico.

materiais avançados, bem como com a utilização da informática acoplada aos processos de produção. As empresas passaram a promover a utilização de maior grau de automatização e de tecnologias mais avançadas, de forma a manter a lucratividade e suas fatias no mercado.

Um grande número de novos materiais tomou parte no cenário tecnológico e modificou profundamente os processos de produção, que foram adequados ao uso de cerâmicas avançadas, plásticos, compósitos, ligas metálicas avançadas e supercondutores.[74] Observa-se então uma intensa corrida internacional para a aplicação comercial desses materiais[75] e um grande envolvimento governamental como promotor de novas pesquisas. O conteúdo científico na produção aumentou enormemente. Alie-se a essas mudanças a reorganização dos processos produtivos, com a conseqüente volta da competitividade frente aos países do Terceiro Mundo, e a crise decorrente da superprodução de produtos semi-industrializados[76] e de alimentos. É nesse ambiente que as indústrias deverão produzir, competir, operar e sobreviver, sob pena de não desenvolverem e dominarem processos compatíveis aos de seus contendores. E é neste ambiente que são desenvolvidas as políticas industriais dos países.

Verifica-se que as indústrias com alta tecnologia incorporada nos meios de produção operam, contingencialmente, com meios alternativos de pagamento. Tal fato se dá em função do alto custo dos bens disponíveis à comercialização.

A recente incorporação de tais materiais em novos produtos e processos proporciona a estes um alto valor adicionado e a conseqüente melhora da competitividade e aceleração de sua penetração no mercado. Assim, um

---

[74] Para especificação e descrição dos novos materiais, ver L. KAOUNIDES, *Industrial Applications of New and Advanced Materials*, UNIDO, 1989.
[75] Conforme Michel Alaby, *Countertrade*. São Paulo: FUNCEX, 1984.
[76] Notadamente de aço, petróleo e derivados, minérios e energia.

setor bem-sucedido de tecnologia de ponta induz à competitividade nacional através do mercado global. Acerca do processo de globalização,[77] a indústria, como um todo, tem demonstrado sua tendência à internacionalização e à rápida transferência de tecnologia com intuito de diversificar mercados, reduzir riscos e complementar tecnologia e capacidade científica. Muitos governos reconhecem os efeitos benéficos da incorporação dos novos materiais nos processos de produção e fomentam sua implantação pelas vias alternativas. A via do *countertrade* permite a rápida transferência de informações e meios de produção avançados para os países em vias de desenvolvimento.[78]

---

[77] RICHARD DEBS, "Globalization of Financial Markets", *in INTERNATIONAL BUSINESS LAW*, 1987) define *globalização* como "[...] mercado sem fronteiras, ao qual os participantes de todo o mundo têm acesso, no qual o preço é fixado pela equação oferta *versus* demanda de âmbito mundial, e onde os negócios podem ser efetuados numa base de 24 horas/dia, ou próximo a isso". UMBERTO G. CORDANI, *in* "As Ciências da Terra e a Mundialização das Sociedades" (*REVISTA ESTUDOS AVANÇADOS*, nº 25, 1995), atenta para o fato de que "A globalização implica intensificação das relações sociais em escala mundial, associando localidades distantes de tal maneira que acontecimentos locais sejam influenciados por eventos que podem ocorrer em qualquer lugar do mundo". No mesmo sentido, a posição das NAÇÕES UNIDAS, *Relatório sobre a Cúpula Mundial para o Desenvolvimento Social*, São Paulo: Fundação Konrad-Adenauer-Stiftung, 1995: "A globalização, que é uma conseqüência do aumento da mobilidade humana, ampliou as comunicações, causou um grande aumento dos negócios e do fluxo de capitais, juntamente com os avanços tecnológicos, abre novas oportunidades ao crescimento econômico sustentado e ao desenvolvimento da economia mundial [...] Ao mesmo tempo, os processos acelerados de mudança e adaptação têm sido acompanhados de um aumento da pobreza, do desemprego e da desintegração social. As ameaças ao bem-estar da humanidade, tais como os riscos ambientais, também têm sido globalizadas". HENRIQUE RATTNER "Globalização: em direção ao um mundo só?", *REVISTA ESTUDOS AVANÇADOS*, nº 25, 1995, sob outro enfoque, caracteriza a globalização "[...] como o resultado de um processo histórico, cujos fatores dinâmicos são a concentração-centralização de capital, o desenvolvimento dos meios de comunicação e o despertar da consciência sobre o destino comum da humanidade". Para um estudo do tema, ver um dos ideólogos do conceito "globalização", J. NAISBITT, *Global Paradox*, New York: Avon Books, 1995.

[78] Especialmente dado o fato de que a transferência de informações e meios de produção não significa que o conhecimento que gerou essa tecnologia será repassado, ou seja, a dependência continua existindo em termos de desenvolvimento do produto, de assistência técnica, de treinamento de pessoal qualificado, reposição de componentes e insumos, *et alli*, que subsistem quando a tecnologia é transferida pelos meios convencionais.

No caso específico do Brasil,[79] que tem por tradição importar tecnologias em pacotes fechados, não susceptíveis a uma posterior análise científica para o desenvolvimento, adequação ou evolução do que importou, aliado ao crônico problema com os pagamentos internacionais, é fundamental o implemento de políticas de importação que priorizem a adequada internalização da tecnologia ao passo que não afetem o balanço de pagamentos.

Todavia, as mudanças nos processos de produção têm acontecido de forma muito rápida e complexa. Por essa razão, é muito cedo para desenhar um quadro preciso que dê suporte a uma política industrial efetiva e que garanta a sobrevivência num contexto mundial onde as descontinuidades tecnológicas são cada vez mais imprevisíveis. A emergência de um novo padrão tecnológico trouxe consigo a transformação institucional das organizações internacionais, com a sua regionalização e enfoque de cooperação econômica. O Secretário-Geral Adjunto das Nações Unidas, Göran Ohlin,[80] magistralmente sintetiza a tendência:

> "As forças que hoje favorecem a integração regional são muito diferentes [das condições verificadas na década de 30 - esclarecemos], com forte ênfase na tecnologia e no ajustamento do comércio e da proteção a um clima totalmente novo de mobilidade e comunicação, bem como a um mercado internacional de capitais inteiramente novo. O regionalismo, controlando o protecionismo nacional, pode também promover a liberalização externa, particularmente quando os parceiros estiverem fortemente empenhados no comércio mundial tanto quanto no comércio dentro da região. O objetivo a que se visa com a cooperação regional hoje em dia também vai

---

[79] A esse respeito, e como decorrência da ausência de política industrial desde os anos trinta, ver Wilson SUZIGAN, "Experiência Histórica de Política Industrial no Brasil", in REVISTA DE ECONOMIA POLÍTICA volume 16, nº 1, jan-mar de 1996.
[80] "Blocos de Comércio Internacional", in POLÍTICA EXTERNA, vol. I, nº 2, 1992.

muito além do comércio. Acima de tudo, busca-se promover investimento, tanto inter-regional quanto externo."

Dizia Robert Savy:[81]

"O *direito internacional público* transforma-se. Com o desenvolvimento das trocas e da cooperação, multiplicam-se as organizações internacionais e o indivíduo, até mesmo a empresa, tendem a transformar-se em sujeitos do direito internacional. Surge progressivamente, um direito internacional económico, com características próprias, quer nas suas fontes quer nas instituições ou no modo de resolução dos conflitos".

E, em 1968, o professor Vicente Marotta Rangel lecionava:[82]

"Se o nosso século se define, por eminência, como sendo 'o século das organizações internacionais', não há duvidar que as indagações e respostas atinentes à integração económica dos países constituem o traço mais relevante dessas organizações."

Veja-se o fortalecimento do regionalismo nos Tratados de Maastrich, na ASEAN,[83] na composição do NAFTA e na tentativa de instituição da ALCA, todos em contraponto à OMC.[84] Os efeitos dos processos de inte-

---

[81] *In Direito Público Económico*, Lisboa: Notícias, 1977.
[82] *In Prefácio* à *op. cit*.
[83] Associação das Nações do Sudoeste Asiático.
[84] Nesse sentido, LUIZ CARLOS BRESSER PEREIRA e VERA THORSTENSEN, "Do MERCOSUL à Integração Americana", *in POLÍTICA EXTERNA*, vol. I, nº 3, 1993: "A complexidade sempre crescente das relações comerciais internacionais acabaram abalando os princípios básicos defendidos pelo GATT [...] que estão baseados na liberalização do comércio e nas negociações multilaterais e que condenam todas as discriminações entre parceiros comerciais. Nos últimos anos, no entanto, o mundo vem assistindo ao fortalecimento do 'comércio administrado', ou seja, do protecionismo seletivo em relação a produtos ou parceiros especiais e da adoção de medidas unilaterais contra um comércio que seria desleal, e à formação de blocos regionais. De acordo com o estudo de Braga e Yeats as transações comerciais internacionais subordinadas a acordos regionais correspondiam em 1988 a 53.7% do comércio mundial [...]".

gração econômica internacional verificados na Europa, na Ásia e na América do Norte estendem-se ao resto do mundo. Com isso, necessária a adequação à nova realidade. Jacob Gorender,[85] sob outro ponto de vista, apresenta as modificações referentes ao regionalismo:

> "A concorrência entre os países industrializados e suas empresas multinacionais conduziu, na fase atual, à formação de blocos econômicos regionais. Notoriamente, os três principais dentre eles são o Tratado de Livre Comércio da América do Norte (NAFTA), a União Européia (EU) e o bloco informal do Extremo Oriente. Por conseguinte, prevalece a orientação de afirmação de interesses regionais, tendo os Estados Unidos, a Alemanha e o Japão à frente dos respectivos blocos".

No âmbito da cooperação internacional, operam diversos agentes técnicos, sejam agências governamentais nacionais, organismos multilaterais e organizações não-governamentais, "[...] que buscam e fornecem serviços de cooperação técnica internacional", como apontado por Antonio Cesar Maximiano.[86]

As recentes modificações de caráter econômico possibilitaram e ainda possibilitam a utilização das operações de *countertrade* como em nenhuma outra época. Mesmo nas épocas de recessão global, apontadas na anteriormente, a utilização de comércio compensado não encontrava um ambiente tão perfeito para a sua disseminação. As transformações tecnológicas possibilitam a sua disseminação mediante as operações compensadas.

---

[85] "Estratégias do Estado Nacional diante do Processo de Globalização", *in* REVISTA DE ESTUDOS AVANÇADOS, nº 25, 1995.
[86] *XVI Simpósio Nacional de Pesquisa de Administração em Ciência e Tecnologia*, Resumo dos Trabalhos, Rio de Janeiro, outubro de 1991.

Capítulo 2

Quis hic locus, quae regio, quae mundi plaga?
Sêneca

Breve histórico

Limitaremo-nos à descrição das ocorrências de *countertrade* no século em curso,[87] sem nos determos nas formas de comércio utilizadas na Idade Média ou no início do comércio interpovos, antes da "invenção" da moeda, que, como sabido, consistia em escambo puro e simples.

O início do século XX trouxe consigo uma velha ordem, simbolizada pelas dinastias que acreditavam governar por direito divino. Todavia, entre 1894 e 1913 sete chefes de Estado foram mortos, num prenúncio do destronamento das dinastias dos Romanov da Rússia, dos Hohenzollern da Alemanha, e a queda dos Habsburgo da Áustria-Hungria.

O Império Áustro-Húngaro[88] não era coeso, mas sim um aglomerado de nações e fragmentos de nações, vinculadas apenas pela relativa lealdade aos Habsburgos - por sua vez, dependentes da aliança com o poderoso Império Alemão. Com o desmoronamento dos Impérios, após a I Guerra, surgiram pequenos Estados economicamente inviáveis,[89] e que passaram por proces-

---

[87] LAURENCE MOATTI, in *Les échanges compensés internationaux*, Paris: A. Pedone, 1994, noticia que a primeira operação de *countertrade* no século XX remonta a 1921, quando um norte-americano trocou o equivalente a um milhão de dólares em trigo por peles e cerâmicas russas, com a finalidade de ajudar Lênin a combater a fome que se seguiu à guerra civil russa.
[88] Composto pelos atuais Áustria, Hungria, República Tcheca, Eslovênia, Sérvia, Croácia, parte da Romênia e da Polônia.
[89] Áustria, Hungria, Alemanha, Boêmia, Morávia, Prússia, Rutênia, Eslováquia, Teschen, Romênia, Iugoslávia.

sos hiperinflacionários no período entreguerras.[90] Em decorrência, esses países sofreram restrições em seu comércio exterior, por falta de moeda. A Alemanha em especial, com a sua indústria metalúrgica florescente, dependia de importações de minério para o processamento em sua bem-desenvolvida indústria de base, além de encontrar-se altamente endividada[91] e com a produção industrial dependente de matérias-primas que deveriam ser importadas dos países balcânicos.

A escassez de moedas era a realidade econômica e era necessária a reformulação da política comercial alemã, que era a mais forte de então.

Assim, no período entreguerras, surgiu na Alemanha nazista a prática de *Kompensation Gegenseitigkeitsgeschäfte* (negócios de reciprocidade), como sucedâneo dos acordos de compensação monetária estabelecidos após a

---

[90] As causas, nas palavras de PAUL KENNEDY, in *Ascensão e Queda das Grandes Potências* (Rio de Janeiro, Campus, 1989): "[...] o financiamento da guerra tinha provocado problemas econômicos - e mais tarde, políticos - de complexidade sem precedentes. Poucos dos beligerantes (a Grã-Bretanha e os Estados Unidos estavam entre as exceções) tinham tentado enfrentar os custos do conflito aumentando os impostos; em vez disso a maioria dos estados recorreu quase que totalmente aos empréstimos, supondo que o inimigo derrotado seria forçado a pagar a conta - [...]. As dívidas públicas, não mais cobertas pelo ouro, aumentaram rapidamente; o papel-moeda, saindo de todos os tesouros dos estados, provocou enormes aumentos de preços. Dada a devastação econômica e os deslocamentos territoriais provocados pela guerra, nenhum país europeu estava preparado para acompanhar os Estados Unidos na volta ao padrão ouro, em 1919. Políticas monetárias e fiscais pouco firmes fizeram com que a inflação continuasse aumentando, com resultados desastrosos na Europa Central e Oriental. Depreciações competitivas da moeda nacional, realizadas numa tentativa desesperada de estimular as exportações, simplesmente criaram maior instabilidade financeira. [...] Tudo isso foi agravado pelos insolúveis problemas correlatos dos empréstimos entre os aliados e a exigência dos vencedores [...] de substanciais indenizações alemãs. [...] O cenário econômico na Europa Central e Oriental tornava as coisas piores, já que a criação de barreiras aduaneiras e tarifárias em torno desses países aumentava as rivalidades regionais e dificultava o desenvolvimento geral. [...] Além disso, esses países, como a própria Alemanha, tinham problemas monetários e por isso achavam mais fácil comerciar na base de trocas".

[91] A título de reparação pelos danos da I Guerra, a Alemanha deveria pagar 132 milhões de marcos-ouro (*reichsmark-or*), quantia esta que foi progressivamente sendo reduzida em face da incapacidade alemã de assegurar tais pagamentos.

crise de 1929. Desde o ponto de vista histórico, relata Nelson Brissac Peixoto:[92]

"A Alemanha então estava mergulhada na crise econômica e na inflação. Quebrado o encadeamento que fazia com que as mercadorias encontrassem seu correspondente monetário, é preciso correr para assegurar a permuta".

Com efeito, o então presidente do Reichsbank (Banco Central) e Ministro das Finanças da Alemanha nazista, Hjalmar Schacht, solucionou o problema, em setembro de 1934, com a utilização da troca,[93] num sistema que pode ser resumido em: (a Alemanha) "[...] só deveria comprar de quem estivesse disposto a adquirir seus produtos".[94] Ainda sob sua orientação, a dívida externa foi reescalonada, e os subsídios às exportações incrementaram o comércio exterior, ao mesmo tempo em que os acordos de compensação garantiram o acesso às matérias-primas vitais. Segundo Albene Menezes,[95] os representantes da nova política comercial alemã viam na compensação um instrumento para prover as necessidades de sua indústria e aumento de exportação de manufaturados. Segundo Luiz Olavo Baptista,[96] a Alemanha,

"[...] com agudos problemas de liquidez, desejava comprar matérias-primas. Criou-se um sistema de compensações, que permitia a esses países estabelecer reciprocamente as suas posições líquidas a cada ano, em moeda conversível ou em ouro".

---

[92] *A Sedução da Barbárie*, São Paulo: Brasiliense, 1982.
[93] Conforme Luiz Olavo Baptista, em palestra proferida no *Seminário sobre os aspectos jurídico-legais da operações de countertrade, op. cit.*; e L. Sirc, *Introdução às Finanças Internacionais*, Rio de Janeiro: Zahar, 1978, que entende que a utilização de acordos de compensação pela Alemanha foi prejudicial aos países menores da Europa.
[94] HJALMAR SCHACHT, conferência proferida na Feira da Primavera de Leipzig, 1935, explicando o novo plano econômico (*Neuer Plan*), apud ALBENE MENEZES, "Alemanha e Brasil: o comércio de compensação nos anos 30, in ANAIS DO SIMPÓSIO "O CONE SUL NO CONTEXTO INTERNACIONAL", Brasília, maio de 1995.
[95] ALBENE MENEZES, *ibid.*
[96] *In* "Aspectos Gerais do Intercâmbio Compensado ou Contra-Comércio", *in* REVISTA DE DIREITO MERCANTIL, nº 69, 1988.

Foram estabelecidas diversas modalidades de comércio compensado:

Private Kompensation ou *Private Verrechnungsgeschäfte* (compensação privada), precursora das operações *barter*: é a troca de mercadoria ou serviços por mercadoria ou serviços;

Staatliche Kompensationsabmachungen (compensação entre Estados), dando origem aos acordos intergovernamentais de compensação total, envolvendo mercadorias selecionadas para as importações e mercadorias alemãs pelo sistema de cotas para a exportação em contrapartida.

Verrechnungs und Zahlungsabkommem ou *Clearing Verträge* (tratados de compensação e pagamentos), intergovernamentais, regendo a compensação financeira mediante contas *clearing* entre a Alemanha e o parceiro comercial, estabelecendo cotas e equilíbrio financeiro nas contas.

Ausländer Sonderkonto für Inlandszahlungen (conta especial do estrangeiro para pagamentos internos), bloqueando os depósitos em marcos, de bancos estrangeiros em bancos alemães, para pagamento das exportações.[97]

Os demais países de língua alemã, remanescentes do Império Áustro-Húngaro, seguiram o exemplo, e

> "[...] como a discriminação e o protecionismo eram correntes na época, outros países passaram a adotar esta mesma regra e, em 1948, dentro do quadro do Plano Marshall, o comércio entre os países europeus ainda era regulamentado por cerca de 200 acordos bilaterais, nos quais os governos mantinham as suas trocas e impunham-se restrições quantitativas nas importações".[98]

Nos países sob regime de economia planificada existiam importante restrições conceituais e filosóficas

---

[97] Para o histórico, ver LUIZ OLAVO BAPTISTA, *ibid*. Para maior detalhamento, ver ALBENE MENEZES, *op. cit*.
[98] LUIZ OLAVO BAPTISTA, *ibid*.

ao livre comércio, dentre as quais a relativa independência em relação aos países capitalistas, o que produziu integração e dependência entre os países do bloco socialista, que praticavam, entre si, comércio compensado. Por outra vertente, os países capitalistas impunham restrições qualitativas aos países do bloco socialista.[99]

Como resultante da natureza de seu sistema socioeconômico, cuja economia fundava-se no setor público,[100] com a predominância de empresas públicas em todos os setores, os países do bloco socialista controlavam, em dimensões que variavam de país a país e mediante o planejamento centralizado, todo o comércio exterior. Nessas circunstâncias, as relações econômicas não se baseavam em critérios monetário-mercantis e no livre-cambismo.[101] Conseqüentemente, não aderiram ao sistema de pagamentos internacionais implantado em *Bretton Woods*, causando, com isso, a não-integração global dos meios de pagamento. Aderiram à fórmula implementada pela Alemanha no período entreguerras, desenvolveram-na e utilizaram-na durante os quase cinqüenta anos que mediam o fim da II Guerra e o colapso do bloco socialista.

Para a coordenação de políticas econômicas e sob a batuta da União Soviética, foram criados, sucessivamen-

---

[99] Conforme JAMES GIFFEN, então Presidente do Conselho para a Economia e Comércio E.U.A./U.R.S.S. asseverou em entrevista concedida em 1989, para a Revista Internacional, Praga.

[100] Para o desenvolvimento do tema, ver JOHN H. JACKSON, "*State Trading and Nonmarket Economies*", in THE INTERNATIONAL LAWYER, vol. 23, nº 4, 1989; JERZY RAJSKI, "*Basic Principles of International Trade Law of Certain European Socialist States and of East-West Trade Relations*", in DROIT ET PRATIQUE DU COMMERCE INTERNATIONAL, Tomo 4, nº 1, 1978.

[101] Tampouco baseavam-se no sistema monetário internacional capitaneado pelos Estados Unidos da América, o que significa que as moedas utilizadas para pagamento das operações comerciais não eram convertíveis em dólares: "Entre os objetivos menos confessáveis [para a prática do *countertrade*], devem ser admitidas as latitudes dadas pelas operações de *countertrade* para contornar as regras que organizam o comércio internacional como as do GATT, ou as estabelecidas por instituições diversas como as associações de produtores" (PHILIPPE KAHN, *in* palestra proferida no "Seminário sobre os aspectos jurídico-legais das operações de *countertrade*", *op. cit.*).

te: o *Comintern* (1919 a 1943), o *Cominform* (1947 a 1956) e o CAME (1948). Os dois primeiros eram organizações partidárias supranacionais, ao passo que o terceiro constituía-se numa organização intergovernamental, de coordenação das atividades econômicas. Os países do chamado "bloco socialista", seguindo o exemplo soviético, nacionalizaram suas economias e adotaram o sistema de planificação econômica centralizada. Tudo de acordo com a orientação política vigente:

> "[...] era a da autarquia econômica dos diversos Estados membros, de maneira que se procurava fabricar de tudo em cada território a fim de mantê-lo o menos dependente do exterior. [...] O papel do CAEM [...] limitava-se a emitir recomendações aos Estados membros, no sentido de incentivar a conclusão de acordos comerciais bilaterais e a longo prazo. [...] É a partir de 1958 que se pode falar em integração econômica no Leste. [...] Com a morte de Stalin e as novas e menos rígidas posições tomadas por Kruschev, bem como o nascimento de novos conceitos de especialização internacional da produção, o CAEM iria tomar outros rumos [...]A divisão internacional do trabalho é atualmente [1968] o objetivo principal do CAEM. Ela é feita através da coordenação internacional dos planos econômicos e de perspectivas (planos de 20 anos) e dos planos a longo prazo (5 anos) dos países participantes".[102]

Assim, as operações comerciais entre os países do bloco socialista foram levadas a termo mediante acordos de compensação financeira, com mecanismos reguladores para os desequilíbrios que viessem a ocorrer, mediante acordos governamentais envolvendo países que desejavam incrementar o comércio recíproco sem a utilização de suas reservas em moeda conversível para o pagamento. Nesses acordos, havia a estipulação do montante da operação e do lapso temporal durante o

---
[102] LAÉRCIO BETIOL, *op. cit.*

qual os negócios se realizariam, sendo que o tipo de bem a ser negociado ficava para a etapa seguinte, a ver, a da execução do acordo. É quando apareceram as listas de mercadorias disponíveis a cada parceiro, à escolha do outro. Os acordos não eram, *a priori*, vinculados a setores, empresas ou organizações específicas. E isso é o que diferencia os acordos à moda antiga da prática de *barter* nos dias atuais, onde o acordo é vinculado a empresas, setores ou organizações.

As trocas comerciais dos países dos blocos socialista e ocidental seguiam o padrão de acordos bilaterais de compensação, estabilizando o *countertrade* no cenário comercial mundial. Todavia, de uma certa maneira, o tratamento dedicado às relações econômicas internacionais variava daquele dedicado às relações econômicas internas e intrabloco. É ilustrativo o fato de a Tchecoslováquia e a RDA terem editado "códigos de comércio internacional" em 1963 e 1976, respectivamente. Os demais países utilizavam-se de atos governamentais para regulamentar as relações comerciais internacionais.[103] Essas normas são similares às adotadas nos países do chamado "bloco ocidental", em especial ao Código Suíço das Obrigações e ao Código Italiano. Destaque-se, nesse contexto, a adoção do princípio da autonomia da vontade, o papel dos costumes como fonte de direito, a utilização das *Incoterms* 1953, a admissão de escolha da lei aplicável e a instituição de Tribunais Arbitrais.

Por outro lado, temos o exemplo do artigo 113 do Tratado instituidor da Comunidade Européia, que estipulou que a "política comercial comum" deveria nortear-se segundo as normas do GATT,[104] mas já em dezembro de 1969 reconheceu a natureza específica do

---

[103] Ver JERZY RAJSKI, *op. cit.*

[104] *"[...] after the transitional period the common commercial policy shall be based on uniform principles, particularly with regard to changes in tariff rates, the conclusion of tariff and trade agreements, the achievement of uniformity in measures of liberalisation, export policy and measures to protect trade such as those to be taken in case of dumping or subsidies".*

comércio com os países do bloco socialista.[105] Com o que os acordos com estes países foram sendo renovados ou prorrogados, e mantidos no correr das décadas. Novos acordos entre a CE e países do bloco socialista foram assinados: com a Romênia, em 1980; com a Hungria e a Tchecoslováquia, em 1988; além de acordos setoriais (têxteis, ferro e aço, produtos agrícolas), conforme informa M. Maresceau.[106]

A política econômica da então República Democrática Alemã, com suas especificidades de país industrializado que exportava, na década de oitenta, cerca de quarenta por cento de seu PNB., tornou esse país interessante parceiro comercial sob o ponto de vista do Ocidente, ainda que buscasse o equilíbrio nas trocas comerciais externas. A RDA celebrou 196 acordos intergovernamentais na década de 1975-86, com vinte e um países do chamado "bloco ocidental".[107] Aos poucos, os países do bloco socialista foram aderindo à convenções internacionais selecionadas,[108] sendo que alguns aderiram ao GATT: Iugoslávia, Tchecoslováquia, Romênia, Polônia e Hungria.

A prática do comércio compensado mostrou-se útil para os países do chamado bloco ocidental, especialmente para os países em vias de desenvolvimento, em face de determinadas circunstâncias econômicas de países que praticam o *countertrade*, circunstâncias estas que podem ser:

a) a falta de moeda, em função da não conversibilidade da moeda de curso legal, ou então em decorrência

---

[105] *Council Regulation* 109/70, de 19 de dezembro de 1969.

[106] *"A general survey of the current legal framework of trade relations between the European Community and Eastern Europe"*, in The Political and Legal Framework of Trade Relations Between the European Community and Eastern Europe. Dordrecht: Martinus Nijhoff Publ., 1989.

[107] Segundo informa WOLFGANG NICOLAI, *"The Position of Western European Companies in their Trade Relations with the GDR"*, ibid.

[108] Convenções referentes ao transporte internacional, propriedade industrial, arbitragem internacional (New York, 1960 e Genebra, 1961), e títulos de crédito (Genebra, 1930, sobre Letra de Câmbio e Nota Promissória; Genebra, 1931, sobre Cheques), conforme informa JERZY RAJSKI, *op. cit.*

da necessidade de economizar divisas para o pagamento de suas importações de insumos ou para o pagamento dos serviços de dívida externa anteriormente contraída;

b) a falta de valor da moeda em curso legal, em geral ocasionada por processos inflacionários crônicos ou por distorções ocasionadas por política cambial direcionada para problemas internos;

c) a falta de credibilidade da moeda no mercado internacional, por ausência ou insuficiência de lastro em divisas ou incapacidade de captação das divisas pela via da balança comercial;

d) a falta de aceitação de sua moeda de curso legal como meio de troca ou de pagamento internacional;

e) a ocorrência de facilidade comparativa do uso da mercadoria como moeda, quer como abertura e manutenção de novos mercados, quer como forma de garantir o fornecimento de insumos necessários (*v.g.*, petróleo russo).

Essas circunstâncias, aliadas às ocorrências desestabilizadoras verificadas na década de setenta, levaram uma ampla gama de países a se utilizar do comércio compensado para o equilíbrio de suas contas externas. Com efeito, na década de setenta verificou-se um incremento no comércio compensado, que passou a ser praticado por países de renda média e baixa e pelos países produtores de petróleo, atribuído este incremento às sucessivas crises do petróleo e da dívida. Os países em vias de desenvolvimento encontravam-se à margem do sistema financeiro internacional, devido a problemas estruturais de natureza econômica. E foram esses problemas estruturais - instabilidade da moeda, baixa taxa de poupança e investimentos, dependência de capital externo, desequilíbrios nas contas externas, *cetera paribus* - aliados à não-integração aos meios de pagamento internacionais, voltaram os países em vias de desenvolvimento para os meios alternativos de pagamento.

Pode-se dizer que as mesmas razões prevaleceram no ressurgimento da prática do *Countertrade* nos anos setenta,[109] aliadas à crise do petróleo, quando a prática do *countertrade* permitiu contornar a crise ocasionada pela necessidade de importação de petróleo enquanto fonte de energia e escapar aos requerimentos da OPEP. A inserção da proporcionalidade na solução do conflito de interesses então colocado conduziu ao desenvolvimento da prática do *countertrade* entre os países do bloco ocidental e os países do bloco socialista. No estabelecimento e na manutenção da prática do *countertrade* a reciprocidade e proporcionalidade são proeminentes. Após a remodelação geográfica e reestruturação política ocorrida na década de noventa, as práticas comerciais da região mudaram a roupagem, mas mantêm-se estruturalmente as mesmas. Atualmente, *v.g.*, os Países Bálticos conservam seus vínculos com os países integrantes da antiga União Soviética, em face de suas peculiaridades naturais e econômicas. A escassez de recursos naturais e produtos de exportação, somada à escassez de moeda para pagamentos internacionais mantêm esses países à margem do sistema financeiro internacional e praticantes de formas de *countertrade*. Antes de sua independência, a economia desses países resumia-se à importação de matérias-primas de seus parceiros do CAME/COMECON para transformação e revenda aos mesmos parceiros, mediante contas-convênio. A dependência estende-se aos insumos, eis que 97% do petróleo consumido na região é importado de ex-integrantes da URSS, tal como a Rússia, não mais a preços subsidiados.[110] A Lituânia assinou um Acordo de Cooperação com a Rússia, a quem escolheu como parceira para a importação dos 700 milhões de dólares de petróleo. O referido acordo prevê o pagamento em produtos agrícolas - vale dizer, uma operação *barter*.

---

[109] Conforme ALDO FRIGNANI, *Factoring, Leasing, Franchising, Venture Capital, Leveraged Buy-out, Hardship Clause, Countertrade, Cash and Carry, Merchandising, Know-how*. 5ª edição, Torino: G. Giappicheli, 1993.
[110] Os preços foram majorados em 1.000%, aproximadamente.

Os sistemas de pagamentos adotados no comércio com a Europa Central e Oriental eram, então, conduzidos mediante a utilização da moeda de um dos países envolvidos, ou ainda de um terceiro país, unicamente com fins contábeis, com o registro das sucessivas operações. O controle é efetuado por um Banco Central (ou equivalente), e a moeda utilizada é chamada de "moeda-convênio".[111] A cotação da "moeda-convênio" não necessariamente segue a cotação no mercado internacional de divisas.

Em 1934, o Congresso dos Estados Unidos, sob gestão Roosevelt, aprovou o *Reciprocal Trade Agreements Act*, que autorizou o governo a negociar acordos comerciais bilaterais, com redução das tarifas. Informam Trebilcock e Howse[112] que trinta e um acordos bilaterais foram concluídos.

Em decorrência dos problemas no sistema de pagamentos internacionais e no fluxo internacional de capitais, o próprio fluxo de bens e serviços atravessa uma profunda crise, que não pode ser evitada. Não obstante o sistema de *Bretton Woods*, mais de uma forma de escambo persistiu e ainda persiste sob a forma de comércio compensado, sem a utilização da moeda como meio de pagamento - mas utilizando-a como parâmetro ou moeda de conta,[113] e isso porque as causas remotas do surgimento da prática do *countertrade* englobam a não integração dos meios de pagamento e circunstâncias econômicas que tornavam a troca de mercadorias mais aceitável para as políticas dos países do bloco socialista

---

[111] "[...] a função principal da moeda de convênio ou escritural é efetivar os registros contábeis nos bancos centrais dos países convenentes, bem como para a emissão de documentos destinados a produzir efeitos no exterior", RICARDO J. MARTINS, *op. cit.*

[112] *Op. cit.*

[113] "*Moeda de conta* é a unidade convencionada da medida da obrigação de pagar" (Luiz Olavo Baptista, *in* A vida dos contratos - São Paulo: 1992 - Tese apresentada para o concurso para Professor Titular de Direito do Comércio Internacional do Departamento de Direito Internacional da Faculdade de Direito da Universidade de São Paulo). As moedas de conta são, no interesse do nosso trabalho, utilizadas em convênios ou acordos bilaterais, firmados entre países cujas moedas são inconvertíveis.

do que o uso de moeda como meio de pagamento. Após a reestruturação, o comércio dos países ex-integrantes do CAME com a Rússia seguem as regras do sistema financeiro internacional (FMI), com valoração dos bens negociados em bases mercantis praticadas no mercado - mas os pagamentos são efetuados segundo as antigas fórmulas de compensação, ainda tendo em vista o equilíbrio das relações comerciais.

Assim como os demais ex-parceiros do CAME, Cuba, *v.g.*, recebia uma transferência de estimados cinco bilhões de dólares/ano. Temos notícia que, ao menos até 1995, esteve em vigor um acordo comercial estimado em 3,8 bilhões de dólares/ano, onde a Rússia fornece setenta milhões de barris de petróleo e recebe de Cuba, em pagamento, 4 milhões de toneladas de açúcar, além de cítricos, níquel e suprimentos médicos. A moeda de conta é o dólar estadunidense, mas a contabilidade atual é 18 barris de petróleo para cada tonelada de açúcar - *barter*, novamente. Por outra vertente, o capital europeu ingressa em Cuba por intermédio de *joint-ventures* no setor turístico, para a construção de hotéis. Note-se que, nesse caso, as *joint-ventures* podem ser consideradas modalidade de *countertrade*, sob a forma de acordo de compensação de saldos (*offset*) ou de acordo de recompra (*buy-back*), com o pagamento em serviços.

Dentre os acordos comerciais estruturalmente qualificados como de *countertrade* assinados pela União Soviética encontramos o contrato firmado pela *PepsiCo.*, de março de 1990, no valor de 3 bilhões de dólares, e que prevê a implantação de instalações industriais para a produção de 40 milhões de caixas de refrigerantes/ano, a ser financiada pela exportação de vodka *Stolichnaya* pelo período de dez anos, mais a venda ou *leasing* de cargueiros soviéticos. Esse complexo acordo de *countertrade* teve por principal motivação a inconvertibilidade do rublo.

Após a queda do Muro de Berlim e do início da reestruturação das economias outrora planificadas, mais de mil pedidos de autorização para *joint-ventures* foram registradas na CEI, a maioria estimulada por modalidades de *countertrade*.

É válido dizer que a bancarrota do sistema concebido em *Bretton Woods* em muito contribuiu para o ressurgimento da prática do *countertrade*, que passou a ser considerado "mais seguro" que o mercado monetário global. Por isso, o comércio bilateral com reciprocidade passou a significar segurança financeira, ainda que a prática do mesmo apresente grau de dificuldades, a serem contornadas, comparativamente maior do que o comércio multilateral tradicional.

Segundo o *U.S. Department of Commerce*, até 1972 apenas 15 países requisitavam o *countertrade* como forma de comércio internacional[114] (Albânia, Austrália, Bulgária, Cuba, EUA- programa CCA, Hungria, Iugoslávia, Nova Zelândia, Polônia, República Democrática Alemã, República Popular da China, URSS). Em 1979, vinte e sete (27) países requeriam a prática (inclusive o Brasil). Já em 1983, o número subia expressivamente para oitenta e oito (88), alcançando, em 1989, noventa e quatro (94) países, incluindo todos os países da União Européia/EFTA e os "tigres asiáticos".

Atualmente, a prática do *countertrade* é considerada a forma alternativa de comércio que evita o aumento gradativo dos desequilíbrios econômicos e sociais e garante um fluxo permanente de reservas e o pagamento das necessárias importações de bens de capital e tecnologia.

---

[114] Desconsiderando os acordos de compensação de saldos (*offsets*), apontados nos relatórios do *ITC - International Trade Centre*, das Nações Unidas.

Capítulo 3

A razão é a essência da alma, dedutiva ou intuitiva: dedutiva, na maioria das vezes, pertence-te; a intuitiva é principalmente nossa; diferindo somente em graus, na espécie são as mesmas.

John Milton

Conceito e tipologia do *countertrade* em nossos dias

Todo estudo de um instituto jurídico impõe a síntese preambular dos *traits* essenciais que o caracterizam, delimitando o objeto eleito no universo possível, de forma a inseri-lo no sistema. O *countertrade* ainda não pode ser considerado um instituto jurídico *stricto sensu*.

Sob o prisma da forma de extinção das obrigações e do modo de pagamento, os negócios realizados sob a forma de *countertrade* podem ser classificados como variação combinada dos institutos já consagrados da permuta e da compensação de créditos. Eliminaremos, desde já, o instituto da dação em pagamento[115] como qualificador das operações de *countertrade* em face da natureza suplementar e substitutiva desta forma de extinção de obrigações. Caio Mario da Silva Pereira[116] aponta como requisitos da dação em pagamento:

"[...] a) a existência de uma dívida; b) o acordo do credor; c) entrega de coisa diversa da devida, com a intenção de extinguir a obrigação".

Assim, não podem quaisquer das técnicas de pagamento inicialmente previstas nas operações de *counter-*

---
[115] *Datio in solutum*, admitida no Direito Romano como benefício concedido ao devedor - *beneficium dationis in solutum*. Prevista como modalidade de pagamento no direito pátrio, no artigo 995 do Código Civil.
[116] *In Instituições de Direito Civil*, volume II, 8ª edição, Rio de Janeiro: Forense, 1983. No mesmo sentido, ORLANDO GOMES, *Obrigações*, 8ª edição, Rio de Janeiro: Forense, 1988.

trade serem consideradas "dação em pagamento" em face de a entrega de coisa prevista já estar prevista - ou estatuídos os meios de estipulação futura - no instrumento e de a aquiescência do credor da obrigação ser prévia à execução da prestação e constante do contrato.

A compensação, instituto de direito civil, é forma de extinção de obrigações recíprocas em quantias concorrentes:[117] *debiti et crediti inter se contributio*.[118] Nas ponderações de Pontes de Miranda:[119]

> "O credor está em falta, tanto quanto o contracredor; e também ele é titular de direito formativo extintivo. O nascimento do direito formativo extintivo e o estado que se lhe segue já têm certa eficácia própria. [...] A compensação é precedida *a)* pela situação de créditos susceptíveis de ser compensáveis *in futurum*, a que corresponde o direito expectativo de cada um dos titulares, *b)* pela situação de compensabilidade dos créditos, a que corresponde o direito formativo extintivo de cada um dos titulares, e *c)* pelo ato de alegação, que é exercício de direito formativo extintivo. [...] A compensação pressupõe que o devedor, que compensa, seja titular do contracrédito; isto é, pressupõe a *existência* e *contraposição* de dois ou mais créditos. Bilateralidade dos créditos e dívidas, e não bilateralidade do negócio jurídico. [...] Hoje, a compensação figura nos códigos civis e comerciais, ao lado do pagamento [...], da dação em soluto e da remissão de dívida. O jurista tem de precisar-lhes os conceitos e, pois, distinguí-los o mais nitidamente que possa.

---

[117] CAIO MARIO DA SILVA PEREIRA define compensação como "[...] a extinção das obrigações quando duas pessoas forem, reciprocamente, credora e devedora" (*op. cit.*, volume II). Para Teixeira de Freitas, "[...] compensação é o desconto que reciprocamente se faz no que duas pessoas devem uma à outra" (*in Consolidação das Leis Civis, apud* WASHINGTON DE BARROS MONTEIRO, *in Curso de Direito Civil*, volume 1, 17ª edição, São Paulo: Saraiva, 1982).

[118] L. Modestino, *apud* PONTES DE MIRANDA, *op. cit.*, Tomo XXIV.

[119] *Op. cit.*, Tomo XXIV.

Todos extinguem a dívida; a compensação extingue duas ou mais, ao mesmo tempo".

Por serem as operações de *countertrade* muito assemelhadas aos institutos da permuta e da compensação, presentes em diversos ordenamentos internos, uma anotação deve ser feita: semelhante não significa igual. O mais importante dentre os diferenciadores das operações de *countertrade* da compensação enquanto instituto de direito civil é que, nas operações de *countertrade*, a compensação é o próprio objeto do contrato, assim formalizado para evitar o surgimento de uma obrigação de pagamento em divisas. Oportuno lembrar que o instituto da compensação no âmbito do direito civil presume a preexistência de obrigações que se tornaram ou tornarão líquidas e certas antes de a compensação se efetivar. Em quanto ao escambo, temos que as operações de *countertrade* presumem, ainda, internacionalidade do instrumento que rege a operação, aqui, assim considerado quando, para o cumprimento das obrigações lá estipuladas, implicar o fluxo de bens entre Estados.[120]

É importante a conceituação das operações de *countertrade*, de forma a poder distingui-las das operações comerciais e financeiras tradicionais que se aperfeiçoam com o pagamento em moeda ou crédito. Todavia, a ausência de pagamento em moeda não caracteriza a operação como sendo de *countertrade*. Ao discorrer sobre e classificar os contratos de transferência de tecnologia - tantas vezes parte importante nas operações de *countertrade* -, Luiz Alfredo Paulin alerta que:

---
[120] PHILIPPE KAHN e BERTOLD GOLDMAN, na década de sessenta, deram nítidos contornos à teoria da nova *Lex Mercatoria*, desvinculando o comércio internacional de sistemas jurídicos estatais. Contra, LOUSSOUARN e BREDIN, que entendem dar-se obrigatoriamente a vinculação com a localização do contrato que rege a operação comercial pela via dos elementos de conexão. Nunca é demais lembrar que, como asseverou HENRY LESGUILLONS, a maioria dos autores abandonou a idéia de definir "contrato internacional" e as convenções acerca do tema restringem-se a indicar critérios de diferenciação. Para um histórico, podemos recorrer à análise de LUIZ OLAVO BAPTISTA, *Dos Contratos Internacionais: Uma Visão Teórica e Prática*, São Paulo: Saraiva, 1994.

"[...] ao que tudo indica, não parece ser esse [remessa de numerário entre fronteiras] elemento essencial para a caracterização do contrato de transferência de tecnologia como internacional."[121]

Assim, a ausência de pagamento pelos meios tradicionais não se demonstra como critério suficiente, até porque, no mais das vezes, *efetivamente* ocorre pagamento em moeda ou crédito pelos bens negociados. E este pagamento também é considerado adimplemento, vez que provoca o efeito liberatório das obrigações contraídas.

Em outra vertente, pelo aspecto subjetivo, as operações de *countertrade* envolvem a busca da reciprocidade e da proporcionalidade por parte dos contratantes, ao contrário da posição antagônica em que se encontram os contratantes nas operações mercantis tradicionais.

Nas próximas seções, apontaremos parâmetros para a tipificação das operações de *countertrade*, e examinaremos as principais modalidades, descrevendo suas peculiaridades.

3.1. TIPOS DE OPERAÇÕES DE *COUNTERTRADE*

As operações de *countertrade* podem ser caracterizadas de diversas formas, levando-se em conta, principalmente, os tipos de mercadorias envolvidas. As definições correntes de *countertrade* abrangem um universo de mecanismos comerciais para trocas comerciais.[122] Scott Lochner aponta que:

"[...] todas as formas de *countertrade* tendem a compartilhar a característica comum de um vendedor contratando para vender a um comprador num instrumento de contrato e, num acordo separado, porém relacionado, contrata a compra de bens com o

---
[121] *Op. cit.*
[122] Segundo Montaigne, *apud* Marzorati, *op. cit.*

comprador no outro contrato (ou com quem o comprador indicar) no valor equivalente a uma percentagem do valor do contrato original de venda e compra. [...] Essa descrição de *countertrade* pode facilmente ser considerada adequada, desde que não inclua *barter*, que será descrito com maiores detalhes, e não envolve qualquer pagamento em moeda ou crédito".[123]

Para os efeitos desta obra, consideraremos operações de *countertrade* as que envolvam a transferência de bens, serviços e tecnologia, vinculadas à troca de bens, serviços, tecnologia.

A UNCITRAL,[124] a seu turno, e reconhecendo a ausência de definição unânime, define *countertrade* como:

"[...] operação econômica na qual uma parte fornece ou procura o fornecimento de mercadorias ou outros valores à outra parte e, em troca, a primeira parte concorda em comprar da segunda parte, ou de terceiro designado por esta, mercadorias ou outros valores, de forma a obter uma correlação entre as prestações recíprocas".[125]

De forma genérica, *countertrade* pode ser descrito como uma técnica pela qual podem ser obtidos bens ou serviços sem a utilização de moeda.[126] Pompiliu Verzariu,[127] no mesmo sentido:

"[...] um acordo de compensação é qualquer compromisso contratual que o importador impõe ao

---

[123] *Op. cit.*
[124] As Nações Unidas, por intermédio desta Comissão, vêm contribuindo para a uniformização das práticas e costumes do comércio, mediante a compilação, organização e publicação de manuais.
[125] *"Countertrade transactions [...] are those [...] which one party supplies goods, services, technology or other economic value to the second party, and, in return, the first party purchases from the second party an agreed amount of goods, services, technologies or other economic value"*. (in *Legal Guide on International Countertrade Transactions*, New York: United Nations Publ., 1993)
[126] Scott J. Lochner, *op. cit.*
[127] *In Countertrade, barter and offsets*. New York: McGraw-Hill, 1985.

exportador, como condição para a compra, com a intenção de criar benefícios *quid pro quo"*.

Se preferirmos enfocar as finalidades econômicas das partes contratantes, uma adequada definição é dada por J. Mayaudon:[128]

"Todo contrato ou grupo de contratos relativo(s) a uma forma de troca comercial pela qual a transferência de bens e/ou serviços duma entidade econômica 'A' para uma entidade econômica 'B' emparelhada, numa relação de reciprocidade e complexidade, a uma ou diversas transferências inversas entre as mesmas entidades ou entre entidades parcial ou totalmente distintas".[129]

É natural que as operações de *countertrade*, em geral, envolvam *commodities*, pois a quantidade e a qualidade podem ser facilmente controladas. Excluiremos da tipologia os *agreements* que envolvam mera "troca de favores", como por exemplo o acordo entre a ITT e o Governo da Turquia,[130] segundo o qual a Turquia adquiriria equipamentos da ITT em troca de *lobby* a ser feito pela ITT no Congresso americano, visando a uma posição pró-Turquia no incidente do Chipre.

As operações podem ser classificadas[131] quanto à natureza da compensação, ao meio de pagamento, ao objeto do contrato e ao grau de vinculação.

Quanto à natureza da compensação a ser efetuada, temos:

---

[128] "*Les contrats de compensations pétrolière*", in *journal de droit international* nº 8, 1987, apud L. MOATTI, *op. cit.*
[129] "*Tout contrat ou ensemble de contrats relatif(s) à une forme d'échange commercial dans laquelle un transfert de biens et/ou services d'une entité économique A vers une entité économique B se trouve jumelé, dans un rapport de réciprocité et de complementarité, à un ou plusieurs transferts inverses entre les mêmes entités ou des entités partiallement ou totalement différentes*".
[130] Noticiado pelo *Financial Times* de 27 de abril de 1984.
[131] LAURENCE MOATTI, *op. cit.*, sugere, ainda, as seguintes classificações: a estrutura da operação, conforme o número e a natureza dos contratos que regem a operação; número e natureza das partes envolvidas (empresas ou Estados); natureza das prestações (produtos manufaturados, matérias-primas; tecnologia, serviços); motivação das partes (financiamento das importações, projeto de ajuda ao desenvolvimento).

a) compensação comercial, onde a "compensação" é efetuada mediante troca de mercadorias. Nesta categoria incluem-se as operações de *barter* e *counterpurchase;*

b) compensação industrial, onde a "compensação" envolve transferência de tecnologia e atribuição eqüitativa de responsabilidades. Os acordos de recompra *(buyback)* e de compensação de saldos *(offsets)* incluem-se nesta categoria; e

c) compensação meramente financeira, que se dá no balanço de pagamentos externos dos parceiros envolvidos, que deve permanecer equilibrado. Nesta categoria, temos as operações *switch* e as conversões de dívida externa.

Quanto à forma de pagamento, podem ser:

a) meramente contábil, com a compensação plena das obrigações assumidas pelas partes;

b) composição de meios de pagamento, com a utilização de compensação, crédito, moeda bancária ou moeda *in natura*, em proporções variáveis; e

c) utilização de instrumentos financeiros que evitem a transferência internacional de fundos, mediante a utilização de contas *clearing*, contas bloqueadas, créditos cruzados ou outro meio disponível.

Quanto ao objeto do contrato, as operações dividem-se em mercantis, financeiras, de serviços, ou mistas. Esta classificação não apresenta maior interesse para o nossa obra, eis que não apresenta conseqüências em relação à especificidade do *countertrade*. Quanto ao grau de vinculação, as operações podem ser unitárias, interdependentes ou independentes, conforme veremos no Capítulo 5.

3.1.2. Parâmetros para a tipificação

Não conhecemos definição de *countertrade* que seja aceita com unanimidade, e isto se deve ao fato de que as inúmeras formas praticadas multiplicam-se, derivandose em variações distintas. O ponto de divergência resume-se na tipologia das operações, sendo que diversos autores[132] entendem que qualquer operação, comercial ou financeira, que não envolva, de certa forma, pagamento integral em moeda, constitui-se *countertrade*. Entendem, ainda, que não existe um "tipo" de contrato nem um "contrato-tipo" a reger tais operações.

Todavia, a aparente falta de uniformidade na caracterização do *countertrade* é mero reflexo das mutações do comércio internacional, cuja prática mistura originalidade e pragmatismo na concepção de negócios lucrativos às partes contratantes, respondendo rapidamente à mudança das circunstâncias. O resultado é que a prática do *countertrade* torna-se cada vez mais sofisticada, aprimorada e criativa.

As operações de *countertrade* parecem não obedecer às regras formais e jurídicas previamente estipuladas. São as contingências particulares de cada operação, e as necessidades de cada parceiro que delineiam o negócio e criam as regras que serão aplicadas. Esse fato torna difícil a tipificação de uma operação como sendo de *countertrade*.

Já vimos que a ausência do fluxo internacional de moeda, por si só, não é suficiente para caracterizar o comércio compensado.

Um parâmetro que nos parece apropriado para essa tipificação é a reciprocidade, eis que no comércio internacional convencional inexiste a reciprocidade, mas antes o antagonismo aberto de interesses econômicos. É o que ocorre na venda-e-compra tradicional (produto *versus* moeda), nas operações matriz-subsidiária (transferência intra-empresarial de bens); *joint-ventures*; contratos de licenciamento e permissão de uso *et cetera*, não adquirindo este contorno os acordos envolvendo governos, financiamento casado com a operação mercantil,

---

[132] Alan Lelarge, Cedric Guyot, Leo G. B. Welt, Stephen Jones, *op. cit.*, bibliografia.

compensação parcial e compensação total, onde temos a plena reciprocidade.

O U.S. *Department of Commerce* define *countertrade* como:

> "Negócio onde o vendedor entrega bens ao comprador e contratualmente concorda em comprar bens deste no valor, ou em percentagem estipulada, do montante da venda original".[133]

A *Association pour la Compensation des Echanges Commerciaux* - ACECO, entidade privada sediada na França, apresenta a seguinte definição:

> "Operação comercial na qual o vendedor se obriga a realizar compras de bens ou serviços, ou qualquer outra operação no país do comprador, em troca desta venda que só se realizará sob essa condição".[134]

3.2. FORMAS ORIGINAIS

As operações de *countertrade*, desde seu "re-aparecimento", caracterizam-se pela criatividade espelhada nas formas contratuais. Em conseqüência, dia a dia desenvolvem-se novas formas sob as quais o negócio pode se revestir. Apresentaremos, assim, as formas originais que se nos apresentam tais operações, das quais - assim acreditamos - as demais são meras derivações.

3.2.1. *Barter*

Barter é a designação preferencialmente empregada nas formas de comércio sem a utilização de moeda ou

---

[133] *East-West Countertrade Practices*, Washington: Department of Commerce Printing Office, 1978.
[134] "*Opération commercialle par laquelle le vendeur prend l'engagement de réaliser dans le pays de son client des achats, des transferts, des services ou toutes autres opérations en échange d'une vente qui n'est obtenue qu'a cette condition*" (in Le guide pratique de la compensation. Paris: ACECO , 1983).

crédito como meio de pagamento, substituindo-a por mercadorias previamente especificadas em lista elaborada pelas partes contratantes sem qualquer referência a preço ou moeda.

Na definição de Cedric Guyot:

"[...] *barter* encontra-se caracterizado quando duas pessoas ou empresas concordam em trocar produtos e/ou serviços: cada parte aceita os bens da outra como pagamento".[135]

Na definição da ACECO:

"[...] *barter* é a troca de produto por produto, sem a transferência de divisas".[136]

Na definição de Scott Lochner:

"[...] *barter* é a troca de mercadoria por mercadoria (ou serviço por serviço, ou serviço por mercadoria, ou mercadoria por serviço), sem o uso de moeda".[137]

A UNCITRAL refere-se a *barter*:

"[...] enquanto contrato envolvendo uma troca de mercadorias especificadas, com dupla mão de direção, onde a entrega de mercadorias por uma parte substitui, inteira ou parcialmente, o pagamento pela remessa de mercadorias pela outra parte".[138]

Como regra geral, envolve acordos governamentais, sendo uma operação tipicamente - mas não exclusivamente - intermediada pelo setor público dos países envolvidos. Foi muito utilizada durante as crises globais, tais como a recessão dos anos trinta, a crise do petróleo e a crise da dívida.

Todavia, designaremos como *barter*, em sentido estrito, os negócios envolvendo a troca de mercadorias[139] por

---

[135] *Op. cit.*
[136] *Op. cit.*
[137] *Op. cit.*
[138] *Op. cit.*
[139] Manufaturados ou matérias-primas.

mercadorias, e com o uso de moeda como meio de pagamento parcial[140] ou de ajuste contábil.

Ainda que seja conhecido por "comércio sem dinheiro", a moeda pode ser utilizada das seguintes formas:

a) como um meio de valorar os bens/mercadorias, para os contratos de seguro e de transporte;

b) para obtenção de financiamento durante o período transacional, quando aplicável;

c) como meio de pagamento de diferenças apuradas no valor de troca;

d) para efeitos fiscais e outros efeitos requeridos pela Administração;[141]

e) para apuração de prejuízos no caso de as mercadorias entregues não estarem em conformidade com as especificações requeridas, com vistas à compensação material;[142] e

f) para o pagamento de comissões de agentes, intermediários e de honorários de consultores.

As operações de *barter* têm por características:

I - a operação envolve duas partes e é consolidada num único instrumento, pois não é necessária a elaboração de protocolo;

II - existência de um *shadow price*, ou seja, de um denominador comum de troca, para a fixação dos produtos a serem trocados;

III - a operação de troca, em geral, completa-se simultaneamente ou dentro de um curto período,[143]

---

[140] Se o valor das mercadorias a serem exportadas for maior que a contrapartida.

[141] A falta de estipulação de preço de mercado, em muitos países, ocasiona dificuldades no cálculo do preço dos impostos devidos pela entrada das mercadorias.

[142] Aqui também a falta de estipulação do preço de mercado das mercadorias pode causar dificuldades, especialmente quando for fixado o valor da compensação material devida.

[143] Normalmente, cerca de doze meses. TRUELL refere a prazo médio de dois anos, *apud* SCOTT LOCHNER, *op. cit.*. Nos contratos de maior duração, há previsão de reajuste de preços mediante mecanismos de referência (em geral, *commodities*).

como forma de evitar a variação do preço dos bens negociados;

IV - dada a dificuldade em se conseguir garantias bancárias fornecidas por bancos de primeira linha, geralmente a operação é efetuada com base na confiança comercial e sem a utilização de carta de crédito ou de outras técnicas financeiras.[144] As instituições financeiras podem se fazer presentes na qualidade de gestoras das contas-convênio, onde os depósitos estarão afetados e vinculados às operações comerciais em contas de afetação especial:[145] conta em fidúcia,[146] *escrow account*,[147] conta seqüestrada,[148] ou *trustee account*.[149]

V - o pagamento é efetuado exclusivamente pela entrega e contra-entrega dos produtos;

VI - a mensuração dos embarques é efetuada de acordo com a qualidade e a quantidade das mercadorias a serem embarcadas, e não no seu preço de mercado;

VII - impossibilidade de transferência das obrigações contratualmente assumidas, acarretando a inexistência de terceiros envolvidos no contrato;

VIII - as partes assumem, uma perante a outra, a obrigação de entregar e garantir o produto na forma e qualidade estipuladas no contrato, e não a obrigação de pagar um preço expresso em moeda.[150]

---

[144] Contudo, garantias de *performance* podem estar presentes nessas operações, bem como os créditos cruzados.

[145] Ver, a propósito: Anexo 2 - contrato de *barter* com utilização de conta vinculada; Anexo 15 - contrato de conta bloqueada.

[146] Utilizadas em Luxemburgo, Suíça e Alemanha, com a transferência da propriedade dos depósitos para o fiduciário, que pode se opor ao saque.

[147] Ou escritural, de uso nos Estados Unidos, sem a transferência de propriedade para o *"escrowee"*, com possibilidade de saque limitada, eis que os depósitos são vinculados irrevogavelmente ao pagamento do exportador.

[148] Criação do Direito Francês, sem limitação aos saques a não ser em caso de vinculação contratual específica.

[149] Criação do Direito Comum anglo-saxão, com a transferência de propriedade para o *"trustee"*, vinculação irrevogável dos depósitos ao pagamento do exportador e impossibilidade de saque. Utilizada nos países da *Common Law* e em Singapura.

[150] Aproximando-se, assim, do instituto da permuta.

No instrumento de contrato, como nos exemplo dos anexos 1 e 2, devemos encontrar as seguintes cláusulas:

1) *Relativas ao objeto do contrato*, estipulando a troca de mercadorias (escambo), e gerando o vínculo obrigacional mútuo cuja prestação[151] consiste na remessa recíproca de bens entre as partes;[152]

2) *Qualidade dos bens e garantia*, onde serão previstas as garantias de qualidade dos bens[153] e métodos para sua aferição;

3) *Cláusulas relativas aos bens negociados* onde teremos a especificação dos produtos, qualidade requerida segundo padrões estipulados, quantidade mínima desejável por período estipulado, características, embalagens e as condições para a aceitação dos bens pelo comprador.[154] em se tratando da utilização de listagens com opção para a escolha diferida dos bens a serem remetidos em pagamento, devem estar previstas as obrigações decorrentes da forma escolhida;[155]

4) *Fixação do valor total da operação*, estipulando o valor a ser compensado - que deverá ser de 100% (cem por cento). As referências aos bens negociados são em

---

[151] Ludwig Enneccerus, *op. cit.*, assim define o *conteúdo das prestações*: "La prestación a que el crédito se dirige puede ser positiva o negativa, consistir en un hacer o en un omitir. El hacer comprende también el dar, el omitir abarca también el tolerar, pues tolerar significa omitir la protesta o el impedimento".

[152] *V.g.*: "Payment to the Commodity Credit Corp (CCC) for the FAS value of the (milk product) delivery to and accepted by the Bauxite and Alumina Trading Co. Ltd. (BATCO) shall be paid for by the delivery to CCC, ..., of a quantity of Bauxite equivalent in total value to the FAS value of the (milk product) delivered. CCC will establish a 'barter account' in which the value of the exports of (milk product) will be applied against the value of bauxite delivered to CCC in accordance with part A of this agreement" (US-Jamaica barter agreement, apud cedric guyot, *op. cit.*).

[153] É costume recorrer aos serviços prestados pela *Societé Générale de Surveillance SA* (SGS), empresa sediada na Suíça, que verifica a conformidade de produtos, inclusive o seu preço no mercado internacional.

[154] Os PRODUTOS a serem entregues corresponderão às especificações e terão a qualidade, quantidade e sortimento requeridos nos contratos de implementação da operação a serem concluídos entre "X" e "Y" (ou terceiro designado), como definido neste contrato.

[155] Nesses casos, segundo a melhor doutrina, é gerada a obrigação de dar coisa incerta enquanto não ocorrer a concentração, momento em que passará a existir obrigação de dar coisa certa, consoante especificado no contrato.

"barris", "toneladas", "litros" e demais padrões de mensuração física;

5) *Cláusulas que permitam a valoração dos bens*, no caso de não haver previsão contratual de adoção contábil de moeda para fins de valoração dos bens negociados, quando então serão estabelecidos parâmetros para a valoração indireta;[156]

6) *Cronograma*, nos casos de as remessas não serem simultâneas;

7) *Forma contábil*, geralmente estipulada mediante uma conta de compensação[157] (*clearing account*), com parâmetros contábeis e moeda de conta aqui especificados;

8) *Indenizações e garantias*, para quando da ocorrência de casualidades na produção, empacotamento, transporte ou entrega, em quaisquer dos bens negociados.[158] As garantias, quando oferecidas, são representadas por carta de crédito *stand-by*;

9) *Resolução do contrato*, cláusula esta que permite a uma das partes rescindir o contrato sem o recurso ao poder judiciário para a obtenção da rescisão.[159] Prevê, ainda, as conseqüências da resolução do contrato e os procedimentos, tais como indenizações por vantagens já auferidas e restituição de bens. O artigo 25 da Conven-

---

[156] *V.g.*, O preço a ser atribuído aos PRODUTOS, por ocasião da conclusão de cada lote, para os efeitos contábeis, será o atribuído a produtos com especificações similares no mercado de X.
[157] é comum a utilização de contas *clearing*, gerenciadas por uma instituição financeira ou pelos Bancos Centrais (ou similares) dos países envolvidos. Tais contas não se constituem em meio de pagamento, mas em mecanismo de registro de valores negociados, bem como do fluxo de bens e capitais. Com o que o meio de pagamento estará previsto em outra disposição contratual específica, podendo ser mediante compensação, crédito cruzado, financiamento, e outros aplicáveis. Para a contabilização do fluxo de bens, deve-se eleger a moeda de conta e os documentos necessários para o lançamento. Deve-se, ainda, prever os limites quantitativos e temporais para valores que restem não compensados.
[158] *V.g.*: "*If and to the extent such imbalance* [nas entregas] *was caused by an occurance provided for in the* [seção que trata de força maior e cláusula *hardship*], *the owing party shall settle such imbalance by making payment in currency to the other party* [...] (Oil Exchange agreement, apud cedric guyot, op. cit.).
[159] Sua validade é vinculada à lei aplicável ao contrato.

ção de Viena[160] apresenta a possibilidade de uma das partes declarar o contrato rescindido, na hipótese da inexecução de obrigação, pela outra parte, constituir-se em contravenção essencial ao contrato. O artigo 81, c.c. o artigo 7º, alínea 2, todos da referida Convenção,[161] estatuem os efeitos da rescisão para os contratos em que a Convenção se aplica;

10) *Solução de controvérsias*, que poderá ser mediante jurisdição estatal eleita,[162] arbitragem,[163] composição ou mediação;[164]

11) *Miscelânea comum aos contratos internacionais*, tais como eleição de foro - se cabível -, procurações recíprocas, formas de notificação, excludentes de responsabilidade por perdas e danos,[165] cláusulas penais.

---

[160] "Art. 25. Considera-se violação essencial contratual a infração cometida por um dos contraentes, que causar ao outro contraente prejuízo de tal monta que substancialmente privá-lo do resultado que poderia legitimamente esperar do contrato, salvo se o contraente faltoso não tiver previsto tal resultado e este não pudesse ser previsto, em igual situação, por pessoa razoável na mesma condição".

[161] "Art. 81. "1. A resolução do contrato liberará ambos os contraentes de suas obrigações, salvo a de indenizar as perdas e danos que possam ser devidas. Todavia, a resolução não prejudicará as disposições contratuais a respeito da solução de controvérsias, nem qualquer outra estipulação do contrato que regule os direitos e obrigações dos contraentes em caso de resolução.
"2. O contraente que tiver cumprido total ou parcialmente o contrato poderá reclamar do outro contraente a restituição daquilo que houver sido fornecido ou pago nos termos do contrato. Se ambos os contraentes estiverem obrigados a restituir, deverão fazê-lo simultaneamente.
"Art. 7. [...] 2. As questões referentes às matérias reguladas por essa Convenção que não forem por ela expressamente resolvidas, serão dirimidas segundo os princípios gerais que a inspiram ou, à falta destes, de acordo com a lei aplicável segundo as regras de direito internacional privado".

[162] Sobre eleição de foro e reconhecimento de sentença estrangeira, ver HERMES MARCELO HUCK, *Sentença Estrangeira e Lex Mercatoria*, São Paulo: Saraiva, 1994; LUIZ OLAVO BAPTISTA, "Notas sobre Homologação de Laudos Arbitrais Estrangeiro no Direito Brasileiro" in REVISTA DOS TRIBUNAIS, nº 556, 1982; IRINEU STRENGER, "Aplicação de Normas de Ordem Pública nos Laudos Arbitrais" in REVISTA DOS TRIBUNAIS, nº 606, 1986; GUIDO SOARES, "Arbitragens Comerciais Internacionais no Brasil" in REVISTA DOS TRIBUNAIS, nº 641, 1989.

[163] Neste livro, toda e qualquer referência à *Arbitragem* é relacionada à forma de solução de litígios, e não às operações financeiras de negociação de moedas.

[164] Acerca da composição e mediação trataremos no Capítulo 5 deste livro.

[165] Acerca das excludentes de responsabilidade trataremos no Capítulo 5, adiante.

As cláusulas penais são freqüentes nos contratos internacionais, estabelecendo sanções pecuniárias para a inexecução das obrigações lá estabelecidas. Diferem conceitualmente das cláusulas que estipulam indenizações por perdas e danos ocasionados pelo inadimplemento, que têm natureza compensatória e não punitiva. Quando dos termos da cláusula denota-se o ressarcimento monetário dos danos sofridos e a compensação do inadimplemento da prestação *in natura*, deparamo-nos com uma cláusula de perdas e danos (*liquidated damages*), e não penal. Estas últimas são magistralmente definidas por Ludwig Enneccerus[166] como:

> "[...] una prestación, generalmente de carácter pecuniario, que el deudor promete como pena al acreedor para el caso de que no cumpla su obligación o no la cumpla del modo pertinente".

Geralmente atingem atrasos na execução ou na entrega de bens, insatisfação com a qualidade ou com a *performance*, inexecução de obrigação de fazer ou não fazer (*v.g.*, obrigação de contratar, de comprar, de não divulgar, de não utilizar, de não revelar segredo industrial). A penalidade pode ser progressiva, e sua validade é vinculada à lei aplicável ao contrato. Nas operações de *countertrade*, sua utilização visa à sanção pecuniária para o descumprimento da obrigação de finalizar a operação: não contratar,[167] não comprar o suficiente,[168] não cumprir obrigação a contento, no que se refere à entrega em qualidade ou quantidade do produto negociado *cetera paribus*. Sua finalidade é coibir o descumprimento de obrigações assumidas, pelo encorajamento do exato cumprimento das obrigações assumidas. O montante a ser pago pela parte inadimplente pode ser um valor estipulado ou percentagem do valor da operação. No

---

[166] *Op. cit.*, volume 1.
[167] O descumprimento da obrigação de comprar conduz à responsabilidade pré-contratual, que deve ser prevista no sistema legal que rege a operação, bem como os parâmetros para a apuração do valor da indenização. Para que produza efeitos, este tipo de cláusula penal deve constar do protocolo básico.
[168] Ver exemplo à cláusula 13.1 do Anexo 7.

caso de atrasos no cumprimento, a estipulação da multa pode ser em valor fixo por dia de atraso.

As cláusulas penais podem ser garantidas por instituições financeiras:

"Comme garantie du payment de la pénalité, X remettra en faveur de Y effectuant les achats une lettre de garantie (conformément au modèle cijoint), émise par une banque correspondante de la Banque ..."[169]

Nas operações de *barter*, especificamente, costuma haver estipulação contratual - que não deve ser confundida com cláusula penal - no sentido do pagamento de diferenças, em moeda, quando verificada ausência de paridade entre os valores dos bens trocados.[170] No mesmo diapasão, e para ilustração, os acordos de compensação costumam estipular pagamento de diferenças em moeda, diferenças estas decorrentes de desequilíbrios no fluxo de bens.

A lei aplicável determinará a forma de redação da cláusula,[171] bem como a eventualidade da exigência legal de notificação premonitória. A lei - ou o contrato - pode determinar, ainda, os efeitos decorrentes de tal pagamento, tais como a liberação ou redução das obrigações remanescentes.[172] O pagamento do montante estipulado em cláusulas penais pode ser assegurado, total ou parcialmente, por garantia bancária autônoma.

A 16ª Sessão da UNCITRAL, em 1983, adotou Lei Uniforme para as cláusulas penais, ao que a ONU

---

[169] MARCEL FONTAINE, *"Aspects juridiques des contrats de compensation"*, in DROIT ET PRATIQUE DU COMMERCE INTERNATIONAL, Tomo 7, nº 2, 1981.

[170] Ver exemplo de tal disposição à cláusula 8 do Anexo 1; e à cláusula 4 do Anexo 3A.

[171] Informa KRITZER, *op. cit.*, que as cláusulas penais são executáveis nos tribunais russos, norte-americanos, alemães e franceses, encontrando resistência nos ingleses.

[172] Em caso de o pagamento da cláusula penal produzir efeito liberatório das prestações inadimplidas, diz LUDWIG ENNECCERUS (*op. cit.*, Tomo 2, volume 1): *"En tal caso no se trata, en realidad, de una pena convencional, sino de la atribución de una 'facultas alternativa' al deudor"*.

recomendou sua implementação aos países-membros, mediante a Resolução 38/135. A CCI editou guia para as cláusulas penais e de ressarcimento por perdas e danos.[173] Ainda, a UNCITRAL apresenta os seguintes exemplos:

> "If Y Company fails to make the purchases necessary to fulfill the countertrade agreement before the expiry of the period stipulated for the fulfilment of the countertrade commitment, Y Company will be obligated to pay to X Company an amount in [moeda] equivalent to [percentagem] per cent of the unfulfilment portion of the countertrade commitment. Upon payment of that amount, Y Company will be released from the portion of the unfulfilled countertrade for which the agreed sum was claimed."

> "If X Company fails to make the goods available for the fulfilment of the countertrade commitment before the expiry of the period stipulated for the fulfilment of the countertrade commitment, X Company will be obligated to pay to Y Company an amount in [moeda] equivalent to [percentagem] per cent of the unfulfilment portion of the countertrade commitment. Upon payment of that amount, X Company will be released from the portion of the unfulfilled countertrade for which the agreed sum was claimed.
> No damages are recoverable in addition to the agreed sum for the failure for which the agreed sum is payable".[174]

Por fim, é recomendável, por ocasião da redação das cláusulas penais, a especificação acerca do pagamento enquanto gerador do efeito liberatório da obrigação descumprida que lhe deu origem, em caso de ser omissa a lei aplicável. Alguns ordenamentos jurídicos (v.g., russo e alemão) admitem a cumulação de cláusula penal com indenização por perdas e danos.

---
[173] Publicação nº 478, de 1990.
[174] Op. cit.

3.2.2. *Offset* ou acordo de compensação de saldos

São denominadas *offsets*[175] as operações de *countertrade* formalizadas por acordos globais de compra e recompra para a compensação de saldos, que envolvam exportação de mercadorias e bens de alto valor, em geral aeronaves, material bélico,[176] transportes ferroviários e produtos de alto conteúdo tecnológico, como imposição dos governos[177] dos países importadores desses bens, de forma a obter um impacto positivo na economia do país importador.

Júlio E. S. Menezes[178] define essas operações como sendo:

"[...] acordos onde o país recipiente (comprador) requer uma compensação como condição pela compra (importação) de máquinas, equipamentos e serviços de grande valor agregado e valor tecnológico, com a intenção de criar benefícios para o comprador".[179]

Cedric Guyot apresenta a seguinte definição:

"Acordo sob o qual um comprador, geralmente órgão estatal, demanda do vendedor a concordância em: comprar componentes, em quantidade percentual pré-determinada, de subcontratados sediados no país-sede do comprador; ou que cumpra parte das exigências de compra em empresas privadas, sediadas no seu país; ou de prestar assistência e/ou

---

[175] Do inglês *offset*, significando 'compensar'.
[176] *Offset* é amplamente utilizado por empresas tais como a Boeing, Lockheed, British Aerospace e Aérospatiale.
[177] Ao contrário das demais formas de *countertrade*, as operações *offset* não se resumem a requerimentos de governos de países em vias de desenvolvimento e do Leste Europeu, mas vem sendo requerido pelo Canadá, Austrália, Bélgica.
[178] *The Brazilian Aerospace Industry: a Case Study of the Technological Impact of Offset Agreements in a Recipient Country*, dissertação de mestrado apresentada na *Naval Postgraduate School, Monterey/CA, USA*, dezembro de 1989.
[179] Tradução do autor do texto.

consultoria[180] para a venda de produtos não relacionados à compra original perante terceiros".[181]

A UNCITRAL entende por *offset*

"[...] o fornecimento de bens de alto valor ou com sofisticação tecnológica, incluindo ou não a transferência de tecnologia e *know-how*, promoção de investimentos e facilitação de acesso a um mercado particular. [...] às vezes a cooperação industrial ou participação industrial podem ser consideradas como sendo *offsets*".[182]

A ACECO apresenta a seguinte definição:

"[...] *offset* é uma forma de compensação industrial na qual o país importador participa da produção do bem que comprará".[183]

As quatro definições apresentadas diferem na especificidade e no enfoque de cada qual, sendo que os acordos de compensação de saldos não são exclusivos de entidades estatais - ainda que, em sua maioria, as envolvam - mas sempre têm por objeto a transferência de tecnologia e o seu pagamento mediante a compensação,[184] não como forma de imposição de importações ao exportador, mas sim de exigir deste:

"[...] a criação de empregos, a formação de mão-de-obra local, a captação de capitais".[185]

A cooperação é o elemento preeminente nos acordos de compensação de saldos; e se lhe aplicam as noções de obrigação de cooperação a ambas as partes, da seguinte forma:

---
[180] Também conhecido como *offset* indireto.
[181] *Op. cit.*
[182] *Op. cit.*
[183] *Op. cit.*
[184] JULIO E. S. MENEZES informa que o percentual de compensação varia de 5 a 175% do valor da venda original, e o prazo de implementação da compensação é, em média, de onze anos (*op. cit.*).
[185] L. COSTET, "*Les objectifs de la coopération industrielle*", RDAI, 1985, *apud* L. MOATTI, *op. cit.*

"[...] a parte devedora deve executar sua prestação dando-lhe o máximo de utilidade. A colaboração com a parte credora proporciona uma execução mais completa. Seu dever de lealdade obriga a sobrepor a simples execução fiel do estipulado no contrato".[186]

Mutatis mutandi, ambos os contratantes são, em momentos distintos e por vezes concomitantemente, parte credora e devedora, o que reforça a conclusão no sentido de que a cooperação é obrigação das partes num acordo de compensação de saldos. Gérard Morin[187] coloca a questão da seguinte forma:

"[...] a obrigação de cooperação é qualificada como obrigação de meio [...] é uma norma de comportamento que se impõe a todos os contratantes em relação ao outro [...]. Uma das características principais do dever de cooperação é que ele se estende por todas as fases contratuais, pré e pós, assim como em toda a sua duração".

Conforme pode ser visto nos anexos 11, 12 e 13, essas operações podem se revestir da forma de acordo de cooperação industrial e comercial, onde a cooperação é o elemento essencial do negócio.

As operações de *offset*[188] são, em geral, efetuadas nas compras governamentais de equipamentos de uso

---

[186] YVES PICOD, *Le devoir de loyauté dans l'exécution du contrat*, Paris: Lib. Générale de Droit et de Jurisprudence, 1989. No mesmo sentido, COMISSÃO ECONÔMICA DAS NAÇÕES UNIDAS PARA A EUROPA, *International Buy-Back Contracts*, Genebra, 1991. Contra, F. NIGGEMANN (*"Le particularisme des achats en retour"*, in *COMMISSION DROIT ET VIE DES AFFAIRES*, Liège, 1987, apud L. MOATTI, *op. cit*.): "[...] se o contrato de cooperação pode conter um elemento de recompra, o contrato de recompra não pode ser qualificado como contrato de cooperação, pois lhe falta um elemento essencial: o *animus cooperandi*".

[187] *"Le devoir de coopération dans les contrats internationaux. Droit et pratique"*, in *DROIT ET PRATIQUE DU COMMERCE INTERNATIONAL*, Tomo 6, nº 1, 1980.

[188] As empresas vendedoras concordam em receber uma parte do preço total em *offset*, mediante troca de componentes, prestação de serviços, *commodities* para seu próprio uso, ou concordam em encontrar mercados para os produtos oferecidos pelo comprador.

militar,[189] bem como nas compras de aeronaves comerciais e contratação de bens e serviços na área de transportes públicos. Surgiram nos anos cinqüenta[190] e atualmente representam cerca de 24% (vinte e quatro por cento) das operações de *countertrade*.[191] O *New York Times* informa que, no período de 1980-84, foram concluídos acordos de compensação envolvendo armamentos no valor de 22,5 bilhões de dólares.[192]

Por um acordo de *offset*, o exportador do bem compromete-se a incorporar no bem a ser exportado materiais e/ou serviços disponíveis no mercado do importador como forma de compensação dos valores negociados. A título de competitividade, as empresas exportadoras oferecem-se para compensar saldos em valores maiores aos dos bens exportados, vale dizer, mais de 100% (cem por cento) do preço dos bens que oferecem à venda. Nesses casos, pode-se dizer que o acordo de compensação de saldos comporta o autofinanciamento da aquisição dos equipamentos e/ou instalações industriais. Chama-se, correntemente, de *offset* à moldura contratual que conterá diversos instrumentos que regularão as diversas etapas da operação.

Essas operações são de difícil caracterização,[193] dada a diversidade de modalidades de contratos que

---

[189] Segundo Judith Cole, todas as compras militares governamentais de Canadá, Austrália, Nova Zelândia e Leste Europeu nos anos de 1981 a 1986, no valor acima de US$ 1 milhão, foram efetuadas mediante acordos de compensação de saldos (*offset*).

[190] Conforme notícia de J. NAGELS, *Laissez faire, laissez troquer*, Univ. de Bruxelas, 1987 (*apud* L. MOATTI, *op. cit.*): *"Jusque après la seconde guerre mondiale, le gouvernememnt ouest-allemand compensait les énormes coûts engendrés par l'occupations de son territoire par les armées alliées, en leur offrant une série de services. Les accords entre les gouvernements allemand et américain ont pris la forme d'un 'Memorandum of understanding'. De là, sont issus les programmes d'offset entre les membres de l'OTAN"*.

[191] Conforme U.S. National Foreign Trade Council Foundation, dados para 1983.

[192] *Apud op. cit.*

[193] Exceto pelo valor das operações que, em geral, alcançam centenas de milhões de dólares. Também apontando a difícil caracterização: Stephen Jones, *North/South CT: Barter and Reciprocal Trade with Developing Countries*, London: The economist Intelligence, 1984.

podem ser utilizados, refletindo a própria diversidade dos negócios. Conseqüentemente, o instrumento formal (contrato) não pode ser facilmente tipificado, exceto pela desvinculação entre a exportação dos bens de alto valor agregado com a promessa de recompra de bens ou serviços oferecidos como parte do pagamento.

O *offset* pode ser direto ou indireto, conforme a compensação de saldos envolva ou não bens e serviços diretamente relacionados com a exportação a ser compensada.

O Departamento do Tesouro norte-americano cataloga *offset* nas seguintes categorias: co-produção, licenciamento direto, produção subcontratada, investimento externo, transferência de tecnologia:

> I - co-produção e *joint-venture*, mediante acordo intergovernamental (co-produção) ou interempresarial (*joint-venture*), cujo principal objeto é a transferência de tecnologia e licença para a produção conjunta, permitindo ao comprador o acesso à informação técnica para a manufatura total ou parcial do bem negociado. Não inclui licença para uso de marca e comercialização. Implica ação e responsabilidade conjunta pela fabricação e/ou comercialização dos bens. É a forma contratual mais utilizada;[194]
>
> II - produção direta pelo "importador", mediante licenciamento, parcial ou total, do bem negociado, diretamente formalizado pelas partes contratantes, e tendo por objeto a transferência de tecnologia;
>
> III - produção subcontratada (o "exportador" contrata o "importador" para produzir o bem), para a produção de componentes ou partes do bem de alto valor agregado negociado, sem o licenciamento de marca ou autorização para comercialização e sem a transferência da tecnologia para a manufatura do bem;

---

[194] Segundo Judith Cole.

IV - investimento direto, visando à formação *de joint-venture* ou o estabelecimento de subsidiária no país recipiente da tecnologia. Podem envolver implementação de pesquisa e desenvolvimento conjunta;
V - transferência de tecnologia, mais assistência técnica, cujo pagamento não se efetive, total ou parcialmente, em moeda, ou se formalize mediante formação de centro de pesquisa e desenvolvimento científico e tecnológico. As partes contratantes pertencem ao setor privado.
VI - *counterpurchase*,[195] a ser efetivado pelo vendedor, pelo país do vendedor ou por terceiro designado pelo vendedor.

O pagamento de cada um dos tipos de *offset* supra, em face do alto valor dos bens/produtos, envolve outros meios que não os tradicionais. Em geral, envolve *best efforts*[196] do exportador em encontrar nichos de mercado para colocar produtos disponíveis ao importador.

O país recipiente tem, geralmente, por objetivo principal a atualização tecnológica da indústria local, e por objetivo secundário a manutenção ou aumento dos níveis de emprego.[197]

No instrumento de contrato de exportação ou no protocolo, devemos encontrar as seguintes cláusulas:

1) *Relativas ao objeto do contrato*, estipulando vínculo obrigacional[198] entre a venda de bens de alto valor agregado e a incorporação de matéria-prima e serviços disponíveis no mercado importador;

---

[195] ver item 3.2.4, infra.
[196] Para um estudo aprofundado do instituto, *ver REVUE DE DROIT DES AFFAIRES INTERNATIONALES* nº 8, 1988, onde MARCEL FONTAINE, CLAUDE WITZ, THOMAS M. BOPP e OCTAVIAN CAPATINA, em alguns artigos, analisam detalhadamente a prática contratual das cláusulas de diligência das partes - *best efforts*.
[197] Dentre estes, inclui-se a Austrália, que requer operações de *offset* nas importações governamentais ou dependentes de financiamento público em valores superiores a 1 milhão de dólares australianos. A forma sob a qual a compensação se dará é negociável com grande grau de flexibilidade, sendo aceito pelo Comitê responsável até a simples renúncia aos *royalties* - desde que, somado a outras vantagens, representem 30% do valor da operação.
[198] Ver: *Introitus* e cláusula 1 do Anexo 11; cláusula 1 do Anexo 12.

2) *Qualidade dos bens e garantia*, onde serão previstas as garantias de qualidade dos bens e métodos para sua aferição;

3) *Cláusulas relativas aos bens negociados*, onde teremos a especificação do bem exportado e padrão de qualidade requerido para a incorporação de matéria-prima, insumos, componentes e recursos humanos, condições para a aceitação destes pelo importador e exportador, respectivamente;

4) *Cláusulas que estipulem o controle da execução da operação*, relativas à implantação do projeto;

5) *Fixação do valor total da operação*, consistente da soma dos valores da venda dos bens negociados;[199]

6) *Obrigação de contratação futura*, relacionada com a compensação. Pode ser venda de produtos ou componentes, empreitada, investimentos, contratação de serviços;

7) *Cronograma*, específico para a forma negocial escolhida;[200]

8) *Miscelânea comum aos contratos internacionais*, tais como eleição de foro - se cabível, procurações recíprocas, formas de notificação, excludentes de responsabilidade por perdas e danos, cláusulas penais.[201]

À título de ilustração, empresas e governo brasileiros realizaram acordos de compensação de saldos em diversas modalidades: a) *counterpurchase* no montante de 10% do valor da venda, na aquisição de aeronaves MD-11 pela VARIG; b) transferência de tecnologia com compensação de até 100%,[202] na implementação do programa BRASILSAT; produção licenciada de aeronaves PIPER[203] e helicópteros Aérospatiale - esta com taxa de

---
[199] Segundo JULIO E. S. MENEZES, *op. cit.*, o valor do contrato de venda consiste na obrigação principal do acordo de compensação de saldos.
[200] Ver cláusula 3 do Anexo 12.
[201] Detivemo-nos nas cláusulas penais no Capítulo 3, Item 3.2.1, quando tratamos das operações *barter*.
[202] O projeto envolve várias etapas e empresas - *v.g.*, *McDonnell Douglas, Ford Space, Arinespace*. O valor da compensação de saldos varia conforme a empresa.
[203] Aviões Navajo, Seneca, Minuano, Corisco, Sertanejo e Carioca.

compensação de 100%; co-produção, na implementação do programa AM-X (Brasil-Itália) e na aquisição de aeronaves CBA 123 Paraná (Brasil-Argentina).[204]

3.2.3. Acordos de compensação

A expressão "acordos de compensação" pode ser utilizada para designar as operações de *countertrade*, genericamente. Laurence Moatti lembra que a compensação internacional, vista geralmente como uma técnica de pagamento, quando considerada modalidade de *countertrade*, assume feições de técnica de troca internacional específica,

> "[...] que consiste no fornecimento, por parte de importador, de bens ou serviços de ordem comercial, industrial ou financeira, em contrapartida à sua aquisição".[205]

Acordos de compensação, segundo a definição da Comissão Econômica das Nações Unidas para a Europa,[206] são aqueles onde os contratantes de uma operação principal (vendedor e comprador) estipulam que o vendedor comprará (ou designará terceiro para tanto), ulteriormente, produtos do comprador (ou de terceiro designado). Marcel Fontaine[207] assim caracteriza os acordos de compensação:

> "[...] a exportação é paga parte em divisas, parte em natura, estando tudo estipulado em instrumento único".

Com variações acerca do meio de pagamento, Octavian Capatina[208] assim define um acordo de compensação:

---

[204] JULIO MENEZES, *op. cit.*, descreve e detalha essas operações.
[205] *Op. cit.*
[206] *Contrats internationaux de contre-achat.* Genebra, 1990.
[207] *Op. cit.*
[208] *"Considérations sur les opérations de contre-achat dans les relations de commerce extérieur de la Roumanie"*, in *DROIT ET PRATIQUE DU COMMERCE INTERNATIONAL*, Tomo 8, n° 2, 1982.

"[...] resume-se a um instrumento jurídico, segundo o qual cada parte figura em dupla qualidade: vendedor e comprador. Entre estas partes, prevê-se um fluxo recíproco de mercadorias sem o pagamento em divisas, exceto para ajustes no balanço. [...] tem a vantagem de assegurar a conexão indubitável entre a importação e a exportação".

É efetivado mediante acordos bilaterais ou multilaterais entre Estados por um período específico de tempo, geralmente por um ano. Um exemplo de tais acordos pode ser visto no Anexo 3.

As entregas e contra-entregas das mercadorias avençadas não necessariamente serão simultâneas. As operações de venda e compra são valoradas em moeda previamente acertada entre as partes,[209] e os valores débitos e créditos são levados a uma conta-convênio.[210]

Se as entregas e contra-entregas representam a totalidade do contrato, temos a compensação completa da exportação originária. A compensação total diferencia-se, basicamente, das operações *"barter"* pela presença de moeda, mediante faturas emitidas em moeda conversível, e pela possibilidade de transferência de obrigações a terceiros.

A partir das definições supra, concluímos que as operações de compensação têm por características:

I - a operação geralmente é consolidada num único instrumento;

II - existência de uma fatura comercial expedida na moeda convencionada que, todavia, poderá não ser cobrada;

III - a operação de troca completa-se simultaneamente ou dentro de um curto período;

IV - a operação pode ser lastreada com garantias bancárias ou cartas de crédito oferecidas por bancos de primeira linha, para os casos em que a entrega não é

---

[209] "Moeda conveniada".
[210] *Compensations account* ou *clearing account*.

simultânea ou quando a operação conta com a participação de terceiros; e

V - possibilidade de transferência das obrigações de venda ou de compra contratualmente assumidas pelas partes originais.

Quando apenas uma fração específica da exportação de um país deve ser compensada pela importação de mercadorias, temos a chamada compensação parcial. Na compensação parcial, uma percentagem dos valores originalmente exportados é paga em moeda ou crédito e o restante em bens a serem entregues num prazo que costuma ser de dois ou três anos.

A compensação pode se realizar antes da venda que a originou, sendo chamada de "compensação antecipada",[211] quando as partes contratantes assim convierem ou quando for exigido pelas autoridades administrativas do país importador original. Acerca dos efeitos jurídicos, vale referir Laurence Moatti:[212]

> "[...] deve constar no contrato cláusula assegurando o direito de o futuro exportador imputar o montante de sua compra presente ao montante de uma obrigação de compensação futura. O objeto desta disposição é atribuir aos bens adquiridos a capacidade de compensar uma obrigação ainda não estabelecida".

Desta forma, a contrapartida precede a importação dos bens.

Terceiros podem integrar a operação ou como compradores da mercadoria a ser exportada em pagamento, ou como fornecedores de bens que interessem ao exportador original, no caso da indisponibilidade destes bens para o importador original. Nestes casos, a entrega dos bens pode ser efetuada diretamente pelo terceiro envolvido.

---

[211] *Anticipating purchase, compensation antecipée, Junklimgeschäft.*
[212] *Op. cit.*

Incluindo-se as cláusulas habitualmente estatuídas nos contratos de venda-e-compra, os contratos que regem as operações de compensação, contêm, segundo sua especificidade, as seguintes cláusulas:

1) *Relativas ao objeto do contrato*, estipulando a venda e compra nas duas direções,[213] ou o vínculo obrigacional entre o protocolo e os contratos substanciais;[214]

2) *Cláusulas relativas aos bens negociados*, contendo: especificação dos produtos objeto de venda e compra; qualidade requerida segundo padrões estipulados; quantidade mínima desejável por período estipulado; características; embalagens; e condições para a aceitação destes pelo comprador. Em se tratando da utilização de listagens com opção para a escolha diferida dos bens a serem remetidos em pagamento, devem estar previstas as obrigações decorrentes da forma escolhida.

3) *Garantia de qualidade*, referindo-se à(s) cláusula(s) relativa(s) aos bens negociados e métodos para a aferição da qualidade, bem como sua garantias.

4) *Fixação do valor total da operação*, estipulando o valor a ser compensado - que poderá ser de 100% (cem por cento), para os contratos de compensação total, ou em valor inferior, para a compensação parcial;

5) *Cláusulas que permitam a valoração da contrapartida*, estabelecendo-se parâmetros para a eventual valoração indireta futura;[215]

6) *Forma de pagamento*, onde encontraremos a fixação do montante a ser eventualmente pago em moeda ou crédito, bem como os prazos nos quais este montante será transferido;

---

[213] *V.g.*: "*En contrapartie de la vente de* [bens, equipamentos especificados, mais preço e características], *l'entreprise X s'engage à acheter - ou a faire acheter par le entreprise X'* [terceiro] *- auprès de Y ou de Y'* [terceiro], *des produits représentant une valeur de ...% de la valeur du présent contrat, dans un délai de ... prenant cours à la date de la signature du présent contrat*" (apud L. MOATTI, *op. cit.*).
[214] Ver *Introitus* e cláusula 11 do Anexo 3A.
[215] *V.g.*: O preço a ser atribuído aos PRODUTOS, por ocasião da conclusão de cada lote, para os efeitos contábeis, será o atribuído a produtos com especificações similares no mercado de X.

7) *Cronograma*, nos casos de as remessas não serem simultâneas;

8) *Indenizações e garantias*, para quando da ocorrência de casualidades na produção, empacotamento, transporte ou entrega, em quaisquer dos bens negociados;

9) *Resolução do contrato*, cláusula esta que permite a uma das partes rescindir o contrato sem o recurso ao Poder Judiciário para a obtenção da rescisão.[216] Prevê, ainda, as conseqüências da resolução do contrato e os procedimentos, tais como indenizações por vantagens já auferidas e restituição de bens;

10) *Solução de controvérsias* que poderá ser mediante jurisdição estatal eleita, arbitragem, composição ou mediação;[217]

11) *Miscelânea comum aos contratos internacionais*, tais como eleição de foro - se cabível, procurações recíprocas, formas de notificação, excludentes de responsabilidade por perdas e danos, cláusulas penais.[218]

3.2.4. *Counterpurchase*

Este talvez seja o tipo mais comum de *countertrade*, preferencialmente utilizado pelos países em vias de desenvolvimento. Com vários graus de sofisticação e complicação, representa cerca de 55% (cinqüenta e cinco por cento) das operações de *countertrade*.[219] O importador/comprador inicial compromete-se a pagar ao exportador/vendedor através de exportação mercadorias, com valor representativo de percentagem do valor da venda inicial, durante um período estipulado contratualmente. Este tipo de operação pode levar vários anos para se completar. Ou então o exportador/vendedor compromete-se a importar, posteriormente, mercado-

---
[216] Sua validade é vinculada à lei aplicável ao contrato.
[217] Trataremos das formas de solução de litígios no Capítulo 5, Item 5.3.12.
[218] Detivemo-nos nas cláusulas penais no Capítulo 3, Item 3.2.1, quando tratamos das operações *barter*.
[219] Conforme *U.S. National Foreign Trade Council Foundation*, dados para 1983.

rias provenientes do país do importador/comprador. Também conhecida por "comércio paralelo". As duas operações são negociadas em conjunto, sendo que a compra inicial é efetuada mediante contrato padrão de venda e compra internacional, enquanto as operações seguintes são regulamentadas mediante contratos complexos,[220] que estipulam: quantidade; qualidade; percentagem da produção a ser comprada em um dado tempo e formas de aferição do valor das mercadorias.[221] Usualmente, as operações de *counterpurchase* envolvem, de um lado, um órgão estatal, e de outro, empresas do setor privado. Diferencia-se da compensação pelo grau de independência, em face do entendimento de que, nas operações de *counterpurchase*, o contrato de venda-e-compra inicial é totalmente desvinculado, jurídico e financeiramente, da operação, que se efetiva em tempo posterior,[222] mediante instrumentos vinculados entre si. Importa destacar que não há obrigatoriedade de correlação entre os produtos vendidos no primeiro negócio e aqueles fornecidos de acordo com o contrato de *counterpurchase*, ao contrário do verificado nas operações de compensação.

A Comissão Econômica das Nações Unidas para a Europa define *counterpurchase* como:

> "[...] negócio onde comprador e vendedor estipulam que o exportador-vendedor comprará produtos do importador-comprador ou de terceiros domiciliados no país importador, subseqüentemente, ou encontrará terceira parte para tanto".[223]

Cedric Guyot define *counterpurchase* como sendo:

---

[220] Ver exemplo de tais contratos no Anexo 7.
[221] Por exemplo: "[...] *the recognized international price at the time of purchase*".
[222] Contra: OCTAVIAN CAPATINA (*op. cit.*): "[...] essas operações revestem-se da forma de dois ou mais contratos paralelos, distintos porém estreitamente vinculados entre si".
[223] "*In counterpurchase the seller and buyer of a primary transaction agree that the seller will subsequently buy (or will cause third parties to buy) products from the buyer (or from third parties in the buyer's country)*" (*op. cit.*).

"[...] negócio onde o vendedor fornece bens ao comprador e contratualmente concorda em comprar bens deste em valor igual ao da percentagem do valor da venda original".[224]

Stephen Jones entende por *counterpurchase*:

"[...] os negócios nos quais, por um lado, países em vias de desenvolvimento aceitam importar sob a condição de que seu parceiro comercial assuma a obrigação de comprar produtos desses países em tempo futuro".[225]

Laurence Moatti entende ser:

"[...] uma operação onde o exportador - ou terceiro - , nos termos de um contrato distinto do principal, se obriga a comprar, no país de seu cliente, produtos em valor correspondente à percentagem determinada no contrato principal".[226]

Todas as operações de venda e compra são pagas em moeda,[227] e a reciprocidade é verificada no balanço de pagamentos externos do país importador original, em análise macroeconômica.

A forma contratual preferencialmente utilizada é a de contratos de venda-e-compra paralelos e recíprocos, sem a utilização de cláusula de vínculo obrigacional mútuo nos instrumentos, mas eventualmente com a utilização de protocolo ou acordos governamentais (*umbrella agreement*), para a segunda fase da operação - a contrapartida -, onde X obriga-se em comprar bens de Y sob a condição de Y obrigar-se a comprar bens de X.

---

[224] "*A counterpurchase contract has been defined as a transaction in which the seller provides the buyer with deliveries and contractually agrees to purchase goods from the buyer equal to an agreed percentage of the original sale contract value*" (*op. cit.*).
[225] "*It envolves a developing country agreeing to accept an import on condition that the trading partner will undertake an obligation to take out export products from the developing country over time*" (*op. cit.*).
[226] "*Le contre-achat est l'opération par laquelle l'exportateur - ou le tiers acheteur - s'engage, aux termes d'un contrat conclu à cet effet et distinct du contrat principal, à acheter dans le pays du client importateur, des produits dont le montant correspond à un pourcentage déterminé de la valeur du contrat de vente*" (*op. cit.*).
[227] Ver: cláusulas 4 e 5.2 do Anexo 7; cláusulas 1 e 2 do Anexo 8A.

As operações de *counterpurchase* têm por características:

I - a importação inicial antecede, por um longo período,[228] a posterior exportação. A importação inicial é paga pelos meios tradicionais, e a exportação posterior visa a um reequilíbrio do balanço de pagamentos do país com problemas financeiros;

II - os contratos são múltiplos, com vinculação de alguns instrumentos referentes à segunda etapa da operação comercial - quando formalizada - mediante acordo governamental ou protocolo de intenções independente. Os contratos geralmente revestem-se sob a forma de instrumento de venda-e-compra e promessa de compra;

III - a operação normalmente admite o envolvimento de terceiros, *i.e.*, que a obrigação de adquirir produtos do importador original seja cumprida por um terceiro país ou por uma *trading company*; mediante deságio remuneratório;[229]

IV - existe previsão contratual de deságio na aquisição dos produtos do importador original, como forma de incentivo à aquisição dos produtos oferecidos;[230]

V - os pagamentos de cada fase são independentes, e efetuados em moeda previamente convencionada, e

VI - a forma pela qual a operação se efetiva é a mais similar às práticas comerciais tradicionais, motivo pelo qual as linhas de crédito comercial são utilizadas com freqüência.

O instrumento de contrato assemelha-se aos comumente utilizados na compra-e-venda internacional. Todavia, sob a forma de *side-letter* ou instrumento formal independente, encontraremos as seguintes cláusulas:

1) *Relativas ao objeto do contrato* formalizando a interdependência, maior ou menor, de contratos independentes de venda-e-compra;

---

[228] Em geral, de dois a três anos, podendo se estender para até cinco anos, segundo Brian Townsend, *The Financing of Countertrade*, Londres, Butterworths, 1986.
[229] Acerca do deságio, trataremos no Capítulo 6, Item 6.1.1, infra.
[230] Ver cláusula 4.2 do Anexo 7.

2) *Cláusula de compensação*, fixando a vinculação entre as operações e instituindo a percentagem a ser compensada na operação pelas partes contratantes;[231]

3) *Lista dos bens a serem negociados*[232] *e garantia de qualidade*, estabelecendo quais os bens disponíveis para opção ulterior pelo vendedor original, bem como suas especificidades, previsão de garantia de qualidade, métodos para sua aferição e conseqüências da recusa ao controle de qualidade;[233]

4) *Duração do contrato e cronograma*, estabelecendo a programação da entregas dos bens para ambos os contratantes;

5) *Fixação do valor total da operação*, a partir da venda original e considerando a contrapartida em percentual deste valor;

6) *Fixação do preço* dos bens negociados, em moeda conversível, para ser utilizado como referencial, assim como os parâmetros para a sua eventual revisão;

7) *Estipulações acerca da revenda*, auferindo às partes a possibilidade de revenda com ou sem restrições. Ver as possibilidades sugeridas pela Comissão Econômica das Nações Unidas para a Europa na cláusula 7 do Anexo 7. Sob o ponto de vista do comprador, é ideal a ausência de qualquer restrição. Todavia, o vendedor pode ter interesses divergentes, bem como estar contratualmente vinculado a terceiros, onde obrigou-se à exclusividade. Se as partes concordarem com a estipulação de restrições, deve-se atentar para as disposições acerca do tema na legislação de regência do contrato, eis que a

---

[231] *V.g.*, "*En contrepartie du contrat de vente conclu le..., l'entreprise X* [exportador na primeira fase da operação] *s'engage à acheter ou à faire acheter par X'* [terceiro] *à entreprise I* [importador na primeira fase da operação], *et s'engage à vendre à X les produits spécifiés dans le présent contrat, à hauteur d'une valeur de ... dans un délai de ..*"., L. MOATTI, *op. cit.*

[232] *V.g.*, "*En exécution de son obligation de contre-achat, l'exportateur peut acheter tout produit énuméré à l'appendice 1 au présent contrat*". Ver, ainda: cláusula 2 do Anexo 7; cláusula 1, do Anexo 8A.

[233] *V.g.*: "*Refusal of Control is considered as a refusal of performance that has for consequence the cancellation of the counterpurchase contract*" (Counterpurchase entre empresas francesa e iugoslava, *apud* cedric guyot, *op. cit.*).

maioria dos sistemas legais proíbe tal disposição.[234] As restrições, que são comuns às operações tradicionais e de *countertrade*, podem ser referentes ao preço mínimo, ao empacotamento e à área territorial onde os produtos poderão ser revendidos.[235] Quando presentes quaisquer restrições, geralmente a parte que pretende revender os produtos tem, ainda, a obrigação de informar ou de consultar a outra parte a respeito;[236]

8) *Estipulação de direitos e obrigações das partes*, incluindo-se o direito à transferência das obrigações a terceiros[237] e a decorrente obrigação de notificar o parceiro quando da transferência;[238]

9) *Indenizações e garantias* para o caso de descumprimento de obrigações, com a previsão de multa compensatória[239] ou de redução de preço no contrato principal;

10) *Solução de controvérsias* que poderá ser mediante jurisdição estatal eleita, arbitragem, composição ou mediação;[240]

---

[234] Conforme informa a UNCITRAL, *op. cit.*

[235] Quando a motivação da operação seja a abertura de novos mercados, a parte deseja preservar os mercados já conquistados. Para tanto, restringe a venda dos produtos em tais territórios. A finalidade da restrição à revenda em determinados territórios pode decorrer de licenças ou patentes locais concedidas a terceiros, ou então de contratos de distribuição preexistentes. A restrição territorial pode ser, ainda, quantitativa. Vale dizer, em determinado território somente poderá ser revendida quantidade 'x' do produto 'y'. Ver, a propósito, cláusula 7 do Anexo 7.

[236] *V.g.*, *Y Company must inform X Company of the resale of those goods; the informations shall be given within (__) days of the conclusion of the resale contract. Ou Y Company must inform X Company of the negotiations for the resale of the countertrade goods; Y Company shall give X Company (__) days to make any observations or sugestions on the intented resale, and Y Company shall refrain from concluding the resale contract under negotiation before the expiry of that time period.* Conforme modelo sugerido pela UNCITRAL, *op. cit.*

[237] Ver cláusula 6 do Anexo 7.

[238] *V.g.*: *"The Company A will regularly and promptly notify the FTO, through the Foreign Trade Bank, ..., about the fulfillment of their obligations, that is, regarding contracts concluded with XYZ exporting organizations and payment made pursuant to these contracts"* (*Draft* de um contrato de *counterpurchase* com a Bulgária, *apud* Cedric Guyot, *op. cit.*).

[239] Cedric Guyot (*ibid.*) noticia o costume de estipular a multa entre 5 e 20% do valor da obrigação não cumprida e aponta que lei aplicável nos contratos que envolvem a Indonésia estipula multa no valor de 50% a ser aplicada sobre o valor da prestação descumprida.

[240] Trataremos das formas de solução de litígios no Capítulo 6.

11) *Miscelânea comum aos contratos internacionais*, tais como eleição de foro - se cabível, procurações recíprocas, formas de notificação, excludentes de responsabilidade por perdas e danos, cláusula penal.[241]

3.2.5. Buyback ou acordos de recompra

Representando cerca de 9% das operações de *countertrade*, esta é uma operação de fácil caracterização e de difícil implementação: é a forma amplamente utilizada para a venda inicial de instalações para um complexo industrial completo,[242] de alto custo, cujo pagamento será efetuado em mercadorias a ser produzidas na própria instalação industrial, após sua completa instalação e entrada em funcionamento. *Buy-back*, que significa "comprar de volta", é o nome utilizado para essas operações onde temos um acordo de recompra que, nas décadas anteriores, era utilizado como forma de transferência de tecnologia entre o chamado "Ocidente" e os países do "Bloco Socialista", mas que nos últimos dez anos, em geral, opera-se entre, de um lado, uma empresa americana[243] ou alemã ou japonesa,[244] que contrata

---

[241] Detivemo-nos nas cláusulas penais no Capítulo 3, Item 3.2.1, quando tratamos das operações *barter*.

[242] Venda e compra implementada pela forma contratual conhecida por *Cléen-main* ou *Turnkey*, ou seja, a venda e compra da instalação industrial o é de tal modo que basta o comprador "virar a chave" e a produção ser iniciada. A U.N.C.T.C. (*Features and issues in Turnkey Contracts in Developing Countries*, New York: *United Nations Publ.*, 1981) assim os define: "*This arrangement, also known as a 'design-build' contract, covers the design, construction, equipping and complete preparation of a facility for operation. The contractual separation of design responsability and construction responsability is eliminated, as the Purchaser and the contractor enter into an agreement in which the contractor undertakes the responsability for the design and construction of the project in conformity with the requirement set forth by the Purchaser. The contractual responsability to the Purchaser for full performance on all phases of the project falls upon one entity*". Para estudo específico desse tipo de contrato, ver: LOUIS COSTET, "Les contrats de réalisation d'ensemble industriel", in DROIT ET PRATIQUE DU COMMERCE INTERNATIONAL, Tomo 7, nº 4, 1981; PATRICK ROTHEY, "Les contrats de buy-back", in DROIT ET PRATIQUE DU COMMERCE INTERNATIONAL, Tomo 8, nº 2, 1982.

[243] Em 1982, a Comissão de Comércio Internacional norte-americana apontou o fato de que a maioria das importações norte-americanas de produtos e insumos químicos era decorrente de operações *buy-back*.

[244] Conforme verificado por STEPHEN JONES, *op. cit.*

com um país que ao mesmo tempo tenha mão-de-obra barata e alto potencial de consumo (*v.g.*, China). Instalado o parque industrial, o pagamento será feito, parcial ou totalmente, com mercadorias produzidas pelo próprio parque industrial exportado.

Ainda que seja atrativo para países em vias de desenvolvimento, este tipo de operação é visto como problemático para os países exportadores de tecnologia, em face do intervalo de vários anos entre a exportação do parque industrial e o recebimento do pagamento. Nas décadas de sessenta e setenta, estima-se que cerca de duas mil instalações industriais foram negociadas e satisfatoriamente implantadas nos países da CAME/COMECON,[245] permitindo a estes países o acesso à tecnologia sob condições vantajosas.

Na definição da Comissão Econômica das Nações Unidas para a Europa;[246]

> "*Buy-back* é um novo tipo de acordo de cooperação industrial entre dois ou mais parceiros de países distintos, tendo por objeto a entrega de maquinaria, equipamentos, patentes, *know-how* e/ou assistência técnica,[247] designado "Equipamento/ Tecnologia", com a finalidade de facilitar a produção de bens para a parte compradora original, tudo ou parte a ser pago subseqüentemente, durante um período de vários anos, com os bens produzidos pelo importador-comprador com a utilização do Equipamento/Tecnologia".

Na definição de Cedric Guyot,

> "[...] contratos de *buy-back* são os acordos de longa duração que envolvem a venda de instalações industriais, equipamentos e tecnologia por uma parte

---

[245] Segundo Brian Townsend, *op. cit.*
[246] *Op. cit.*
[247] Assistência técnica ao equipamento e/ou à tecnologia.

à outra, e o pagamento da operação será em produtos resultantes da implementação do projeto".[248]

E, ainda, a definição de Patrick Rothey:[249]

"Na operação de *buy-back* o vendedor de equipamentos ou o detentor de licença recebe em pagamento, do comprador, um produto acabado ou semi-acabado que foi fabricado com o equipamento vendido ou com a licença concedida".

Em sua forma mais simples, os contratos de *buy-back* envolvem apenas duas partes: o comprador de tecnologia-vendedor de mercadorias e o vendedor de tecnologia-comprador de mercadorias. Por vezes, terceiros atuam nas operações ou na posição de vendedores das mercadorias produzidas ou de compradores da produção ou parte dela, ou ainda instituições financeiras.

Os acordos de recompra detêm algumas das características dos acordos de cooperação industrial, em especial a correlação técnica entre as prestações das obrigações assumidas pelas partes, assim como a repartição de responsabilidades no que se refere à fabricação dos produtos. Na primeira fase da operação a principal característica é a responsabilidade global do vendedor no que se refere às suas prestações.[250] A exemplo dos acordos de cooperação industrial, os acordos de recompra prevêem a prestação de serviços, por parte do vendedor original, tais como: treinamento de pessoal e formação de recursos humanos em todas as fases da implantação das instalações, assistência técnica, manutenção dos equipamentos, atualização da tecnologia.

---

[248] "*A buy-back contract is a long-term arrangement which involves the sale of plants, equipment or technology by one party to another and the payment for such sale in the form of products resulting from the plant, equipment or technology*" (op. cit.).
[249] *Op. cit.*
[250] Nesse sentido, ALI MEZGHANI, "*La signification du prix dans les contrats clé-en-main*", in JDI, nº 2, 1990; LOUIS COSTET, *op. cit.*

Uma recente evolução dos acordos de recompra é o chamado *"lease buy-back"*, com a utilização de *leasing* sobre uma base compensatória - vale dizer, a locação de bem com opção de compra com previsão de pagamento do arrendamento com produtos produzidos pelo próprio bem arrendado. Mais recentemente, desenvolveram-se operações conhecidas como *"built-operate-transfert"*[251] - BOT, nas quais:

"[...] o arrendante dum equipamento ou de uma instalação industrial *'clé-en-main'* é remunerado com as receitas auferidas com a exploração do bem arrendado, podendo o arrendatário, ao final do prazo estipulado, comprar o bem. [...] tal fórmula aplica-se, essencialmente, a projetos públicos de infra-estrutura e serviços [...] presentemente [1994], quatro países recorrem a esta fórmula: a Turquia, o Paquistão, o Chile e a Indonésia".[252]

Na definição do Banco Mundial,[253] COT (construção-operação-transferência) consiste em:

"[...] forma de concessão comumente relacionada a projetos totalmente novos. Numa COT típica, um grupo privado (ou consórcio) concorda em financiar, construir, operar e fazer a manutenção de uma instalação por prazo determinado e depois transferi-la a um governo ou órgão do poder público. Há também variantes: a CPOT (construção-posse-operação-transferência) e a CPO (construção-posse-operação); neste último caso, o contrato concede o direito de construir e operar a instalação, mas esta não é transferida ao setor público".

As operações de *buy*-back podem ser formalizadas em contrato único ou em diversos instrumentos, dependendo do grau de especificidade desejada pelas

---

[251] Construção-exploração-transferência.
[252] L. MOATTI, *op. cit.*
[253] *In Relatório sobre o Desenvolvimento Mundial 1994.*

partes, bem como pelo envolvimento de terceiros, na qualidade de financiador, intermediário, comprador por sub-rogação das mercadorias a serem produzidas, dentre outros. Sob qualquer forma, o negócio divide-se em duas etapas distintas: a venda-e-compra da instalação industrial e a venda-e-compra das mercadorias a serem lá produzidas. Assim, no instrumento de contrato, devemos encontrar as seguintes cláusulas:

1) *Relativas ao equipamento*, onde conste: descrição do maquinário e dos equipamentos[254] a serem fornecidos pelo vendedor original; designação do responsável pela sua instalação e o estabelecimento de suas obrigações; termos da garantia de qualidade e de bom funcionamento, licenças;[255] inspeções periódicas;[256] forma pela qual serão conduzidos os testes preliminares e as condições para a aceitação dos equipamentos[257] pelo comprador;

2) *Transferência de tecnologia*, cláusula onde seja concedida licença de uso de patentes, bem como descrição e informações técnicas pertinentes; onde conste a forma de licenciamento do *know-how* e prestação de assistência técnica;[258] relativas à manufatura dos produtos; reserva de mercado[259] e definições pertinentes; e a forma sob a qual se operará a transferência efetiva da tecnologia (*disclosure*);[260]

---

[254] E quais os requisitos de *performance* requeridos.
[255] *V.g.: "The sellers, on behalf of _____, hereby grant to the buyers the non-exclusive license and right to use in* [país do comprador]" (U.N.C.T.C., *op. cit.*).
[256] Ver Capítulo 4, Item 5.3.4.
[257] Relacionados ao contrato principal, encontraremos os contratos ancilares de garantia material e garantia de *performance*, bem como o contrato de seguro de transporte dos equipamentos.
[258] Definição da assistência técnica a ser prestada e especificação do pessoal envolvido, treinamento de funcionários locais e período no qual será garantida a prestação do serviço.
[259] Tanto restrita à área onde operam o produtor e o exportador de Equipamento/Tecnologia, quanto às áreas externas às partes contratantes originais, para os casos de venda pelo produtor e de revenda pelo exportador de tecnologia.
[260] *v.g.*: instalações, projetos, disquetes, entrega pessoal.

3) *Cláusulas que caracterizam a operação como sendo buy-back*, estipulando o vínculo[261] entre a venda originária da instalação industrial e a recompra das mercadorias por ela produzidas;[262]

4) *Cláusulas que estipulem o controle da execução da operação*, relativas à implantação do projeto e ao posterior início e continuação da produção na instalação industrial.

5) *Controle de qualidade dos produtos e garantia*, onde serão previstas as garantias (a) de qualidade dos equipamentos e instalações;[263] e (b) de qualidade dos produtos detentores de marca registrada que eventualmente serão vendidos a terceiros; e o controle de qualidade das mercadorias;[264]

6) *Cláusulas relativas aos produtos*, onde teremos as especificação dos produtos, qualidade requerida segundo padrões estipulados,[265] quantidade mínima desejável por período estipulado,[266] características, embalagens;[267]

---

[261] L. MOATTI, *op. cit.*, pondera que, como a característica essencial dessa forma negocial é o vínculo estabelecido entre a tecnologia fornecida e o produto resultante da transferência, "[...] a realização do acordo de recompra depende, objetiva ou naturalmente, da execução preliminar do contrato principal [o relativo à transferência da tecnologia]". Ver exemplo no preâmbulo e cláusula 1 do Anexo 9.

[262] "X" comprará de "Y", nos termos e condições deste contrato, os PRODUTOS manufaturados por "Y" utilizando o equipamento vendido por "X"; assim, "Y" venderá a "X" (ou a interposta pessoa designada na cláusula ...), nos termos e condições deste contrato, os PRODUTOS, e aceita a compra de por "X" dos PRODUTOS como pagamento da operação de *buy-back* estipulada neste contrato.

[263] *V.g.*: "*The Contractor guarantees that the equipment delivered by him will be manufactured of first-class quality and material. Particularly, the Contractor guarantees for the construction and technical performance and function of the equipment. [...] The Contractor guarantees that the equipment produced by him corresponds to the latest technical development at the time when the contract is signed*". (U.N.C.T.C., *op. cit.*).

[264] Procedimentos e políticas de controle, bem como procedimentos a serem adotados no caso de a mercadoria não alcançar os padrões de qualidade estipulados.

[265] *V.g.*: "*Specification and quality of product will conform to buyer's samples submitted. Four sealed samples each are in possession of buyers and sellers for reference*" (Acordo de recompra de produtos metalúrgicos com a China, *apud* Cedric Guyot, *op. cit.*).

[266] "Y" garante que quantidades suficientes de PRODUTOS estarão à disposição de "X" nos termos e prazo estipulados neste contrato.

[267] Os PRODUTOS a serem entregues corresponderão às especificações e

7) *Conformidade dos produtos* com a qualidade especificada, critérios de aferição e inspeção periódica. Prevê-se, ainda, o direito de recusa ao recebimento;

8) *Fixação do valor total da operação*,[268] onde deve-se especificar quais os bens que integram a operação, o que pode incluir: transferência de tecnologia, licenciamento para uso de marca, assistência técnica, fornecimento de máquinas e equipamentos, peças de reposição e insumos; treinamento de pessoal, e valor da recompra;[269]

9) *Cláusulas que permitam a valoração dos equipamentos e produtos*,[270] no caso de não haver previsão contratual[271] de adoção contábil de moeda para fins de valoração dos bens negociados, quando então estabelecem-se parâmetros para a valoração indireta;

10) *Estipulação de direitos e obrigações das partes*, para cada fase da operação, bem como a possibilidade de cessão de direitos e obrigações a terceiros[272] e a obrigatoriedade de o cessionário informar o cedente quando do término da obrigação, em face da usual responsabilização solidária deste;

---

terão a qualidade, quantidade e sortimento requeridos nos contratos de implementação da operação a serem concluídos entre "X" e "Y" (ou terceiro designado), como definido neste contrato.

[268] Durante o prazo de duração deste contrato, "X" comprará de "Y" PRODUTOS no valor de *especificação de valor e moeda*; ou, em caso de estipulação em percentagem: Durante o prazo de duração deste contrato, "X" comprará de "Y" PRODUTOS em valor não inferior a x por cento (x%) do valor estipulado para a venda da instalação industrial mais valor não inferior a x por cento (x%) do preço total da assistência técnica, de acordo com a cláusula x^a do Contrato de Assistência Técnica; ou, em caso de contratos de venda-e-compra separados: Durante o prazo de duração deste contrato, "X" comprará de "Y" PRODUTOS a serem especificados e valorados por ocasião da implementação da operação, no valor de *especificação de valor paradigma e moeda*.

[269] Que poderá ser fixado em percentagem do valor da compra original ou em valor monetário. Em caso de sua fixação em percentual, é importante a definição da base de cálculo. Ver opções à cláusula 4 do Anexo 9.

[270] O preço a ser atribuído aos PRODUTOS, por ocasião da conclusão de cada lote, para os efeitos contábeis, será o atribuído a produtos com especificações similares no mercado de X mais comissão; ou o preço a ser atribuído aos PRODUTOS, por ocasião da entrega, será o atribuído a produtos na base territorial em que será revendido.

[271] Dentre os motivos para o diferimento da fixação contratual do preço, temos o lapso temporal que separa a conclusão do instrumento e a recompra dos produtos, as variações no preço dos insumos e da mão-de-obra.

[272] Ver possibilidades à cláusula 6 do Anexo 9.

11) *Possibilidade e termos da revenda*[273] *dos produtos*, para exportação pelo país que adquiriu a instalação industrial para mercados externos a ele.[274] Em geral, nesta cláusula ocorre a previsão de divisão de mercados e estabelecimento de preço mínimo a ser ofertado a terceiros e, ocasionalmente, a estipulação de comprador mais favorecido;[275]

12) *Cronograma*, estimativo[276] ou resolutivo, prevendo as datas-limite para: início da implantação do projeto, entrada em funcionamento da instalação industrial, lapso entre testes positivos de *performance* e a primeira entrega, e última entrega relacionada à operação;

13) *Forma de pagamento,* onde encontraremos a fixação do montante a ser eventualmente pago em moeda,[277] bem como os prazos nos quais este montante será transferido. Ou então o resumo das demais cláusulas referentes à recompra dos bens produzidos na instalação industrial originalmente transferida;[278]

---

[273] Considerações acerca da revenda de produtos foram lançadas no Capítulo 3, Item 3.2.4. Para o caso específico de acordos de recompra, ver opções na cláusula 7 do Anexo 9.
[274] *V.g.*: "The seller shall deliver to the buyer for resale, primarily into EEC countries, over a period of eight years certain quantities of product ..... from the plant for a total purchase value of no more than .... million Pound Sterling to cover the hard currency expenditures for the equipment of the plant with parts for this equipment, technical documentation, license, technological process, interest for credit facilities and advanced payment under contract # ..". (Acordo de recompra na URSS, apud cedric guyot, *op. cit.*).
[275] Similar à *cláusula da nação mais favorecida* presente nos Acordos do GATT, com vistas a atender à legislação *antidumping* e suas variações. Trataremos de tal cláusula no Capítulo 5, item 5.3.2.
[276] Com previsão de renegociação desta cláusula, para o caso de a estimativa não se concretizar e prejudicar a efetivação das fases posteriores.
[277] Pode variar de 20 a 120% em relação ao valor da instalação industrial, sendo para isso relevantemente considerada a disponibilidade de material mão-de-obra local, que, à sua ausência, devem ser incluídos na venda original.
[278] *V.g.*: "Party B will supply advanced equipment valued, at US$ 1 million, suitable for China's needs, to be installed in Party A's plant. In order to ensure repayment of principal and interests within five years, total sales generates over the five years must reach US$ ....". (Cláusula típica nos acordos de recompra, *in* Cedric Guyot, *op. cit.*).

14) *Forma contábil*, geralmente estipulada mediante uma conta de compensação (*clearing account*), com parâmetros contábeis e moeda de conta aqui especificados;

15) *Indenizações e garantias* estipuladas para o caso de não execução das obrigações. As indenizações serão previstas em cláusula penal. As garantias bancárias em contrato acessório, mediante contratação pelas partes originais ou terceiros envolvidos na operação;[279]

16) *Excludentes de responsabilidade por perdas e danos e procedimentos a serem adotados, quando de sua ocorrência,* devidamente especificadas[280] ou remessa à legislação aplicável;

17) *Resolução do contrato* com a definição das circunstâncias, especialmente para o caso de não se concretizar a transferência de tecnologia essencial à viabilização da operação. Para a ocorrência de a implantação ter se iniciado e não se completado, pode haver previsão contratual de que o vendedor original deverá recomprar bens no valor estimado da transferência até então realizada, como forma de recompor as finanças do país sede do importador;

18) *Solução de controvérsias*, em face da complexidade da operação de recompra como um todo, deve-se prever contratualmente uma forma de solução das controvérsias emergentes no decorrer da execução das obrigações. A disposição contratual deve ter em conta as especificidades da operação de *buy-back*, a eventual necessidade de confidencialidade e a eficiência da solução a ser implementada. Há que se considerar fatores extrínsecos à operação, como a imprevisibilidade econô-

---

[279] *V.g.*: "Upon the execution of the Contract, the CONTRACTOR shall provide to the purchaser, a Performance Bond guaranteed by an approved Bank and/or Bonding Institution in [país do comprador] in the form given for the amount of [valor] in favor of the PURCHASER. The Performance Bond shall be valid for the period required under the Contract and such extensions thereof, and the CONTRACTOR shall take any and all actions including renewals at the appropriate time to keep the said Bond current and valid for the said period. This Performance Bond shall be released upon Final Acceptance of the Plant". (modelo sugerido pela UNIDO, apud op. cit.).

[280] Trataremos de força maior no Capítulo 5.

mica e política para um lapso temporal que, por vezes, pode se estender por mais de vinte anos;[281]

19) *Miscelânea comum aos contratos internacionais*, onde encontraremos as cláusulas de direito aplicável, eleição de foro - se cabível, procurações recíprocas, formas de notificação, língua a ser utilizada operacionalmente, excludentes de responsabilidade, cláusula penal.[282]

A definição do valor total da operação de *buy-back*, que poderá ser igual ou distinta[283] do valor do Equipamento/Tecnologia, bem como a base de cálculo,[284] devem constar do contrato principal, posto que estas são as cláusulas que permitem a tipificação do contrato como sendo de *buy-back*.

O preço dos produtos objeto da venda-e-compra na segunda fase do contrato é, geralmente, estipulado por ocasião da execução, pois no intervalo de tempo entre a primeira e a segunda fase do contrato podem ocorrer variações nos preços de matérias-primas, mão-de-obra e componentes do produto. A previsão de termos mais favorecidos[285] para o comprador das mercadorias encontra-se, geralmente, previsto no contrato principal.

Ainda que os bens negociados sejam normalmente instalações industriais e seus produtos, construção e manutenção de hotéis em geral, e formas alternativas de franquia de serviços podem ser qualificadas como acordos de recompra desde que a reciprocidade e a proporcionalidade encontrem-se presentes e expressas na forma com que o pagamento da importação será feita. Ou seja, se a franquia ou o hotel vendidos admitirem o pagamento posterior com o produto resultante da ex-

---

[281] No Capítulo 5 deste livro trataremos da composição como meio de solução de controvérsias.

[282] Detivemo-nos nas cláusulas penais no Capítulo 3, Item 3.2.1, quando tratamos das operações *barter*.

[283] Podendo ser definida na moeda convencionada ou em percentagem.

[284] *v.g.*, C.I.F. ou F.O.B. (*Incoterms*).

[285] Quando a legislação local ou a política anti-*dumping* permitirem, bem como as regras de concorrência, inclusive no âmbito do Direito Internacional. Ver exemplo na variação de cláusula 5.1C do Anexo 9.

ploração da própria atividade, ainda que expressos em moeda ou crédito.

As *joint-ventures*, também como forma de materialização da transferência de tecnologia,[286] podem apresentar formas negociais e contratuais que as caracterizem como acordos de recompra. Vejamos: A empresa que integrará a *joint-venture* com aporte de tecnologia concorda em ser paga com os frutos da tecnologia transferida; ou garante a venda a terceiros de parte da produção da empresa conjunta, ou, ainda, garante a repartição de reserva de mercado, tudo consistindo em contrapartida. A obrigação de recompra, quando existente, poderá estar prevista nos atos constitutivos da *joint-venture* ou em protocolo anexo.[287] Ver exemplo de contrato a reger tal operação no Anexo 15, notando, a exemplo de Brian Townsend,[288] a inexistência de referência à prática de *countertrade*. Todavia, os instrumentos constantes no referido Anexo 15 regulam a prestação de serviços por empresa ocidental à organização de controle de comércio exterior de país do bloco socialista, serviços estes referentes à contrapartida.

Como pode ser visto, a reciprocidade e a proporcionalidade encontram-se presentes nas operações que contenham previsões contratuais como as supra-referidas, eis que a operação não se resume à simples transferência de tecnologia ou a empreendimento conjunto, mas garante um aporte de moeda simultâneo.

---

[286] Para um estudo aprofundado acerca do tema, ver *east-West joint-venture contracts: guide on legal aspects of new forms of industrial co-operation* (publicação das Nações Unidas, NY, 1989); *Joint-venture as a form of international economic co-operation* (publicação das Nações Unidas, NY, 1988); *Joint-ventures as a channel for the transfer of technology* (UNCTAD, NY, 1990); Luiz Olavo Baptista e Pascal Durand-Barthez (*Les associations d'entreprises dans le commerce international*, Paris: FEDUCI, 1986); dentre outros.
[287] L. MOATTI, *op. cit.*, noticia a criação da "Asetco", *joint-venture* da "John Brown Engineering" e empresa russa, que tem por objeto a modernização das usinas químicas na Rússia. A contrapartida consistirá em 40% da produção das usinas por um período de sete anos.
[288] *Op. cit.*

3.2.6. Conversão da dívida externa

A conversão de dívida externa pode ser definida como uma operação financeira pela qual um país devedor pode transformar sua dívida externa em títulos que se reverterão em investimento no país. Em tese é uma operação de refinanciamento, que se utiliza de técnicas financeiras sofisticadas.

A primeira conversão da dívida que se tem notícia foi efetuada na Turquia, nos anos setenta, por ocasião da reestruturação de sua dívida externa.[289] Nos anos oitenta, foi a vez do Brasil converter parcela de sua dívida (cerca de US$ 50 milhões). A partir de 1982, o governo brasileiro alterou as regras para a conversão, oferecendo incentivos fiscais para tanto.[290] E foi esta a fórmula que se tornou padrão para as conversões de dívida externa, segundo o Fundo Monetário Internacional:

> "[...] alguns credores decidiram reemprestar o dinheiro dentro do Brasil, e alguns resolveram utilizá-lo na aquisição de ativos mobiliários. A maioria, contudo, decidiu vender seus créditos, e em conseqüência o seu direito de utilizar o correspondente em moeda local, à empresas multinacionais ou entidades similares que planejavam investir no Brasil. Desta maneira, a primeira conversão da dívida em valores mobiliários [*debt equity swap*] foi introduzida após a crise da dívida".[291]

A dívida externa pode ser convertida em: [a] nova dívida; [b] produtos; [c] projeto ecológico; [d] educação; e [e] valores mobiliários.

---

[289] Informação fornecida por UNITED NATIONS CENTRE ON TRANSNATIONAL CORPORATIONS, in *Debt Equity Conversions*, New York: United Nations Publ., 1990.
[290] Tais regras foram novamente alteradas em 1984 (restringindo) e em 1987 (ampliando). Por fim, em 1991, o programa foi ampliado e diversificado.
[291] M. BLACKWELL e S. NOCERA, *Debt-equity Swaps*, IMF working paper, fevereiro de 1988, *apud* UNITED NATIONS CENTRE ON TRANSNATIONAL CORPORATIONS, *op. cit.*

A dívida que se converte em nova dívida é onde um título da dívida externa é trocado por outro. Por exemplo, um banco norte-americano troca seu título da dívida brasileira com um banco europeu por um título da dívida argentina. É a forma de qualquer banco consolidar seu passivo e concentrar-se em um país ou região para melhorar sua posição em negociações. É uma forma de compensação meramente financeira. A dívida pode ser renegociada (processo financeiro conhecido como "reescalonamento"), em novos termos, constituindo novação - o que não interessa ao escopo deste livro.

A conversão da dívida por produtos (*Debt Commodity Swap*), que podem ser bens ou serviços, mais um pagamento adicional em moeda. *V.g.*, anunciado em setembro de 1987, o *First Interstate Bank of California* concluiu acordo com o Midland Bank sobre a dívida externa do Peru, no qual a compra de mercadorias "não-tradicionais" peruanas, onde para cada US$ 3.00 em mercadorias o pagamento foi efetuado com US$ 1.00 em moeda conversível e US$ 2.00 em títulos da dívida externa.

A conversão da dívida em projeto ecológico,[292] conhecida como *debt for nature swap*, foi inicialmente proposta por Thomas E. Lovejoy, então vice-presidente da organização não-governamental *World Wildlife Fund*, que acreditava que:

> "[..] o estímulo à conservação do meio ambiente mediante com oferecimento de melhores condições para a solução da dívida externa encoraja o progresso nas duas frentes".[293]

---

[292] Para desenvolvimento do tema, ver MARILYN POST, *"The Debt-for-Nature Swap: A Long-Term Investment for the Economic Stability of Less Developed Countries"*, in THE INTERNATIONAL LAWYER, vol. 24, nº 4, 1990; LOTFI MAKTOUF, "Some Reflections on Debt-for-Equity Conversions", *in* THE INTERNATIONAL LAWYER, vol. 23, nº 4, 1989; e DEREK ASIEDU-AKROFI, "Debt-for-Nature-Swaps", *in* THE INTERNATIONAL LAWYER, volume 25, nº 3, 1991.
[293] *Apud* MARILYN POST, *ibid.*

Essa técnica de conversão ocorre mediante contribuições de pessoas físicas ou jurídicas (com benefício fiscal) à organização sem fins lucrativos (em geral uma organização não-governamental) que compra os títulos pelo valor de mercado, e revende ao país devedor em moeda local pelo valor de face mais deságio inferior ao obtido na primeira fase da operação. O "lucro" é revertido para fundações locais de preservação da natureza. Trata-se de operação financeira derivada da conversão da dívida por valores mobiliários.

O primeiro acordo para a conversão da dívida em projetos de preservação ambiental foi conduzido pela Fundação Smithsonian, através de uma organização de proteção à natureza, "*Conservation International*", que comprou de um banco credor da Bolívia títulos de sua dívida externa com valor de face no montante de US$ 650,000, pelo preço de US$ 100,000, em 1987. O Governo da Bolívia compensou parte de sua dívida externa mediante dotação orçamentária no valor equivalente a US$ 250,000. Essa dotação orçamentária foi alocada para financiar e gestão e exploração de uma reserva florestal, que futuramente será zona natural protegida.

Derek Asiedu-Akrofi[294] informa o papel desempenhado por WWF (*World Wildlife Fund*) nessa forma de conversão da dívida, tendo participado de conversões em sete países, até 1990. Dentre estes: a Costa Rica converteu um total de US$ 5,4 milhões de sua dívida externa, em 1987, em recursos para o financiamento do Fundo para a Conservação dos Recursos Naturais; o Equador, mediante a Fundação Natura, cerca de US$ 6 milhões de sua dívida para a conservação de Galápagos e outras reservas naturais; as Filipinas, cerca de US$ 2 milhões (ou 10% de sua dívida externa), mediante a *Haribon Foundation*.

---

[294] *Op. cit.*

Para ilustrar, o Banco Mundial[295] informa que, em cinco anos (1987-92), foram concluídos outros dezesseis acordos, envolvendo oito países, que resgataram cerca de 100 milhões de dólares da dívida externa, o que representa apenas uma pequena parcela da dívida global.

A conversão da dívida por educação foi sugerida pelo governo dos E.U.A. e adotado pela *Harvard University*, que comprou US$ 5 milhões em títulos da dívida equatoriana pelo seu valor de mercado (15 *cents*) e negociou com o governo equatoriano por cinqüenta *cents* a serem aplicados em fundos para estudantes americanos no Equador e estudantes equatorianos nos Estados Unidos.

Nas operações conhecidas por *debt equity swap*, o título da dívida é comprado por empresa de capital aberto, em geral estatal, e o pagamento é efetuado mediante ações ou debêntures - se conversíveis - da própria empresa. É a troca de um crédito em liquidação por ativos. Em geral, ativos representativos de um investimento no território do país devedor.

Na primeira fase da conversão, o investidor[296] compra com deságio os títulos do banco credor.[297] Em posse dos títulos, vende-os ao país devedor, em moeda de curso legal no país devedor, por preço abaixo do de face. De posse de valores em moeda de curso legal, o investidor ingressa no mercado local.[298] A conversão de dívidas por valores mobiliários corresponde, para o país devedor, a uma recompra em moeda local de parte de sua dívida externa com deságio.

Um bom exemplo dessa forma de conversão da dívida é o *"Convenio de Reestructuración de la Deuda del*

---

[295] *In Relatório sobre o Desenvolvimento Mundial*, Washington, 1992.
[296] Normalmente, a aquisição dos títulos é efetuada no mercado secundário.
[297] Acerca do deságio, trataremos no Capítulo 6, Item 6.1.1, infra.
[298] Vale lembrar que, no âmbito jurídico interno, qualquer moeda estrangeira perde sua natureza de moeda e adquire a de mercadoria. Com o que, para investimento local, necessária a conversão da moeda estrangeira na moeda de curso legal, mediante contrato de câmbio.

Sector Público" do México, assinado em 29 de agosto de 1985.[299] A dívida mexicana e as regras para a conversão foram restruturadas em fevereiro de 1990, passando a ser admitidas taxas negociadas de deságio, especificamente para a conversão em títulos mobiliários,[300] e a aquisição de ações de companhias estatais em fase de privatização.

As Nações Unidas informam que diversos países devedores desenvolveram programas de conversão da dívida nesses moldes: Argentina, Bolívia, Brasil, Chile, Colômbia, Costa Rica, Equador, Filipinas, (ex) Iugoslávia, Jamaica, Nigéria, Peru, Uruguai, Venezuela e Zâmbia.[301] A Tabela 5 mostra os montantes convertidos no período 1985-89:

Tabela 2

	1985	1986	1987	1988	1989	1990
México	769	620	1.720	1.516	200	4.825
Brasil	581	206	344	3592	-	4.723*
Chile	32	214	707	886	1.321	3.160
Argentina	215**	-	-	198**	318**	731**
Filipinas	-	15**	266**	100**	n.d.	381**
Outros	301	523	353	648	n.d.	1.825
	1.898	1.578	3.390	6.940	1.839	15.645

Fonte: UNCTC

onde:
(*) Exclui conversões informais - estimadas em cerca de US$ 5bi - e anteriores a 1985.
(**) Inclui apenas as conversões efetuadas por empresas estrangeiras.

As Nações Unidas apresentam o seguinte sumário das vantagens da conversão da dívida externa:

"Para o país devedor, os programas de conversão da dívida externa podem atrair e acelerar os inves-

---

[299] LEONEL PEREZNIETTO DE CASTRO, palestra proferida no "Seminário sobre aspectos jurídico-legais das operações de *countertrade*", tradução do Ministério das Relações Exteriores, *op. cit.*
[300] Descrita por J. TORRES-LANDA R., *"Report on the New Rules for the Operation of Debt-Equity Swaps in Mexico"*, in THE INTERNATIONAL LAWYER, vol. 25, nº 3, 1991.
[301] *Op. cit.*

timentos externos necessários à sustentação do crescimento econômico. Mais, se aberta a participação aos residentes, a conversão da dívida em valores mobiliários pode mobilizar [...] ativos que se encontram no exterior [...] Sendo a dívida substituída por investimento, o investidor, e não o país devedor, assume (ou reparte) os riscos."

"O país devedor pode, ainda, reduzir seus débitos externos ainda não resgatados [...] utilizando a conversão em vez de liquidação em moeda. [...] a conversão da dívida em títulos mobiliários permite o rearranjo da dívida externa mediante reduzida utilização de suas reservas e sem efeitos adversos no seu balanço de pagamentos [...] pois as remessas de dividendos e lucros provavelmente só ocorrerão quando o país e a empresa estiverem economicamente bem."

"[...] o programa tem o atrativo de oferecer um mecanismo efetivo, baseado nas regras de mercado, para o direcionamento de recursos para o setor privado, ou ainda para a privatização de empresas públicas. [...] Finalmente, devem ser considerados os efeitos multiplicadores dos benefícios decorrentes do investimento produtivo, tais como a geração de investimento doméstico e o acesso às novas tecnologias".[302]

No mesmo diapasão, Marilyn Post:[303]

"A conversão da dívida em investimento é uma maneira de reduzir os encargos da dívida externa dos países em vias de desenvolvimento, mas também de revitalizar suas economias [...]".

---

[302] UNITED NATIONS CENTRE ON TRANSNATIONAL CORPORATIONS, *op. cit.*
[303] *Op. cit.*

3.2.7. Switch trading

É a forma mais elaborada de *countertrade*, e é utilizada, principalmente, para solucionar problemas financeiros resultantes do desequilíbrio das contas *clearing* nos acordos bilaterais. Com isso, ingressam na operação original países que suprirão, com bens e moeda, as partes originais. Consiste em transferir a um terceiro direitos de compra, onde o credor - em moeda ou em produtos - transfere a terceiros estes direitos. Assemelha-se à dupla cessão de créditos no pagamento de mercadorias. Opera diversos acordos bilaterais envolvendo vários países, com taxa de desconto ao redor de 10% (dez por cento).[304]

A princípio, a utilização de *switch trading* pressupõe a existência de acordo bilateral de contabilização dos pagamentos mediante conta *clearing*. Com o que não há a transferência internacional de fundos, mas a contabilização seqüencial da representação monetária do fluxo internacional de bens, nos Bancos Centrais dos países envolvidos. Para tanto, conforme relatamos ao tratarmos das contas *clearing*, utiliza-se uma moeda de conta designada pelas partes.

A operação pode ser utilizada entre particulares, para ajustar os desequilíbrios decorrentes de operações de *counterpurchase*.

Brian Townsend apresenta a seguinte definição para as operações *switch trading*:

> "[...] é uma técnica financeira utilizada para solucionar problemas [...] de desequilíbrios nas contas de compensação bilateral ao fim do período estipulado, quando se torna necessário um ajuste".[305]

Scott Lochner define as operações *switch trading* como:

---

[304] L. MOATTI, *op. cit.*, informa que a taxa de desconto oscila entre 5 e 20% do valor da exportação, variação esta em função da qualidade e das possibilidades de realocação dos bens.
[305] *Op. cit.*

"[...] um acordo bilateral de comércio e pagamento no qual o valor dos bens exportados do país X para o país Y não é efetivamente pago, mas sim creditado numa *clearing account* em nome de Y, e vice e versa, conforme os bens são remetidos de X para Y".[306]

Todavia, ainda que Lochner aponte a bilateralidade, acreditamos que as operações se caracterizam pela triangularidade, sempre envolvendo terceiros,[307] a quem serão transferidos créditos ou haveres. A bilateralidade refere-se ao acordo anterior que deu origem à operação.

O acordo bilateral definirá quais mercadorias serão intercambiadas, bem como seus preços. A compensação financeira mediante *switch* ocorrerá na eventualidade de desequilíbrio nas trocas, ocasionando crédito considerável para uma das partes.

Alain Lelarge pondera que as

"[...] operações *switch* consistem no pagamento à vista, em moeda ou em produtos, de um crédito pagável a termo para terceiro, geralmente através da compra de produtos desse terceiro [...] e pressupõe a existência de desequilíbrio no balanço entre dois países".[308]

As operações podem ser meramente financeiras (*switch* financeiro), ou envolver mercadorias (*switch* comercial[309]). A parte credora tem, assim, a chance de

---
[306] "*Switch Trading consists of a bilateral trade-and-payment agreement under which the value of goods exported from country X to country Y is not actually paid but is credited to country X on the clearing account and vice versa as goods are shipped in the other direction*" (*op. cit.*).
[307] Nesse sentido, DURAND-BARTHEZ (*op. cit.*): "[...] todas essas operações requerem intermediários especializados, tais quais as instituições financeiras criadas na década de sessenta, em Zurique, Viena, Londres e Hamburgo".
[308] "*Le switch consiste dans le paiement au comptant, em devises ou en produits, d'une créance payable à terme par un tiers, via le plus souvent, un achat de produits à ce dernier ... repose sur l'existence d'une balance clearing déséquilibrée entre deux pays*" (*op. cit.*).
[309] Na descrição de DURAND-BARTHEZ (*op. cit.*): "[...] a troca dos créditos por mercadorias que interessem ao credor. Na prática, o detentor do crédito adquire mercadorias mediante um título. É o *switch* comercial".

receber em moeda, crédito, *commodities* ou produtos que lhe interesse, em tempo inferior àquele que o acordo bilateral prevê, ou que a parte credora possa dispor. A seu turno, a parte credora que tenha interesse em equilibrar a conta de compensação, pode fazê-lo ao mesmo tempo em que coloca no mercado excedentes de produtos que não interessaram ao seu credor.

A prática das operações de *switch* tem oferecido os seguintes exemplos, dentre tantos:

a) País "X" exporta mercadorias para país "Y". O país "Y" não oferece produtos que interessem a "X". Intermediário sub-roga-se nas obrigações do país "Y" e busca, no mercado internacional, produtos que interessem ao país "X", comprando-as e repassando-as como forma de pagamento dos débitos do país "Y", mediante taxa de 10% (dez por cento), pela intermediação.

b) País "X" e "Y" assinam protocolo de *counterpurchase*. Como alguns produtos não interessam a um dos países, o mesmo revende-os no mercado internacional, em geral a preços mais baixos.[310]

Assim, as operações *switch* servem-se a transformar em pagamento imediato um crédito de difícil liquidação, o que vem a torná-la atraente para os países detentores de créditos nessa situação - sem perder de vista a complexidade e o custo em que incorrerá o credor, dado o deságio[311] necessário ao repasse do crédito.

Alain Lelarge[312] aponta a prática do *switch* pelo Brasil, quando credor de diversos países do então bloco socialista. A operação envolveu quatro países: Brasil (credor), Romênia (devedor), Índia (comprador de mercadorias do devedor) e França (vendedor de mercadorias para o credor), além do *switcher*.

Para operações dessa magnitude deve-se ponderar que as etapas não ocorrem simultaneamente, podendo

---

[310] Os contratos de *counterpurchase*, em regra, contêm cláusula proibitiva de tal prática.
[311] Acerca do deságio, trataremos no Capítulo 6, Item 6.1.1, infra.
[312] *Op. cit.*.

estender-se por longo período. Nesses casos, o aconselhamento acerca de viabilidade, lucratividade e oportunidade será dado pelo *switcher*.

Nos contratos que regem as operações de *switch*, estas são as cláusulas específicas que poderemos encontrar:

1) *Relativas ao objeto do contrato*, que vem a ser a compensação financeira (ou comercial) dos excedentes de acordo de compensação, estipulando direitos e obrigações das partes originais e de terceiros que se agregam à operação, gerando o vínculo obrigacional mútuo entre a operação *switch* e o acordo bilateral original, cuja prestação consiste na compensação financeira a ser executada pelo *switcher*;

2) *Vínculo entre os contratos de compra-e-venda e o switch*, onde teremos a especificação dos produtos.

3) *Fixação do valor total da operação*, estipulando o valor a ser financeiramente compensado.

4) *Cronograma*, com as previsões relativas ao termo para cada etapa, e suspensivas de eficácia quando a operação for condicionada à obtenção de autorização de autoridades administrativas;

5) *Forma contábil*, para a eliminação do desequilíbrio verificado na conta de compensação (*clearing account*), com parâmetros contábeis e moeda de conta aqui especificados;

6) *Indenizações e garantias*, para quando da ocorrência de casualidades. As garantias, quando oferecidas, são representadas por carta de crédito *stand-by*;

7) *Resolução do contrato*, e suas conseqüências e os procedimentos a serem adotados, tais como indenizações por vantagens já auferidas, restituição de bens ou retorno às condições anteriores;

8) *Solução de controvérsias*;

9) *Miscelânea comum aos contratos internacionais*.

Como a operação de *switch* depende da existência de acordo de compensação - de que tratamos no Item 3.2.3. retro -, é imprescindível, nos instrumentos de regência do acordo a presença das seguintes estipulações:

1) *Relativas ao objeto do contrato*, estipulando a possibilidade de transferência de direitos e obrigações a terceiros;

2) *Cláusulas que permitam a valoração dos bens*, no caso de não haver previsão contratual de adoção contábil de moeda para fins de valoração dos bens negociados, quando então estabelecem-se parâmetros para a valoração indireta;

3) *Cronograma*, com as previsões relativas ao termo para cada etapa, para configuração de inadimplemento;

4) *Forma contábil*, estipulada mediante uma conta de compensação (*clearing account*), com designação de parâmetros contábeis e moeda de conta.

Na década de oitenta, as operações de *switch* verificadas com mais freqüência envolviam, por um lado, países latino-americanos (Brasil e Colômbia) e, por outro, países do bloco socialista (Hungria, Polônia, Bulgária, Romênia e República Democrática Alemã).

Capítulo 4

Aspectos de Direito Internacional Público

Faz-se necessária a análise dos aspectos de Direito Internacional Público pois, por vezes, ao menos uma das partes envolvidas nas operações de *countertrade* negocia através de agências estatais. Demais, o comércio internacional vem sendo regulado pelo sistema do GATT/OMC, e a compensação internacional de créditos segue as regras do Fundo Monetário Internacional.

4.1. OS ACORDOS DE *COUNTERTRADE* EM FACE DO SISTEMA *BRETTON WOODS*

O sistema de *Bretton Woods* é composto pelos acordos do pós-guerra, já descrito no Capítulo 1, modificados pelas sucessivas renegociações e redirecionamentos de prioridades. O sistema compõe-se do Fundo Monetário Internacional e do Banco Mundial, mais as entidades afiliadas.

Assim, veremos as manifestações, oficiais ou não, desses organismos internacionais acerca da prática do *countertrade*, ainda que inexista poder coercitivo que possa impedir a prática no âmbito privado.

4.1.1. A posição do FMI

O artigo 1º da Constituição do FMI diz que o propósito primordial do Fundo é:

"[...] to assist in the establishment of a multilateral system of payments [...] and in the elimination of foreign exchange restrictions which hamper the role of world trade".

Conforme já vimos no Capítulo 1, o FMI foi constituído para promover a cooperação monetária internacional e, com isso, fornecer meios para a expansão do comércio internacional. Para tanto, dispõe de poder regulador, e seus membros concordam com os lineamentos lá estabelecidos e submetem-se ao código de conduta econômica ditado pelo FMI.

Em face de seus objetivos secundários, o Fundo tenta identificar a ocorrência de restrições à troca internacional. Quando possível, tenta eliminar essas práticas restritivas.

Nem sempre e não necessariamente as operações de *countertrade* podem ser rotuladas como restritivas ao comércio internacional. Ocorre que o Fundo entende que a prática do *countertrade* é "primitiva", e que a emergência desta técnica está estreitamente relacionada à crise de liquidez. Demais, entende que a disseminação da prática pode colocar em risco o sistema multilateral de comércio:

> "Ainda que o volume de negócios conduzidos no seio dos acordos de *countertrade* seja pequeno quando comparado ao volume global de comércio, a proliferação de tais práticas é em detrimento da manutenção do sistema multilateral de comércio e pagamentos. A prática do *countertrade* pode acarretar muitas práticas restritivas e discriminatórias tradicionalmente associadas ao bilateralismo. [...]"

> "Ainda que o *countertrade* possa ter certas vantagens, tais como o acesso a mercados restritos e a maior valoração dos bens destinados à exportação, suas deficiências são numerosas. à parte a questão básica da ineficiência na alocação de recursos, as mais sérias desvantagens são: (1) limitada escolha

de serviços e produtos dentre os disponíveis a preços competitivos; (2) má qualidade; (3) dificuldade na realocação dos produtos não utilizáveis pelo comprador - em especial quando este impõe restrições geográficas ao comércio; e (4) maior custo do produto, decorrente do pagamento de deságio. A prática do *countertrade* tende, ainda, a aumentar o custo operacional, eis que presentes riscos adicionais para seu financiamento".[313]

O cerne da questão é o entendimento de que o país praticante contumaz do *countertrade* reduz seus recebimentos em divisas, e essa redução pode comprometer seus pagamentos externos. Todavia, conforme veremos na parte final desse livro, uma das vantagens que a prática oferece, *contrario sensu*, é a preservação de reservas internacionais.

Entende o Fundo que as operações de *countertrade* conduzidas por governos e que limitem o uso ou a disponibilidade de câmbio devem se sujeitar à aprovação, nos termos do artigo VIII[314] do Acordo instituidor do Fundo. Como tal disposição abarca os pagamentos relacionados ao comércio internacional, o entendimento interno é de que as operações de *countertrade*, quando promovidas pelos governos de seus membros, necessitam de aprovação do Fundo.

Note-se que a maioria das operações de *countertrade* não estão sujeitas à jurisdição do Fundo Monetário Internacional, nem este vincula suas atividades institu-

---

[313] *In* FUNDO MONETÁRIO INTERNACIONAL, *Exchange Arrangements and Exchange Restrictions Annual Report*, Washington: IMF Publ., 1985.
[314] "Art. VIII, Section 2 (a) . *Subject to the provisions of Article VII, Section 3(b) and Article XIV, Section 2, no member shall, without the approval of the Fund, impose restrictions on the making of payments and transfers for current international transactions*". Art. XXX (d) . *"Payment for current transactions means payment which are not for the purpose of transferring capital, and includes, without limitation:(a) all payments due in connection with foreign trade, other current business, including services, and normal short-term banking and credit facilities;(b) payments due as interests on loans and as net income from other investments;(c) payments of moderate amount for amortization of loans or for depreciation of direct investments; and(d) moderate remittances for family living expenses.*

cionais ao fato de determinado país fomentar ou não o *countertrade*. Assim, o posicionamento do F.M.I. não tem tido relevância suficiente para os negociantes, nem tem impedido o crescimento da prática.

Ao lado do Fundo Monetário Internacional, o Banco Mundial complementa o sistema de *Bretton Woods*, com alguma variação na abordagem e métodos. Vejamos no quadro sinóptico infra a caracterização das políticas do FMI e do Banco Mundial:[315]

Tabela 3

	FMI	BANCO MUNDIAL
Função	Estabilização	Ajustamento
Estratégia	Demanda-orientada	Oferta-orientada
Temporalidade	Curto prazo	Longo prazo
Enfoques teóricos	Mix de enfoques absorção, elasticidades e monetário do balanço de pagamentos.	Neoliberal-neoclássico
Objetivo central	Equilíbrio do balanço de pagamentos.	Aumento da produção de exportáveis.

Em face da caracterização retro, passamos a examinar a posição do Banco Mundial.

4.1.2. A posição do Banco Mundial

O Banco Mundial (oficialmente Banco Internacional para a Reconstrução e Desenvolvimento - BIRD) é uma agência especializada das Nações Unidas, que oferece empréstimos e assistência técnica[316] na promoção do comércio internacional e desenvolvimento econômico.[317] Para tanto, conta com duas instituições

---

[315] Fonte: INSTITUTO DE PLANEJAMENTO ECONÔMICO E SOCIAL, *O Brasil e o Banco Mundial: um diagnóstico das relações econômicas 1949-1989*, Brasília: IPEA, 1990.

[316] A prestação de assistência técnica é a atividade institucional principal do Banco Mundial, de forma a alocar e gerenciar os empréstimos por ele ofertados.

[317] Para um estudo aprofundado das fórmulas adotadas nos financiamentos concedidos pelo Banco Mundial para os setores implementadores de infra-estrutura, ver DANIEL ZAVALA, *in Les prêts de la Banque Mondiale aux services publics industriels et commerciaux*, Paris: A. Pedone, 1982.

afiliadas: *International Finance Corporation* e *International Development Association*, criadas em 1956 e 1960, respectivamente.

O Banco Mundial, mediante o seu *staff*, é profundo conhecedor das estruturas econômicas de seus membros, e publica Relatórios e trabalhos setoriais específicos. Conforme já vimos no Capítulo 1 deste livro, o Banco Mundial foi instituído nos Acordos de *Bretton Woods* de 1944, com vistas a fornecer recursos para a reconstrução dos países destruídos pela II Guerra. Grande parte de seus recursos foram dirigidos à Europa, que detinha grande capacidade de absorção de capitais, ao passo que o chamado Terceiro Mundo se ressentia da falta de infra-estrutura que possibilitasse a otimização dos recursos. Após 1949, o Banco Mundial e suas afiliadas tornaram-se importante instituição para o desenvolvimento,[318] chegando a 1990 com 159 membros - inclusive a China continental.

Consoante noticiado na parte introdutória, o Banco Mundial modificou na prática seus objetivos institucionais, direcionando preferencialmente seus recursos para os projetos que dêem sustentação ao desenvolvimento econômico dos países mais pobres.

O Instituto de Planejamento Econômico e Social apresenta excelente retrospectiva da atuação global do Banco Mundial:[319]

"As características que marcaram a forma de atuação do Banco Mundial, no decorrer de sua experiência histórica, [...] foram modificando o seu sentido ao longo do tempo."

"Análises da evolução do desempenho do BIRD identificam, em geral, quatro etapas distintas do exercício de suas funções [...]"

---

[318] Os recursos do Banco Mundial destinados a empréstimos foram incrementados em abril de 1988, devido às pressões decorrentes da "crise da dívida", quando foi aprovado capital autorizado no montante de US$ 171 bilhões.
[319] *Op. cit.*

"Na primeira fase, que vai do imediato pós-guerra até fins da Década de 50, a atuação do Banco concentrou-se, basicamente, na reconstrução das economias européias."

"Na segunda fase, abrangida pelo período referente à Década de 60, as experiências do BIRD, no campo da recuperação e reconstrução das economias desenvolvidas, cederam lugar às ações de promoção do crescimento econômico dos países subdesenvolvidos. Intensificaram-se os empréstimos para o financiamento de projetos de investimento em infra-estrutura econômica, privilegiando, em particular, os setores de energia e transportes."

"A terceira fase, compreendida pelos Anos 70, caracterizou-se pela diversificação setorial dos empréstimos, assumindo destaque o início da atuação do Banco no financiamento a projetos de investimento na área social."

"E, por fim, nos Anos 80, ressalta-se o redirecionamento da política de empréstimos do Banco em favor dos financiamentos de desembolso rápido, para atender a necessidades de balanço de pagamentos dos países subdesenvolvidos. O Banco Mundial passou, então, a monitorar a alocação e o emprego de recursos nesses países, via políticas setoriais internas e de ajuste estrutural".

Em conformidade com seus estatutos e políticas, o Banco Mundial procurará estimular novos instrumentos do mercado, a fim de proporcionar alívio financeiro a seus tomadores. Com isso, por exemplo, o Banco Mundial e sua filiada, a *International Finance Corporation*, têm apoiado a conversão da dívida, prestando assistência a reformas de política que visam à privatização de empresas públicas.[320] A Agência Multilateral de Garantia de

---

[320] Eventualmente, a privatização de empresas públicas admite o pagamento em *know-how*.

Investimentos intensifica ainda mais estes esquemas. O Banco Mundial tem também apoiado esquemas de redução da dívida, baseados no mercado, como no México, concordando com a instituição de um fideicomisso pignoratício pelo devedor.

Todavia, a política assistencialista do Banco Mundial, quando para assistir os países altamente endividados e de renda média, pressupõe o crescimento econômico como condição essencial para a recuperação de sua capacidade creditícia[321] perante o Banco, suas afiliadas e o Fundo Monetário Internacional. Na maioria das vezes, entende que o crescimento econômico exige o incremento das trocas comerciais internacionais.

Ainda que o Banco Mundial não tenha se manifestado oficialmente sobre o *countertrade*, alguns autores[322] mencionam o fato de que o Banco considera essa prática ineficiente e desnecessariamente complicada.

Se presentes quaisquer das razões que usualmente levam as partes a se decidirem pela prática do *countertrade*, especialmente se a sua utilização é a única forma mediante a qual as trocas internacionais poderão ser efetivadas, os estatutos do Banco Mundial não se opõem. Algumas das modalidades de *countertrade*, v.g. os acordos de compensação de saldos (*offsets*) e as operações *switch*, são nitidamente novos instrumentos financeiros à disposição dos empresários e governos.

4.1.3. Em face do sistema GATT/OMC

A conjuntura econômica mundial, fruto de sucessivas crises internas em praticamente todos os países signatários de *Bretton Woods*, veio ameaçar, na década de oitenta, um processo de crescente liberalidade nas relações do comércio internacional.

---

[321] Conforme *Relatório sobre o Desenvolvimento Mundial 1988*, capítulo "Alternativas de ação para o ajuste global".
[322] CARMEM SURO-BREDIE, *"Official Views on Countertrade"*, in POMPILIU VERZARIU - org., *International ...*, op. cit. bibliografia; LAURENCE MOATTI, op. cit.

Excetuando-se os produtos agrícolas[323] e têxteis, fortemente influenciados pelas políticas internas de manutenção de empregos, e da subsistência das indústrias locais, o comércio mundial vinha, desde o início dos anos cinqüenta, vivendo uma tendência cada vez mais liberal.

As tarifas médias de importação de produtos manufaturados reduziram-se de cerca de 40% (quarenta por cento) no início da década de cinqüenta, para cerca de 10% (dez por cento) em 1974, quando essa tendência liberalizante apresentou os primeiros sinais de refluxo.

Essa redução tarifária deveu-se principalmente aos acordos internacionais realizados no âmbito do GATT. A ação do GATT, atual OMC, está centrada em três pontos principais:

1 - *Não discriminação.* Este princípio exige que todos os parceiros comerciais de um país obtenham igualdade de tarifas.

2 - *Transparência.* Os países membros do GATT devem privilegiar as tarifas explícitas em detrimento das barreiras não-tarifárias[324] (BNT).

3 - *Reciprocidade.* Segundo este princípio, a iniciativa de um país "X" em reduzir as tarifas incidentes sobre as importações do país "Y" obrigam a este a fazer o mesmo com as tarifas incidentes sobre as importações do país X" (reciprocar).

No entanto, a partir de 1974 e, mais consistentemente a partir de 1980, a conjuntura econômica mundial levou a comunidade internacional a rever as políticas de liberalização do comércio mundial. A atividade do comércio, principalmente de produtos manufaturados, foi atingida por uma forte onda protecionista.[325]

---

[323] Ao discorrer sobre o tema, WILSON CANO (*op. cit.*) afirma que "[...] é no comércio de produtos agropecuários e da agroindústria alimentar que o protecionismo europeu e de quase todos os demais países desenvolvidos se mostra muito mais duro. Tomando o conjunto dos países da OCDE, os subsídios concedidos à sua agricultura têm atingido cerca de 30% do valor da renda de sua agropecuária, equivalendo a algo em torno de 1% de seu PIB".

[324] Aqui definidas como medidas que têm efeito equivalente ao das restrições quantitativas.

[325] O Banco Mundial, em 1975, estimou que se medidas protecionistas não limitassem os fluxos comerciais, as receitas dos países em vias de desenvol-

Essa tendência foi marcantemente caracterizada ao contrariar o princípio do GATT de mais difícil detecção e quantificação: o da transparência. A maioria das ações protecionistas deu-se sob a forma de barreiras não-tarifárias como contenção voluntária das exportações e imposição de cotas de importação.

A proporção de importações direcionadas para a América do Norte e a Comunidade Econômica Européia (CEE) afetadas por barreiras não-tarifárias subiu mais de 20% (vinte por cento) entre 1981 e 1986. Também o comércio entre países industrializados e em desenvolvimento foi influenciado de maneira crescente pela introdução de barreiras não-tributárias. Quase 20% (vinte por cento) das exportações dos países em desenvolvimento foram diretamente atingidos por essas medidas em 1986. Uma forma de protecionismo sistemático e crescente são os Acordos Multifibras. Estes acordos criaram um sistema mundial de comércio dirigido no setor de têxteis e vestuário, e restringem seriamente as exportações desses produtos por parte dos países em desenvolvimento.[326]

As barreiras não-tarifárias possuem um grande atrativo político para os governantes dos países industrializados, não só pelo seu apelo popular imediato,[327] como também pelo fato de proporcionarem a impressão de permitirem salvaguardar, a curto prazo, o emprego em indústrias ineficientes ou decadentes. Por outro lado, países onde a atividade agrícola perdeu a competi-

---

vimento em exportações manufaturadas poderiam passar de 33 bilhões em 1975 para 96 bilhões em 1985 (segundo informa ROGER HANSEN, "O Comércio, os Países em Desenvolvimento e as Relações Norte-Sul", *op. cit.*).

[326] Os Acordos Multifibras começaram em 1973, e vêm sendo renovados a cada quatro anos, incluindo atualmente 54 países exportadores e importadores, regulando cerca de 80% das exportações para países industrializados.

[327] A título de ilustração, recorde-se da lei alemã do século XVI, ainda em vigor, que só admite cerveja se esta contiver apenas malte, água, lúpulo e levedura. Ou, ainda, a determinação japonesa de que, como a pele dos japoneses é diferente, todos os produtos cosméticos devem ser lá previamente testados. Ou a necessidade de ser a água mineral embalada em vasilhame retornável, na Dinamarca - o que inviabiliza economicamente a venda do produto.

tividade, implementam, nesta área, medidas protecionistas em larga escala, como os grandes subsídios e inúmeras barreiras às importações. É o caso específico do Japão, dos países da Europa e, em menor escala, dos países da América do Norte. Essas ações de protecionismo parecem ter se intensificado nos últimos anos, com exceção dos acordos multilaterais regionais (NAFTA, CEE., MERCOSUL). Essa tendência recente pode ser observada na Europa, com o fortalecimento da Política Agrícola Comum (PAC - CEE) que subsidia fortemente a agricultura nos países pertencentes à CEE, e discrimina todas as importações de produtos agrícolas àqueles países.

O protecionismo,[328] evidentemente, não se restringe aos países industrializados. Os países em desenvolvimento lançam mão, com bastante freqüência, de tarifas de importação e barreiras não-tarifárias. Releva notar que a falta de dados disponíveis torna virtualmente impossível quantificar o grau de protecionismo destes países. No entanto, nota-se nos últimos anos uma sensível redução das taxas efetivas de proteção incidentes sobre produtos manufaturados, nos países em desenvolvimento, como parte de seus programas de reestruturação econômica. É o caso de México, Argentina, Brasil, China e dos países do Leste Europeu.

Segundo o Banco Mundial,[329] os níveis médios de protecionismo em países industrializados jamais atingiram os níveis de protecionismo dos países em vias de desenvolvimento no ano de 1987.

A opção de proteger a indústria nacional mediante as barreiras não-tarifárias pode acarretar prejuízos bem maiores do que a adoção de tarifas. Calcula-se que a contenção voluntária das exportações custe ao país im-

---

[328] Para um estudo histórico e discussões sobre o tema, ver INSTITUTE FOR CONTEMPORARY STUDIES, op. cit.. Para uma análise do protecionismo em meados da década de oitenta ('neoprotecionismo'), ver *REVISTA DEL INSTITUTO DE ESTUDIOS ECONÓMICOS* nº 3, dedicado ao tema "Protecionismo y Comercio Internacional", Madrid, 1984.
[329] Relatório sobre o Desenvolvimento Mundial 1991.

portador até três vezes mais que a proteção tarifária equivalente; *v.g.*, a proteção da sua indústria siderúrgica acarretou um custo de aproximadamente US$ 2 bilhões à economia norte-americana em 1985, além do custo resultante da manipulação das taxas de câmbio.

Os custos do protecionismo nos países industrializados em relação aos países em desenvolvimento são estimados entre 2.5 a 9.0% do Produto Nacional Bruto[330] (PNB) desses últimos. Os países industrializados têm um custo do protecionismo que se situa entre 0.3 a 0.5% do PNB. A proteção de alguns setores específicos tem um custo extremamente alto: os Estados Unidos gastam, na proteção da sua agricultura, o equivalente a 3.0% de sua produção agrícola total. Esse número chega a 16.0% na Comunidade Européia. O custo de preservação de um único emprego na indústria automobilística britânica foi, em 1983, o equivalente a quatro vezes o salário médio dessa indústria. Nos Estados Unidos, estima-se que cada dólar gasto na preservação do emprego na indústria siderúrgica custou US$ 35,00 para os consumidores e representou US$ 25,00 em perda líquida para a economia norte-americana.[331]

O protecionismo, ao tomar a forma de subsídios, envolve, por sua vez, custos orçamentários diretos, como foi o caso do Brasil nas décadas passadas. As barreiras não-tarifárias - assim consideradas pelo GATT, sob a forma de controle governamental de empresas públicas, e o conseqüente controle no fluxo de bens produzidos por essas empresas; licitação pública privilegiando bens nacionais; controle de exportação; barreiras fitossanitárias; algumas medidas de inspeção na entrada de mercadorias - substituem as tarifas geradoras de receitas. Essas receitas, desprezadas, tornam-se um custo orçamentário disfarçado.

---

[330] *Produto Nacional Bruto* " [...] é o valor de todos os bens e serviços produzidos na economia, num dado período de tempo". DORNBUSCH e FISCHER, *op. cit.*

[331] Conforme *Relatório sobre o Desenvolvimento Mundial 1988*, publicado pela Oxford University Press para o Banco Mundial.

Outra questão importante a ser analisada é o protecionismo como um dos principais fatores que explicam os baixos preços dos produtos primários, matérias-primas e *commodities* no mercado internacional, nos últimos anos, ocasionando a queda na renda dos produtores agrícolas e, principalmente, na mão-de-obra rural dos países em desenvolvimento, provocando reflexos sociais negativos e levando esses países à prática do *countertrade*, utilizada e/ou incentivada pelos seus órgãos estatais.

O GATT, em seu artigo 19, prevê a retorsão como forma de exclusão e retaliação contra a parte que prejudicar a indústria de outros países com o não-cumprimento dos termos do acordo, de forma a evitar prejuízo. Tal se dá com a oposição específica na imposição de limites ao país infrator.

Prevê, ainda, em seu artigo 23, § 2º, a represália, sob as formas de execução forçada e intervenção, permitindo o boicote e o embargo.

A Rodada Uruguai marcou a passagem formal do GATT para a Organização Mundial do Comércio e, em conseqüência, para uma instituição mundial sem a transitoriedade que caracterizou seu predecessor desde 1947. Assim, a regulamentação do comércio internacional atualmente é institucional.

A prática do *countertrade* pode ocasionar, assim, a perda das vantagens do sistema GATT/OMC, além de suscitar a questão de se esses países estariam ou não violando o pactuado nos instrumentos do sistema OMC/*Bretton Woods* além da perda da vantagem da "nação mais favorecida".

No seio dos acordos de *countertrade* podemos, ainda, encontrar a prática de *dumping*[332] disfarçada. Mas a

---

[332] *Dumping* vem do termo anglo-saxão *DUMP*, e significa "[...] descarregar, esvaziar, lançar por terra, liquidar" (*in Michaelis Soft*) e, no uso comercial significa, no caso de *dumping* de preço, a exportação de um produto por um preço menor do que o custo de produção, o preço no mercado interno ou o preço estabelecido para terceiros países. O *dumping* pode ser ainda de subvenção aos insumos, crédito, transporte, *et alli*, refletindo diretamente no custo do bem produzido. A definição dada no G.A.T.T., ocorre 'dumping' na "[...] introdução de produtos de um país no mercado de outro país a um preço

prática do *dumping* pode ser também encontrada nas chamadas operações clássicas.

Frieder Roessler, Diretor da Divisão de Assuntos Jurídicos da Secretaria do GATT (1984), apontou que, a princípio, os acordos de *countertrade* podem ser considerados supletivos ao sistema multilateral, desde que as partes contratantes se conservem dentro dos parâmetros estabelecidos no GATT; mas cada caso deve ser analisado frente aos instrumentos, pois a variedade de tipos de *countertrade* praticados é vasta, assim como a das obrigações contraídas no sistema GATT/OMC.[333]

Cabe lembrar, por fim, que as normas da OMC. regulamentam o comportamento dos governos de Estados, não de empresas privadas. Assim, se os acordos de countertrade não resultam de ações governamentais típicas, não há espaço para a aplicabilidade dessas normas. Nas palavras de Albert Kritzer:[334]

"Até hoje [1991], nem o GATT nem o FMI intervieram nas atividades relacionadas à prática do *countertrade*".

4.2. REAÇÕES E ACOMODAÇÕES

4.2.1. Posições governamentais

Em 1980, o governo dos Estados Unidos da América posicionou-se fortemente contra a prática do *countertrade*.[335] Todavia, a maior empresa exportadora dos

---

inferior a seu preço normal". Para um estudo aprofundado, ver EDMOND HUYSSER, *Théorie et pratique du dumping*, Neuchâtel: Ides et Calendes, 1971; e AQUILES AUGUSTO VARANDA, *A Disciplina do 'Dumping' no Acordo Geral de Tarifas Aduaneiras e Comércio: tipificação de um delito num tratado internacional?*, tese de doutoramento apresentada perante o Departamento de Direito Internacional da Faculdade de Direito da Universidade de São Paulo, 1987.
[333] "Countertrade and the G.A.T.T. legal system", in JOURNAL OF THE WORLD TRADE LAW, volume 19, 1984.
[334] *Op. cit.*. No mesmo sentido, JOHN H. JACKSON, op. cit.
[335] Conforme *Report of the President on U.S. Competitiveness*, transmitido ao Congresso em setembro de 1980.

Estados Unidos[336] empenha-se na prática de *offsets*, assim como a 3ª e a 7ª colocadas no *ranking* das empresas exportadoras norte-americanas,[337] que contam ainda com o apoio do *Department of Defense* - ao menos quando nações aliadas estão envolvidas. E o próprio *Department of Commerce* mantém um escritório para a assessoria às empresas interessadas em *barter* e *countertrade*.

Mais e mais empresas norte-americanas ingressam no rol das que aceitam negociar em bases de troca, induzidas pela política de incremento às exportações.[338] Demais, o governo dos Estados Unidos mantinha acordos bilaterais com os seguintes países: Romênia, Hungria e China;[339] e em 1982, concluiu um acordo intergovernamental com a Jamaica, tendo por objeto a troca de laticínios por bauxita.[340]

Segundo Scott Lochner,

"[...] governos de países industrializados vêm tolerando e até promovendo *countertrade* de forma a prevenir possível inadimplência dos países devedores, já que o inadimplemento poderia ocasionar a descontinuidade das relações comerciais [...] e criar possíveis problemas de política externa".[341]

A Inglaterra - mediante seu Ministério da Defesa - e a Austrália mantêm políticas de incentivo à compensação nas compras governamentais. A Nova Zelândia normatizou a prática.

Países como a Malásia e o Egito, com problemas no balanço externo de pagamentos, desenvolvem uma política comercial que recomenda o *countertrade*.

---

[336] *Boeing*.
[337] *General Electric* e *McDonnell Douglas*, respectivamente.
[338] Segundo noticia *TIME - THE WEEKLY NEWSMAGAZINE*, 25 de junho de 1990.
[339] Informa JOHN JACKSON, *in op. cit.*
[340] E. LEE, *"Bauxite for Butter: the US-Jamaican agreement and the future of barter in US trade policy"*, in LAW AND POLICY IN INTERNATIONAL BUSINESS, apud L. MOATTI, *op. cit.*
[341] *Op. cit.*

A Indonésia, Colômbia, República Dominicana e o Equador editaram[342] normas legais relacionadas a importações, governamentais ou não, requerendo *countertrade*.

Na França, um grupo conhecido como ACECO,[343] formado por agentes administrativos do governo, banqueiros e exportadores, assessora empresas francesas nas operações de *countertrade* e tenta prevenir aquelas que podem ser danosas ao mercado francês. Demais, informa Laurence Moatti[344] que "[...] sem favorecer a prática, as autoridades públicas protegem sua utilização". O Japão e a Alemanha têm políticas assistencialistas semelhantes.[345]

As compras internacionais governamentais de Israel, em valores superiores a US$ 100,000.00, exigem a inclusão de componentes nacionais. Taiwan também assim o exige, para o caso de compras governamentais de instalações industriais.

Outros países, como a Algéria, Argentina, China,[346] Coréia do Sul, Irã, Líbia, Nigéria e México, insistem na prática de *countertrade* para as operações de maior valor, ainda que não tenham normatizado a exigência.[347] Dentre os países supracitados, aqueles produtores de petró-

---

[342] Diretivas para a implementação de vínculos nas importações governamentais com exportação de produtos não derivados de petróleo, de 8 de abril de 1983; Decreto nº 370, regulamento de importações da Colômbia, de 15 de fevereiro de 1984; Decreto nº 2005, Regulamento da República Dominicana das operações de *barter* e *countertrade*, de 17 de maio de 1984; Regulamento Monetário Equatoriano nº 215, de 11 de dezembro de 1984.

[343] Instituído em 1977.

[344] *Op. cit.*

[345] Conforme *op. cit.*

[346] A China é um caso peculiar, eis que detém a sexta maior reserva em divisas e ouro do mundo, com tendência a aumentar, eis que seu balanço de pagamentos externos é superavitário desde 1981, e suas reservas atingiram 35 bilhões de dólares em 1990. Por conseqüência, promove *countertrade* por razões estranhas àquelas geralmente relatadas à escassez de divisas (ver Capítulo 1), pretendendo com a prática de *countertrade* obter tecnologia de ponta e recursos humanos de alta qualidade, e ainda acessar canais de distribuição para os seus produtos manufaturados, cuja produção aumentou cerca de quinze por cento, na década de oitenta (Banco Mundial, Relatório sobre o Desenvolvimento Mundial, 1992).

[347] Informado por SCOTT LOCHNER, *op. cit.*

leo negociam na base de troca e compensação, fora dos quadros da OPEP, conforme relatado no Capítulo 3, retro.

No Brasil, o comércio exterior é regulamentado e estruturalmente vinculado ao Poder Executivo, direta e indiretamente, mediante o Conselho Monetário Nacional,[348] a Secretaria de Comércio Exterior, a Secretaria da Receita Federal e o Banco Central do Brasil.[349] O Banco Central, enquanto gestor dos acordos bilaterais governamentais,[350] através de seus Departamentos de Organismos Internacionais (DOI) e de Operações Internacionais (DEPIN), tem sua posição balizada sob o prisma da proibição legal de compensação internacional, insculpida no Decreto-Lei nº 9.025/46.[351] A política de incentivos fiscais no Brasil para a exportação, somada à política velada de incremento à prática do *countertrade* em circunstâncias de *deficit* no balanço de pagamentos internacionais, conduzem a fatos tais como o do Ministério da Aeronáutica manter em vigor normas regulando a importação de bens e transferência de tecnologia mediante *countertrade*.[352]

Em alguns países, a legislação fiscal não tributa as trocas e as operações que envolvam compensação.[353] Os países que as tributam têm dificuldades em apurar a ocorrência de evasão fiscal. *Verbi gratia*, o valor real de uma operação pode ser 100, e as partes podem atribuir valor de 70, 80 ou 90, de forma a reduzir os custos

---

[348] Criado pela Lei nº 4.595/64, em substituição à SUMOC, sendo responsável pela fixação de diretrizes da política monetária, creditícia e cambial do país.
[349] Autarquia federal criada pela Lei nº 4.595/64, em substituição à SUMOC, sendo responsável pelo cumprimento das disposições que regulam o funcionamento do sistema financeiro e as normas legais expedidas pelo Conselho Monetário Nacional.
[350] Lei nº 4.595/64.
[351] Proíbe a compensação privada de créditos, não se aplicando aos convênios governamentais.
[352] Portaria Ministerial nº 853, de 18 de dezembro de 1991, que aprovou a Política de Compensação do Ministério da Aeronáutica e a Portaria Ministerial nº 747, de 21 de setembro de 1992, que aprovou as diretrizes para a Implementação da Política de Compensação do Ministério da Aeronáutica.
[353] Informa SCOTT LOCHNER, *op. cit.*

operacionais referentes a tributos. Na maior parte dos países, todavia, tal conduta é tipificada como ilícito penal.[354]

4.2.2. Posições das Organizações Internacionais

Em decorrência, *v.g.*, o Brasil garantiu durante a década de oitenta o fornecimento de petróleo mediante acordo com o Iraque, e atualmente mantém acordo semelhante com Angola[355] e México, países produtores de petróleo, acordo de compensação, onde o Brasil paga o petróleo com serviços e produtos manufaturados. Semelhante acordo foi firmado entre Portugal e Angola, Grécia e Irã, Alemanha e Irã, França e Abu Dhabi.

Pela perspectiva do país produtor de petróleo, a prática de *countertrade* colabora com a manutenção das reservas de divisas e do preço do petróleo, simultaneamente. O preço do petróleo, sempre dependente de circunstâncias políticas, vem apresentando tendência à queda nos últimos quinze anos, e este é um instrumento do qual vêm se utilizando os países produtores para garantir o preço durante períodos relativamente longos. Uma outra vantagem apontada, para o caso dos países filiados à OPEP,[356] é a de que a "troca" não se inclui nas quotas fixadas para a venda do produto. Isso significa uma possibilidade de aumento de receitas provenientes da exportação para esses países.

Desde então, a dívida externa global dos países em vias de desenvolvimento duplicou. De 1982 a 1990, a dívida saltou de US$ 753 bilhões para US$ 1.189 bilhões.[357]

---

[354] Informa LEO WELT, *Countertrade Business Practices for today's world market*, New York: AmA Publ. Division, 1982.

[355] A economia angolana depende quase que inteiramente da exportação de petróleo, e vincula as suas importações às receitas que possam ser auferidas com a venda de petróleo. A título de ilustração, no fim de 1991, as reservas de divisas bastavam apenas para a cobertura de um mês de importações contratadas.

[356] Em 1986, estima-se que 15% da produção dos países filiados à OPEP era "trocada".

[357] Fonte: Banco Mundial (I.E.C.D.I.).

Em 1987, o então presidente do Banco Mundial, Barber Conable, manifestou-se nos seguintes termos:

> "Tendo recebido transferências líquidas de recursos de médio e longo prazos de aproximadamente US$ 25 bilhões em 1982, a América Latina encontrou-se transferindo cerca de US$ 20 bilhões por ano ao resto do mundo nos últimos anos. Isto representa mais de 4% do produto interno bruto da região, o que corresponde ao dobro da percentagem que a Alemanha estava pagando sob a forma de reparações aos vencedores da Primeira Guerra Mundial entre 1925 e 1932".[358]

As Nações Unidas, em adição às suas funções institucionais de mantenedora da paz e segurança mundiais, desenvolve atividades de assessoramento com vistas ao desenvolvimento da maioria de seus países-membros,[359] mediante suas agências e órgãos especializados.

O Conselho Econômico e Social, por sua função institucional de preparar projetos de convenção e convocação de conferências sobre matérias econômicas e sociais, e mediante suas comissões especializadas - notadamente a Comissão sobre Comércio Internacional de Produtos de Base e suas Comissões Econômicas e Comitês - propõe condições gerais com a finalidade de tornar mais fácil o desenvolvimento da atividade econômica e comercial. Para tanto, tenta normatizar as condições gerais para que as partes possam se utilizar. As operações de *countertrade* mereceram a atenção da Comissão Econômica para a Europa, que desenvolveu e publicou recomendações acerca de condições gerais em diversos tipos de operações.

A UNCTAD (*United Nations Conference on Trade and Development*), na qualidade de órgão subsidiário da

---

[358] Pronunciamento no seminário anual do Eximbank, 05 de março de 1987, *apud* PAULO NOGUEIRA BATISTA JR., *op. cit.*

[359] Ampla maioria dos membros das Nações Unidas são países classificados como "em vias de desenvolvimento".

Assembléia-Geral das Nações Unidas, pela sua natureza de fórum de debates acerca do desenvolvimento econômico e de política comercial no plano internacional[360] e por suas funções institucionais de promover e formular princípios que regularão o comércio internacional, concluiu pelo caráter benéfico das trocas comerciais mediante compensação, sob o ponto de vista dos países em vias de desenvolvimento. O fato é que a UNCTAD identificou três funções econômicas nas operações de *countertrade*: [a] contornar as dificuldades financeiras presentes nas operações tradicionais; [b] promover o crescimento econômico, com a transferência de tecnologia facilitada; e [c] favorecer os países mais pobres mediante oferecimento de benefícios e vantagens específicas, em contrapartida à sua posição desfavorecida.[361]

A UNCITRAL editou e lançou um "guia"[362] para as operações de *countertrade*, preparado pelo seu grupo de trabalho de pagamentos internacionais. As justificativas da organização para elaboração do guia foram: [a] a necessidade de uniformização de procedimentos, especialmente aqueles utilizados preferencialmente pelos países em vias de desenvolvimento; [b] o significativo volume das operações de *countertrade*; e [c] para auxiliar as partes interessadas a minorar os riscos em tais operações.

A posição da OCDE é contrária à prática do *countertrade*, eis que entende que a mesma agrava problemas macroeconômicos por não tomar em conta a competitividade dos produtos. E isso porque, segundo o ponto de vista da OCDE, as operações de *countertrade* não podem ser defendidas sob o enfoque macroeconômico, posto que não poderão ser utilizadas como política industrial

---

[360] Desde a gestão de RAUL PREBISCH, a UNCTAD tornou-se importante fórum de debates da chamada economia do subdesenvolvimento. Desenvolveu e propagou, *v.g.*, as idéias de "substituição das importações", "sistema global de preferências comerciais - GTSP" e "nova ordem econômica internacional".
[361] UNCTAD, in *Les échanges compensés*, 28 de agosto de 1986.
[362] *Op. cit.*

eternamente. Em sendo a OCDE uma organização que tem por membros majoritários países desenvolvidos e industrializados,[363] temos que a posição colocada institucionalmente não vem desencorajando seus membros a adotar a prática do *countertrade*, ainda que de forma ambígua.[364]

O UNIDROIT (Instituto Internacional para Unificação do Direito Privado) prepara projetos de Lei Uniforme, sendo que, até o presente momento, não temos conhecimento da existência de projeto de Lei Uniforme acerca de *countertrade*.

O COMECON preparou, desde sua formação em 1949, condições gerais de venda-e-compra para aplicação pelos países-membros.[365] A partir de 1951, foram concluídos protocolos entre Estados, recomendando disposições para os contratos de venda-e-compra, o que redundou na publicação, em 1957, das "Condições Gerais", estas formuladas por comissões técnicas de todos os países-membros.

---

[363] Alemanha, Austrália, Áustria, Bélgica, Canadá, Dinamarca, Espanha, Estados Unidos, Finlândia, França, Grécia, Holanda, Inglaterra, Irlanda, Islândia, Itália, Japão, Luxemburgo, Nova Zelândia, Suécia, Suíça e Turquia.
[364] *V.g.*, a posição do Governo dos Estados Unidos, v. Item 4.2.1, retro.
[365] Albânia, Bulgária, Cuba, Hungria, Mongólia, Polônia, República Democrática Alemã, Romênia, Tchecoslováquia, U.R.S.S. e Vietnã, mais a Iugoslávia, com *status* de participação limitada.

Capítulo 5

> Perguntei a um homem o que era o Direito. Ele me respondeu que era a garantia do exercício da possibilidade.
>
> Oswald de Andrade

A prática do *countertrade*

5.1. QUALIFICAÇÃO DOS CONTRATOS

No que se refere aos contratos e sua qualificação, analisaremos as diferentes formas contratuais usualmente adotadas nas diversas modalidades de operações de *countertrade*. Essas operações podem ocorrer sob a forma de grupos de contratos, contrato único ou contratos independentes.

Conforme visto até agora, os instrumentos que regem as operações de *countertrade* não encontram tipicidade nos sistemas legais internos e internacional. São, então, atípicos ou inominados. Guido Fernando Silva Soares[366] amplia o campo da atipicidade a todas as relações econômicas internacionais, o que faz nos seguintes termos:

> "[...] os contratos que se referem ao comércio internacional (*lato sensu*) refogem à tipicidade dos contratos nascidos para regular relações que se desenrolam naquelas situações onde a oferta e a procura se situam no mesmo território (definido o território como o espaço onde incide, em regra, a norma do legislador considerado nacional)".

---

[366] *In* "Contratos Internacionais de Comércio: alguns aspectos normativos da compra e venda internacional", *in op. cit.*

Francesco Messineo, inspirado por Ludwig Ennecerus e Heinrich Lehmann, classifica os contratos inominados em:[367]

"a) *Contratos combinados ou contratos gêmeos*. Um dos contratantes se obriga a várias prestações principais, que correspondem a diversos tipos de contrato, enquanto o outro contratante promete uma contraprestação unitária. [...] Compõem-se de dois tipos contratuais mesclados em um todo unitário. (As partes contratuais são inseparáveis).

b) *Contratos de tipo dúplice ou contratos híbridos*. Todo o conteúdo do contrato se enquadra em dois tipos contratuais diversos, de tal modo que se manifesta como contrato, quer de uma quer de outra espécie.

c) *Contratos mistos, em sentido estrito*. O contrato contém elementos, que se mostram, cada um derivando de forma autônoma de outro tipo contratual nominado, sendo, pois, elementos legais e conhecidos, dispostos em combinações originais de coordenação ou subordinação. Assim, existe a fusão de causa de dois ou mais contratos nominados, ou de elementos de contratos nominados com atípicos, ou de, somente, elementos atípicos, sendo certo que existe, em todos eles, uma causa mista, que deve ser, sempre, unitária".

A partir dessa classificação, apresentaremos, a seguir, as formas que os contratos que regem as operações de *countertrade* podem tomar.

5.2. FORMA CONTRATUAL

5.2.1. Grupos de contratos *versus* contrato único

A criatividade utilizada para a montagem das operações de *countertrade* resulta em complicadas formas

---

[367] *In Enciclopedia c.*, classificação sintetizada por ÁLVARO VILLAÇA AZEVEDO, *op. cit.*

contratuais que dificilmente podem se materializar em um único instrumento. Freqüentemente, a realização de uma operação comercial e/ou financeira complexa impõe o recurso a vários agentes que atuam no cenário do comércio internacional, cabendo a cada qual a execução de uma fração do todo que compõe o negócio.

Segundo Bernard Teyssié, a aparição de grupos de contratos a reger uma só operação decorre da autonomia da vontade em sua mais recente evolução:

"O século XIX conheceu, a passagem de um individualismo liberal a um 'individualismo democrático', fundado sobre a idéia de um abandono completo, pelo homem, de seus direitos individuais em prol do Estado por ele criado. Ainda que ele participe do contrato social, ele não mais se reserva os direitos inalienáveis. Em contrapartida, o Estado lhe concede uma certa liberdade. A vontade do homem, dentro de limites determinados, pode criar o Direito".[368]

A conexão entre a execução de obrigações que se aperfeiçoam no plano econômico deve se refletir no plano jurídico por ocasião da formalização dessas operações complexas por natureza, posto que a realidade jurídica deve corresponder à realidade econômica que se impõe. Segundo R. Capitant,[369] as partes podem introduzir no contrato um fim comum de ordem econômica, de tal forma associado ao objeto/bem jurídico pretendido, que não é possível distingui-los. Neste caso, convém incorporar a motivação do contrato à causa final. A finalidade mediata integra-se à noção técnica de causa a partir do momento em que as partes contratantes tomem conhecimento da causa imediata e nesse sentido manifestem a sua vontade. É preciso distinguir o objetivo jurídico *stricto sensu*, ou seja, as prestações objetivadas através de cada contrato, considerado isola-

---
[368] *Op. cit.*
[369] *De la cause des obligations*, apud B. TEYSSIÉ, op. cit.

damente, do fim comum de ordem econômica, que vem a ser a operação global cuja realização é perseguida através da reunião dos contratos. Atingir esse objetivo constitui uma finalidade comum a todas as partes contratantes, conhecida e desejada, assegurando a conexão de suas convenções.

Deve-se, assim, verificar dentre as obrigações engendradas no contrato, ou no grupo de contratos, quais as que, em função da sua importância relativa à prestação, vão imprimir ao contrato as suas características.

Por vezes, a realização de um objetivo supõe a conclusão e a execução de diversos contratos. Analisada e separada a causa que deu origem ao grupo de contratos, a conexão das obrigações estipuladas nos diversos instrumentos provavelmente estará relacionada à unidade da operação. Os diversos instrumentos reunidos na realização de um mesmo objetivo participam do grupo de contratos a título principal ou acessório. Somente a conjunção de contratos permite atingir essa realização, inserindo-os num mesmo período. A busca do objetivo comum constitui um critério essencial para a determinação da ocorrência de um grupo de contratos, tendo em vista que a identidade de causa, ainda que no mínimo parcial, congrega os contratos num determinado grupo.

Em outra vertente, é essencial a distinção entre a finalidade imediata e a remota. Todo acordo de vontades assegura não só a realização de um objetivo particular, diretamente visado pelas partes contratantes, como também contribui para a execução de outras finalidades mais remotas, que constituem sua verdadeira *raison d'être*. Tais contratos têm, cada qual, sua causa próxima distinta, que os caracteriza ou tipifica, conferindo-lhes originalidade dentro do grupo, entretanto, estão unidos por uma causa remota idêntica - que vem a ser a causa constituinte do complexo de contratos. No curso dessa reunião nascem liames de interdependência, sendo que cada uma de suas peças é, por sua vez, indispensável para a realização do objetivo final. Desse incessante cotejo entre as finalidades mediatas de cada instrumento extrai-se um elemento que poderá ser útil à conclusão sobre a exata causa constituinte do grupo de contratos: o vínculo obrigacional entre os diversos instrumentos, substituindo a contradição entre a unidade econômica da operação e a pluralidade de instrumentos. Laurence Moatti[370] alerta que a consagração da unidade econômica dos contratos, no plano jurídico, significa:

"[...] admitir a indivisibilidade das obrigações assumidas em diferentes instrumentos".

Ao seu turno, Philippe Kahn[371] pondera que:

"[...] parece haver um consenso para admitir que a operação de *countertrade* apresente em todos os casos uma unidade econômica. Mas essa afirmação deve ser graduada apesar da unanimidade com que é suportada. [...] A unidade econômica de uma série de operações no seio de uma mesma empresa existe quando uma empresa pode inscrever estas operações na sua conta de gestão. Se estas duas empresas podem fazê-lo, a unidade aparece, desta vez, sem contestação no plano econômico. No plano jurídico, as coisas estão ainda menos claras. Marcel Fontaine[372]

---

[370] *Op. cit.*
[371] Palestra proferida no "Seminário sobre aspectos jurídico-legais das operações de *countertrade*", Ministério das Relações Exteriores, *op. cit.*
[372] MARCEL FONTAINE (*op. cit.*) posiciona-se nos seguintes termos: "[...] economicamente, é evidente o liame entre o contrato principal e o que rege a contrapartida. [...] Mas seriam esses contratos juridicamente vinculados? [...] aqui, são distintos, pois foi a vontade das partes que dissociou-os mediante a utilização de instrumentos distintos". Já em *"Les contrats de contre-achat"* (*DROIT ET PRATIQUE DU COMMERCE INTERNATIONAL*, tomo 8, nº 2, 1982), esclarece que: "[...] a independência do contrato que rege a contrapartida (contrato 'acessório') em relação ao contrato 'principal' não é absoluta, pois aparece na leitura do instrumento, que geralmente contém referências ao contrato principal: fixação do valor a ser compensado, entrada em vigor condicionada àquela do contrato principal, etc.". Todavia, esclareçemos que o autor admite a inclusão de cláusula penal nos diversos instrumentos, estipulando sanção pecuniária para o caso de descumprimento de

[...] mostra sua preferência por uma teoria de independência relativa. [...] esta análise foi contestada por um dos melhores especialistas dos países do Leste, Octavian Capatina,[373] que [...] indica por sua vez uma clara preferência pela qualificação de operação única [...]. A principal dificuldade para reconhecer a unidade dos contratos vem do fato de que eles são executados não simultaneamente, mas sucessivamente e durante um longo período de tempo".

Por conseqüência, diversos contratos formalizados para a regência de uma mesma operação constituem um "grupo" no sentido orgânico. Uma mesma operação pode ser formalizada mediante um instrumento único ou mediante um grupo de instrumentos relacionados entre si. Deve-se analisar se a operação pode ser decomposta em obrigações principais e acessórias, e subdecompostas em prestações separadas ou se, ao contrário, possuem unidade. Não se quer dizer que a obrigação seja indivisível,[374] mas sim solidária e no seguinte sentido:

> "[...] las obligaciones solidarias simples son varias obligaciones independientes que sólo se hallan en

obrigação constante nos diversos instrumentos que considera economicamente - mas não juridicamente - vinculados, contudo como não admite a contestação da independência aparente com fundamento na teoria da simulação. Essa aparente contradição é devida ao enfoque centrado na vontade das partes tal como formalizada.

[373] Posição esta aqui complementada: "[...] segundo a intenção real das partes, o contrato que rege a contrapartida contém os traços característicos de ato jurídico modificador do contrato principal, ao menos parcial. A contrapartida modifica uma das estipulações essenciais do contrato principal: a obrigação de pagar o preço como lá estipulado, substituindo-a, totalmente, por uma prestação diferente consistente na exportação de produtos determinados [...]. Se nenhuma referência explícita encontra-se presente, os termos do contrato principal podem induzir a erro acerca das exatas obrigações lá estabelecidas, criando uma situação aparente, para não dizer dissimulada". A posição do autor fundamenta-se nas conclusões de B. TEISSIÉ, *op. cit.*

[374] Ainda, obrigações de prestação indivisível, que "[...] somente podem cumprir-se na sua integralidade" (*in* CAIO MARIO DA SILVA PEREIRA, *op. cit.*, volume II). Por oportuno, convém rememorar o magistério de ORLANDO GOMES: "É preciso não confundir a *obrigação* com o *contrato*. Este dá nascimento às vezes a várias obrigações contraídas por diversas pessoas sem que se possa dizer por isso que a obrigação tem pluralidade de devedores, pois cada qual poderá ter um devedor único" (*op. cit.* - destaques originais).

relación entre si en virtud de la circunstancia de estar dirigidas a la satisfación del mismo interés. Se extinguen cuando este interés queda satisfecho [...] en el caso de pluralidad de deudores la calificamos de la deuda u obligación solidaria y, en caso de pluralidad de acreedores, de crédito solidario [...] se debe una prestación de manera que varios deudores están obligados a hacer toda la prestación o varios acreedores están facultados a extinguirla en su totalidad, pero de suerte que la prestación sólo tiene que hacerse una vez.".[375]

A análise seguinte é a do papel desempenhado por cada prestação decomposta no acordo global. Vale dizer, se a ausência da prestação decomposta compromete a sua finalidade do acordo global: se a importância da prestação pode comprometê-la, então teremos a unidade das obrigações em razão da natureza da operação. *V.g.*, se a obrigação de transferir a tecnologia não for cumprida nos termos contratados, as obrigações subseqüentes podem restar prejudicadas.

A fronteira entre um contrato complexo e um complexo de contratos é imprecisa, e os efeitos no campo obrigacional dependerão da vontade das partes, em quanto ao grau de dependência que se apresentará.

Por outro lado, conforme observado por Bernard Teyssié,[376] a redação de um único instrumento não implica a unicidade do contrato ou da operação subjacente. E isso porque a noção de unicidade está relacionada à interdependência das obrigações, vale dizer, quando umas têm por corolário necessário as outras, formando uma só convenção.

Ainda nesse sentido, F. Messineo[377] pondera que a unidade do contrato não é afetada em caso de formalização em dois ou mais instrumentos, bem como a plurali-

---
[375] LUDWIG ENNECCERUS, *op. cit.*, Tomo 2, volume 2.
[376] *De la cause des obligations*, apud B. TEYSSIÉ, *op. cit.*
[377] *Il contratto in genere*, apud JUAN FARINA, *Contratos Comerciales Modernos*. Buenos Aires: Editorial Astrea, 1993.

dade de contratos pode se verificar em um só instrumento. Em assim sendo, interessa a unidade do conteúdo, e não a da forma. Para tanto, os componentes do conteúdo devem ser coligados e manter correspondência harmônica na convergência para um resultado único. Assim, em havendo causa única, teremos a unidade contratual; por outro lado, em havendo pluralidade de causas, teremos a pluralidade de contratos.

Luiz Alfredo Paulin[378] aponta, no caso específico dos contratos de transferência de tecnologia, utilizados nas operações do tipo *buy-back* e *offset*, que a obrigação é de resultado:

> "Se o contrato visa transferir a tecnologia, a obrigação só estará satisfeita no momento em que a tecnologia estiver em poder do receptor. [...] se o devedor se obrigou a capacitar alguém, sua desoneração ocorrerá somente nessa hipótese [...] Portanto, cumpre apresentar o resultado esperado".

A distinção da transferência de tecnologia como obrigação de resultado, e não como obrigação de meio,[379] produzirá efeitos na responsabilização das partes contratantes nas operações que envolvam a transferência de tecnologia. Neste sentido, Louis Costet:[380]

> "O contrato *turnkey* é dominado pelo propósito de construir e entregar um complexo industrial que possa ser operado pelo pessoal do comprador. É por isso que o vendedor não pode transferir a responsabilidade, nos aspectos técnicos, ao comprador".

---

[378] *Op. cit.*

[379] Na obrigação de meio, "[...] o devedor só será responsável na medida em que provar não a falta de resultado (que não entra no âmbito da relação) mas a total ausência do comportamento exigido, ou um comportamento pouco diligente e leal. O ônus da prova incumbe pois ao credor". Na obrigação de resultado, "[...] a problemática se simplifica, pois só se considera adimplida a prestação com a efetiva produção do resultado" (FABIO KONDER COMPARATO, "Obrigações de meio, resultados e de garantia", *apud* LUIZ ALFREDO PAULIN, *op. cit.*).

[380] *Op. cit.*

Os acordos de colaboração, quer entre agentes privados, quer entre públicos, constituem uma operação econômica de difícil realização, e o reflexo desta realidade no plano jurídico é a dificuldade em formalizar, num único instrumento, toda a regulamentação da operação, em todos os seus aspectos.

Se temos um acordo de colaboração tecnológica, formalizado mediante diversos instrumentos (*v.g.*, licenciamento de marca, transferência de *know-how*, prestação de assistência técnica, fornecimento de componentes, contrato de revenda), cada um desses contratos tem um fim imediato distinto, mas o acordo de colaboração é o fim mediato subjacente e comum a todos. A causa pode não se colocar no domínio contratual, mas no econômico, entretanto, seus efeitos irradiam ao âmbito jurídico.

Nas operações de execução imediata e nas de execução instantânea, tais como as operações de *barter*, é costume reduzir sua parte formal a um único instrumento. O mesmo ocorre nos acordos de compensação intergovernamentais que se resolvem com a entrega dos produtos em questão, sendo que a entrega mútua produz o efeito liberatório das obrigações. Ou, em outras palavras, teremos:

> "[...] um contrato sinalagmático inominado, no qual a promessa de compra a que se obrigou o exportador forma a contrapartida econômica e jurídica da liquidação do fornecimento principal para o importador".[381]

Em algumas operações de *countertrade*, é utilizado um único instrumento contendo dois contratos de venda-e-compra fundidos, criando obrigações de entrega e pagamento do preço para ambas as partes, resolvendo-se a questão monetária mediante a utilização de contas-convênio para a compensação dos valores negociados.

Nas operações "casadas", são utilizados dois ou mais contratos de venda e compra vinculados entre si,

---

[381] L. MOATTI, *op. cit.*

nos quais a principal obrigação é a entrega dos bens negociados entre as partes contratantes. Pode-se afirmar, na esteira de Laurence Moatti, que são realizadas duas vendas paralelas, juridicamente e financeiramente relacionadas, compondo um contrato *sui generis*.[382] Neste caso, aparentemente, a entrega de bens não produz os efeitos de quitação das obrigações de nova entrega, mas sim faz nascer a obrigação de pagamento.

É costume nas operações mais elaboradas, tais como as de execução de trato sucessivo, a formalização sob diversos contratos para a sua regência legal, contratos estes vinculados entre si por protocolo[383] ou por cláusula que produza esse efeito vinculatório.

Coloca-se, aqui, a questão do problema estrutural do grupo formado: trata-se de obrigação de trato sucessivo ou de uma sucessão de obrigações? Ora, o fracionamento da execução de uma obrigação resulta obrigações distintas porém encadeadas quanto ao objeto da prestação. Se o fracionamento da obrigação foi opção dos contratantes, por alguma razão, a obrigação pode ser considerada una, mas de prestação fracionada.[384] A causa remota, que só será alcançada com esse fracionamento, torna a obrigação considerada *in totum* em obrigação de trato sucessivo.

A distinção da sucessão de obrigações pode se dar, inclusive, em quanto aos sujeitos das obrigações, pressupondo-se a admissibilidade da solidariedade.

A simplicidade estrutural da causa remota é um dos indicativos da indivisibilidade dos contratos, pois a integralidade da causa remota somente será alcançada

---

[382] "A operação encerra duas vendas paralelas, financeira e juridicamente vinculadas e que formam, por conta deste elo invisível, um contrato *sui generis*" (*op. cit.*).

[383] *V.g.*: O propósito deste protocolo é estabelecer e expressar a vontade mútua das partes de (a) intensificar suas relações comerciais e (b) comprar e vender reciprocamente os produtos listados nos anexos A e B, e que são considerados parte integrante deste protocolo.

[384] A propósito do fracionamento da execução de uma obrigação una, ver posição de ORLANDO GOMES, no Capítulo 5, Item 5.3.5.1, onde trataremos de execução periódica e continuada.

com o concurso das fases da operação, mesmo que as diversas fases devam ser executadas por intermediários distintos. O que apresenta grau considerável de dificuldade é a apreciação da estrutura da operação, de forma a identificar sua causa remota. Conforme foi explicitado no capítulo em que tratamos da tipologia das operações de *countertrade*, cada uma das formas sob a qual se revestem essas operações se nos apresentam estruturas distintas, umas mais intrínseca outras mais extrinsecamente relacionadas. A rara complexidade que as operações de *countertrade* apresentam permitem, por outro lado, a decomposição das prestações em diversos instrumentos.

A concepção clássica é a da independência dos contratos. Conforme retroexposto, a divisibilidade dos contratos está relacionada, de certa forma, com a possibilidade de execução parcial das prestações. Mas também devemos analisar se as prestações executadas em apartado têm o condão de satisfazer a causa remota, que deu a própria origem ao contrato. As operações podem ser decompostas espacial e temporalmente, mas a finalidade do acordo global deve permanecer intocada. A decomposição por área geográfica não descaracteriza a unicidade buscada precipuamente, bem como a sucessão aguardada das prestações. É importante, ainda, saber quais serão os efeitos da inexecução ou nulidade de um dos contratos: os demais poderão ser executados ou a operação como um todo encontra-se comprometida? A resposta será encontrada no grau de vinculação dado aos diversos instrumentos, pela inserção e redação adequada de cláusula de vínculo obrigacional mútuo - de que trataremos a seguir.

A realização de uma operação comercial e/ou financeira não requer a conclusão de contratos com o mesmo grau de importância. Com efeito, alguns dos contratos de implementação do negócio podem obedecer a modelos formulares simples e comuns, sem suscitar maiores questionamentos. Todavia, a montagem da operação de *countertrade* geralmente é formalizada mediante um instrumento complexo e inominado,[385] este de maior importância no conjunto de contratos.

Quanto à conclusão dentro de um grupo, os contratos podem ser concluídos simultaneamente ao protocolo de *countertrade*, podem ser posteriores ao protocolo, ou o protocolo concluído ao mesmo tempo que um contrato de exportação, restando a conclusão do contrato de compra pelo exportador para etapa subseqüente. Podem, ainda, os contratos ser concluídos simultaneamente e sem a elaboração de um protocolo de *countertrade*. Deste tipo de operações trataremos no item 5.3, infra. Cada forma sob a qual se reveste a operação poderá produzir efeitos distintos no que respeita ao descumprimento de obrigações, tais como atrasos na entrega, problemas com os equipamentos, desconformidade dos bens. A relativa independência dos contratos é mantida nos termos em que são elaborados, mas o protocolo incorpora as vinculações entre as operações, com especial atenção para o fato de que os contratos subseqüentes só produzirão efeitos a partir do inteiro cumprimento do contrato que prevê o negócio original.[386]

Nos casos de todos os contratos serem concluídos ao mesmo tempo que o protocolo de *countertrade*, as atenções se voltam para a negociação da operação, com vista à inclusão ou não de cláusulas com efeito vinculatório em cada instrumento e que ocasionarão a interdependência das prestações a serem cumpridas pelas

---

[385] Aqui em contraposição aos "[...] contratos *nominados* ou *típicos*. Os que se formam à margem dos *paradigmas* estabelecidos - como fruto da *liberdade* de *obrigar-se* - denominam-se contratos *inominados* ou *atípicos*" (ORLANDO GOMES, *op. cit.*).

[386] *V.g.*, o contrato X (de contrapartida) tornar-se-á efetivo ao mesmo tempo que o contrato Y (venda original), e a partir de então ambos estarão estritamente relacionados entre si. Ou: Em conexão com o contrato X, o vendedor se obriga pelo período de _____, a partir da efetivação do contrato, por si ou por terceiros designados, a comprar produtos de sua escolha e que constem da lista _____, no valor de _____ ou o correspondente a x% do contrato em referência.

partes contratantes. O efeito vinculatório dos contratos, se desejado, deve estar expresso em cada um dos instrumentos ou constar apenas do protocolo, este especificando os bens negociados nos instrumentos em apartado. Os procedimentos a serem adotados no caso de descumprimento de obrigações deverá constar de cada instrumento, e, para o caso de se tratar de obrigação descumprida que impossibilite a continuidade da operação, a previsão dos efeitos desse descumprimento deverá constar do protocolo de *countertrade*. Os acordos intergovernamentais costumam obedecer a esta forma, com a utilização de listagem de bens disponíveis para exportação por cada contratante, *vis-à-vis* o interesse de cada governo.

Quando os contratos substanciais são concluídos posteriormente ao contrato preliminar de *countertrade*, é necessário o estabelecimento de diretivas já no protocolo, especialmente no que respeita ao cronograma da operação, ao seu valor total, à obrigação de contratar futuramente, vinculando os instrumentos que irão reger os negócios e que permitirão a materialização da operação. Caso se faça necessário, deverá constar, ainda, a especificação detalhada dos bens envolvidos. A UNCITRAL engrossa a orientação: a falta de definição e detalhamento no protocolo podem ocasionar atrasos e incertezas por ocasião da negociação futura.[387] As sanções para o caso de descumprimento do *pactum in contrahendo* deverão estar previstas no corpo do protocolo, restando as demais previsões acerca do descumprimento de obrigações para o corpo dos contratos futuros. Esse procedimento é preferencialmente utilizado nas operações que envolvam transferência de tecnologia, cessão de direito de uso e licenciamento de marca, ou ainda nas operações nas quais uma ou ambas as partes sejam organismos governamentais.

No caso específico de o contrato de venda-e-compra (exportação) ser concluído ao mesmo tempo que o

---

[387] *Op. cit.*

protocolo de *countertrade*, onde estará prevista a obrigação futura de contratar nova venda-e-compra (importação pelo exportador original), é esse que estabelece os procedimentos a serem adotados na conclusão da primeira operação, já contratada, delineando, ainda, as operações que serão futuramente contratadas.[388] Questões relativas ao termo em que operação será completada, assim como as relativas ao tipo, qualidade, quantidade e formalização do valor dos bens negociados já são esboçadas no protocolo de *countertrade*, assim como os termos da negociação futura dos pontos contratuais os quais as partes ainda não chegaram a um acordo. Para uma rápida visão de tal protocolo, ver Anexo 7, onde encontraremos um contrato com promessa de contratação futura, com seus elementos já esboçados, quando não especificados.

Por vezes, as partes ainda não sabem que tipo de mercadoria será comprada em compensação/contrapartida, ou ainda não chegaram a um acordo em quanto a esta questão. Por isso, essa fórmula negocial é utilizada nas operações que envolvam acordos de recompra (*buyback*) e, principalmente, nas operações que envolvam compensação de saldos (*offset*). As características peculiares às operações *offset* tendem a ocasionar, quando da conclusão do protocolo e da exportação original de bens de alto valor agregado, o desconhecimento até mesmo de quem será o fornecedor/vendedor dos bens que serão importados a título de pagamento total ou parcial da exportação que deu origem à operação. Já no caso dos acordos de recompra (*buy-back*), devido ao lapso temporal verificado entre a conclusão da negociação da primeira fase e a implantação definitiva das unidades de produção, não há como se prever o preço de mercado do produto a ser recomprado, e, em conseqüência, a quantidade, podendo mesmo ocorrer a obsolescência do produto e a necessidade de alterações da instalação industrial no decorrer da operação.

---

[388] Ver cláusula 8 do Anexo 7.

Em conclusão, os grupos de contratos são caracterizados pelo liame das prestações obrigacionais, ainda que estas estejam previstas em instrumentos contratuais diversos. A inexistência de vínculo entre os instrumentos não descaracteriza a unidade da operação - analisada pelo ponto de vista econômico[389] e, em conseqüência, produzindo efeitos jurídicos -, se considerarmos a causa remota da operação.

5.2.1.1. Protocolo básico

Nos negócios cuja regência encontra-se fragmentada em vários contratos, o protocolo básico[390] é a peça fundamental. Aí é onde encontraremos a essência do *pactum in contrahendo* mais a vinculação entre os diversos instrumentos que formam a operação e o estabelecimento dos contratos ancilares. Contém, ainda, a síntese dos prazos, as características dos bens envolvidos,[391] a possibilidade de sub-rogação das obrigações por terceiros, as restrições à revenda dos bens negociados,[392] as cláusulas penais,[393] idioma que será utilizado nos contratos substanciais, idioma no qual os anexos do tipo "especificações técnicas" serão redigidos e a sucessão dos negócios no tempo, além das cláusulas comuns aos contratos internacionais, tais como lei aplicável e forma de solução de litígios. Encontraremos, ainda, no protocolo básico, o glossário dos termos utilizados e *considerandum*.

Note-se que, para ser considerado um *pactum in contrahendo*, o protocolo deverá delinear o contrato ao

---

[389] Nesse sentido, L. MOATTI: "Para qualificar o contrato, convém desvendar a operação econômica almejada pelas partes" (*op. cit.*).
[390] Chamado *countertrade commitment*.
[391] A UNCITRAL, *op. cit.*, alerta que "[...] os termos contratuais que normalmente são deixados para posterior definição são referentes aos bens da contrapartida: tipo, qualidade, preço e quantidade".
[392] Considerações acerca da revenda de produtos foram lançadas no Capítulo 3, Item 3.2.4.
[393] Detivemo-nos nas cláusulas penais no Capítulo 3, Item 3.2.1, quando tratamos das operações *barter*.

qual a promessa se refere, com seus pontos essenciais já fixados.

O propósito do protocolo básico é, tal como em qualquer contrato, a constituição de um quadro, estabelecendo obrigações recíprocas futuras às partes contratantes. Nas operações de *countertrade* de que tratamos, as obrigações estabelecidas são referentes ao objeto do negócio e à celebração de outros contratos de aplicação. É preliminar à operação, pois a obrigação gerada pelo protocolo é a de contratar mediante outros instrumentos as prestações substanciais que consolidarão o negócio e que estarão previamente delineadas no protocolo.

Não deve ser confundido com as Cartas de Intenção, cuja finalidade é a obtenção de aprovação governamental ou de empréstimos e financiamento para negócios. Carta de Intenção é:

> "[...] o documento que nasce usualmente quando da oferta de negociar e que corporificando-a, assegura-lhe forma e consistência".[394]

Também não deve ser confundido com contrato preliminar enquanto designação de compromisso pré-negocial, mas pode ser considerado um contrato preliminar na medida em que seja um instrumento mediante o qual as partes visem a estabelecer a obrigação de concluir contrato futuro. Como sabido, contrato preliminar é:

> "[...] convenção pela qual as partes criam em favor de uma delas, ou de cada qual, a faculdade de exigir a imediata eficácia do contrato que projetaram".[395]

---

[394] Nas palavras de Luiz Olavo Baptista, *op. cit.*. Para aprofundamento no instituto, ver MARCEL FONTAINE, *"Les lettres d'intention"*, in *Droit et pratique du commerce international*, tomo 3, nº 2, 1977; e MARISTELA BASSO, *Negociação e Formação dos Contratos Internacionais do Comércio: Direito Comparado e Prática dos Negócios*. capítulo 6.1. Tese de doutoramento apresentada perante o Departamento de Direito Internacional da Faculdade de Direito da Universidade de São Paulo, dezembro de 1993.
[395] Conceituação dada por ORLANDO GOMES, *op. cit.*

A propósito, com pertinência ímpar, diz Maristela Basso:[396]

"É forçoso reconhecer, todavia, que os operadores econômicos não se intimidam frente as dificuldades decorrentes das lacunas dos direitos internos, nem das discussões acadêmicas a respeito da natureza da responsabilidade pré-contratual e, para garantir as tratativas iniciais e vincular os parceiros, freqüentemente, trocam documentos preparatórios, preliminares: cartas de intenção, *lettres de patronage* ou *comfort letters*, acordos de segredo, garantias, cláusulas *standards*, contratos preliminares ou pré-contratos - típicas figuras pré-contratuais, nascidas da praxe, que: [a] gera efeitos jurídicos próprios; [b] visam dar segurança às partes durante a fase das negociações; [c] buscam, com mais ou menos vigor, vincular as partes, seja no que se refere aos efeitos das tratativas, seja no que respeita à conclusão do contrato definitivo".

Como as outras figuras instrumentais que compõem as operações de *countertrade*, deparamo-nos com um novo instituto que, ao passo que contém características de modelos jurídicos tradicionais - carta de intenção e contrato preliminar -, vai além das finalidades destes modelos, inovando em quanto aos seus efeitos e forma; com o que temos a criação um novo modelo jurídico. Repetindo a lição de Miguel Reale:[397]

"O modelo jurídico é, pois, algo que se destaca e se autonomiza da fonte da qual promana, em virtude de sua contínua e necessária adaptação à multiplicidade dos fatos sociais".

Como faz parte de um grupo de contratos, imprimindo-lhe as características, o protocolo básico delineia

---

[396] *Op. cit.*
[397] *Op. cit.*

os instrumentos substanciais que deverão, conforme obrigação nele assumida, ser formalizadas futuramente.

Considerando-se que a formação dos contratos[398] resulta de uma série de acordos preparatórios autônomos com vistas à conclusão do contrato definitivo, o protocolo básico é ao mesmo tempo ponto de partida e limite dos instrumentos que comporão a operação toda.

A sua negociação é complexa, eis que presentes a imprevisão e a incerteza no que respeita aos termos dos futuros contratos, bem como na possibilidade de inexistência de legislação estatal aplicável ao *countertrade*.

A inclusão de cronograma de toda a operação e a especificação dos prazos-limite para a conclusão dos instrumentos é aconselhável, em especial nas operações *clé-en-main* e nos acordos de recompra (*buy-back*).

Quanto maior a especificação dos bens envolvidos no negócio no protocolo, maiores as possibilidades de a operação se completar. Deve-se notar que, geralmente, as partes não são capazes de especificar o preço (ainda que referencial) dos bens negociados, mas podem estabelecer diretrizes para o aferimento de seus valores no futuro, com vistas à flexibilização nas operações de longo prazo. Por vezes, as partes preferem a determinação futura, quer os produtos, quer do preço, aguardando o desenrolar do protocolo e dos primeiros contratos substanciais. A UNCITRAL,[399] ao analisar o tema, aponta que:

> "[...] conforme o protocolo seja mais definido, especificando os termos essenciais para a existência de um contrato exigível, mais as partes de aproximam de um acordo em que já definiram os termos de contrato substancial, diferindo apenas o ato formal de conclusão do instrumento".

---

[398] A propósito da formação dos contratos internacionais, ver MARISTELA BASSO, *op. cit.*
[399] *Op. cit.*

Assim, o protocolo básico contém o vínculo obrigacional mútuo,[400] com disposição acerca da obrigatoriedade de cláusulas vinculantes em cada um dos contratos relacionados à operação e que serão formalizados em separado, no futuro.

Scott Lochner observa que o protocolo básico pode ser garantido mediante contratos ancilares, *v.g.*, por cartas de crédito *stand-by* ou por *performance bonds*.[401]

Como visto, o protocolo pode demonstrar o grau de dependência entre operações desvinculadas formalmente, estabelecendo o vínculo entre negócios aparentemente não relacionados entre si.

Dadas as suas características, a extensão do comprometimento das partes é explicitada pela formalização da extensão da operação em si, refletida em seu valor monetário. Nas operações de *counterpurchase* e nos acordos de recompra (*buy-back*) e de compensação de saldos (*offset*), que têm como característica comum a conclusão de um contrato de venda que dará origem à contrapartida, a extensão da operação é freqüentemente expressa em percentagem aplicada ao valor do contrato original. Nas operações de *countertrade* em que o protocolo é concluído antes de qualquer outro instrumento, vale dizer, sem ter por causa uma venda anterior, o valor será fixado em moeda estipulada ou em um dado montante de um específico tipo de mercadoria. É o que se verifica em acordos de compensação intergovernamentais. Para um mínimo de controle, o protocolo pode estipular a obrigação de resposta, em dado prazo, às ofertas de bens compensáveis pela outra parte.[402] Tal

---

[400] *V.g.*: "The purpose of this protocol is to establish and to express the parties' mutual intent to (i) intensify their commercial relations and to (ii) buy from and sell to each other the products as listed in Appendix A and B attached hereto and made part hereof" (EEC Commission, Protocol for a Countertrade Agreement in Poland, *apud* Cedric Guyot, *op. cit.*).
[401] *Op. cit.*
[402] Podem constar do protocolo: termos da oferta, meio e freqüência de comunicação entre as partes, prazo para a aceitação ou recusa da oferta, prazo para o acordo ser levado a termo, circunstâncias nas quais a negociação será considerada fracassada.

estipulação pode antecipar a formalização dos contratos substanciais, ou ser concomitante.

No Anexo 3, temos um exemplo de protocolo básico, aparentemente assinado concomitantemente aos contratos experimentais onde os produtos, valores e prazos encontram-se discriminados junto aos números dos contratos aos quais o protocolo se refere. O referido protocolo prevê a contratação futura de acordo de compensação de pagamentos que serão efetuados mediante cartas de crédito.

Dada a importância do protocolo, sua ausência pode ocasionar a desvinculação dos negócios com a operação como um todo. Tal falta pode ser suprida com a presença de cláusula de vínculo obrigacional mútuo em cada instrumento. Todavia, à falta de qualquer vinculação entre os contratos, a operação pode ser considerada separadamente, em quanto aos seus efeitos jurídicos, consoante o objeto de cada contrato.

Como vimos no item anterior, os grupos de contratos são caracterizados pelo liame das prestações obrigacionais, e estarão, via de regra, previstas no protocolo. Vimos, ainda, que a inexistência de vínculo entre os instrumentos não descaracteriza a unidade da operação, mas a presença deste vínculo mediante o protocolo dá ao grupo de contratos a coesão necessária. Veremos, a seguir, as cláusulas de vínculo obrigacional mútuo, seus modelos formulares e os efeitos decorrentes da forma eleita pelas partes.

5.2.1.2. *Cláusula de vínculo obrigacional mútuo*

Dentre as várias obrigações engendradas num instrumento ou num grupo de instrumentos, algumas são as que lhe imprimem suas características. É o caso das cláusulas que estipulam o vínculo obrigacional mútuo, que, em razão de sua importância, são as que caracterizam as operações de *countertrade* no plano jurídico.

Tais cláusulas têm por propósito o estabelecimento de vínculo entre as obrigações de ambas as partes, em geral delineadas em diferentes contratos, assim como a criação de obrigação futura de contratar, aqui delineada - ao menos no que compete aos objetivos do negócio. É onde fica expresso o vínculo entre o contrato concluído e as estipulações futuras. É onde a reciprocidade se encontra juridicamente estabelecida.

A cláusula de vínculo obrigacional mútuo é a referência que permite estabelecer a interdependência entre o contrato original e o contrato de contrapartida, subordinando a execução do segundo ao primeiro. Como pode ser visto no Anexo 7, por vezes o vínculo é estabelecido no próprio contrato de contrapartida, sendo que - ao que parece - o contrato original não contém tal cláusula.

A formalização da cláusula de vínculo obrigacional mútuo reflete o grau de comprometimento a que as partes se dispõem, variando desde *best-efforts* ou *best-endeavors* até as cláusulas que estabelecem penalidades pecuniárias para o caso de descumprimento de qualquer compromisso contratual, em todas as suas fases.[403]

É a sua formalização que assegura a conexão entre as convenções das partes contratantes. Vínculos muito fortes supõem um contrato único de estrutura complexa, qual seja, estrutura formal partida em instrumentos distintos, mas intrinsecamente correlacionadas. Ao contrário, vínculos tênues supõem a independência relativa das obrigações.

Por uma vertente, se o maior comprometimento envolve riscos maiores para o vendedor original, por outra, a desvinculação total entre dois contratos que instrumentalizem um acordo de compensação traz em si o risco de o vendedor original ser contratualmente obrigado a comprar bens em compensação sem que, por algum motivo, a venda original tenha se completado.

Deve-se tomar em conta que, se vários instrumentos têm um mesmo objeto, com a mesma razão de ser,

---
[403] Detivemo-nos nas cláusulas penais no Capítulo 3, Item 3.2.1, quando tratamos das operações *barter*.

vale dizer, vários instrumentos fracionados, porém regendo a mesma operação, e que participam de uma finalidade comum, deparamo-nos com um grupo de contratos. Nesse sentido, C. Champaud:

> "Um grupo de contratos supõe a presença de vínculos entre as unidades que o constituem".[404]

No exemplo infra, referente a um acordo de recompra (*buy-back*), a obrigação de comprar os bens produzidos pelos equipamentos anteriormente vendidos está claramente vinculada ao instrumento da compra-e-venda dos equipamentos:

> 1.1. "X" hereby agrees to buy (or cause the purchase) from "Y", under the terms and conditions set forth in this contract, products manufactured by "Y" using the equipment/technology sold by "X", and take delivery of the said products.
> 1.2. "Y" hereby agrees to sell to "X" (or to his assignee, as defined below), under the terms and conditions set forth in this contract, such products, and to accept the purchase by "X" of such products as buy-back within the framework of this contract.[405]

No contrato de compensação infra, a compra-e-venda em contrapartida referida relata-se à compra-e-venda anterior, caracterizando a compensação:

> 1.1. Alpha accepte par les présentes d'acheter à Beta/ou a Betaland, conformément aux clauses et conditions énoncées dans le présent contrat, des produits qui font partie du (ou des) groupe(s) de produits/services/technologies spécifiés à l'article ... du présent contrat.
> 1.2. Beta accepte par les présentes, conformément aux clauses et conditions énoncées dans le présent contrat, de vendre ou de faire vendre lesdits produits à Alpha, et de considérer que l'achat desdits

---

[404] in *Les methodes de groupement des sociétés*, apud B. Teyssié, *op. cit.*
[405] Forma sugerida pela Comissão Econômica para a Europa, *op. cit.*

produits par Alpha constitue la contrepartie prévue dans le présent contrat.[406]

No mesmo sentido e com os mesmos efeitos: preâmbulo do Anexo 7; e a cláusula 4 do Anexo 8A. Por outro lado, as cláusulas 1 e 2 do Anexo 8B demonstram o resultado da estipulação no contrato que lhe deu origem.

A cláusula infra pode ser encontrada na maior parte dos contratos que regem a primeira fase das operações de *counterpurchase*, e que envolvam empresas romenas:

> Ce contrat ne peut entrer en vigueur qu'au même moment que le contrat de contre-achat avec lequel il est lié.[407]

Na cláusula infra, relativa a um acordo de compensação, os termos utilizados vinculam a compra-e-venda em contrapartida à compra-e-venda anterior, invertidas as partes, restando cristalina a ocorrência da vinculação das obrigações entre as partes, nas duas compras de bens:

> 1. La Societé B d'une part et A d'autre part, ont conclu un contrat en date du ... ... ayant trait à la livraison par B, de matériels pour un prix total de ... ...
> 2. En contre-partie de la vente par B, il a été convenu que cette société devra acheter ou faire acheter dans le conditions ci-après des merchandises, produits et équipements proposés par A.[408]

5.2.1.3. Bell agreement ou contrato-quadro

Nas operações que, dada a sua complexidade, exijam diversos instrumentos para a sua regência, teremos então um contrato-quadro.[409] O contrato-quadro consis-

---

[406] Forma sugerida pela Comissão Econômica para a Europa, *op. cit.*
[407] Exemplo citado por OCTAVIAN CAPATINA, *op. cit.*
[408] Forma sugerida pela ACECO, *op. cit.*
[409] Ainda chamado de *frame agreement/contrat cadre, countertrade protocol, umbrella agreement, memorandum of understanding, letter of undertaking* ou *counterpurchase agreement*.

te num protocolo (*gentlemen agreement*) onde as partes se comprometem a vender e a comprar mercadorias ou a fornecer serviços, tudo proveniente de seus países de origem, num dado período de tempo. É onde estarão fixados os objetivos das partes, bem como o tempo previsto para a consecução de tais objetivos.

Trata-se de instrumento único contendo estipulações acerca de todo o negócio a ser realizado, previsões no que respeita aos principais tópicos, e remessa aos contratos ancilares em quanto às particularidades. Sua utilização não constitui óbice para a finalização do negócio, desde que atendida a vontade das partes e uso de meios previstos para a solução de conflitos. Prevendo a compensação financeira *pari passu* com a execução do contrato, e tendo como elemento extrínseco a confiança recíproca, esta forma contratual é, preferencialmente, utilizada nas operações de *barter* e *buy-back*.[410]

Nos contratos de *barter* teremos a estipulação de que uma dada entrega de mercadoria constitui pagamento pelo recebimento de outra dada mercadoria. A entrega recíproca das mercadorias - objeto do contrato de *barter* - não dependem de apresentação de carta de crédito documentário, posto que, em geral, não são pagas em moeda, por vezes temos - para a garantia das partes contratantes - contratos ancilares de seguro e garantia.

Nos acordos de recompra (*buy-back*), o instrumento que regerá a operação é, geralmente, um contrato-quadro, relativo às operações futuras.[411]

As operações que prevejam a compensação financeira dos valores envolvidos podem se utilizar dessa forma contratual. *V.g.*, temos no Anexo 6 um modelo elucidativo de tal utilização, inclusive com a remessa aos termos do contrato que lhe deu origem.

---

[410] Quando a operação não envolva terceiros e seja possível discriminar as especificações dos produtos.
[411] Nesse sentido, MARCEL FONTAINE, *op. cit.*

Temos os contratos chamados "fundidos" nos casos em que há previsão de que cada entrega faça nascer uma obrigação de pagamento em dinheiro - ainda que apenas para mera contabilização em contas de compensação e sem a efetiva transferência de recursos. Os contratos fundidos, como denota a própria nomenclatura, consistem na fusão, em um único instrumento, daquilo que, normalmente, seriam dois contratos independentes.

5.2.2. Contratos independentes

Os contratos independentes, como a própria nomenclatura já denuncia, são pactuados de forma autônoma, ou seja, um para cada negócio, sendo a operação de *countertrade* "desmontada" em instrumentos distintos.

Por serem independentes, não é possível localizar o liame entre os diversos instrumentos. Inexistem, por conseguinte, cláusulas de vínculo obrigacional mútuo. Assim, formalmente, não se trata de um grupo de contratos a reger uma operação, mas de contratos independentes regendo relações independentes.

Por vezes, a independência dos contratos que regerão a operação de *countertrade* é necessária para a obtenção de financiamentos e créditos das instituições financeiras, ou ainda para facilitar a contratação de seguros.[412]

---

[412] Nesse sentido, MARCEL FONTAINE (*op. cit.*): "[...] as instituições de crédito à exportação e seguro, especialmente, recusam-se à cobertura nos casos em que o pagamento não seja inteiramente estipulado em divisas. Disso resulta que a maioria das operações de compensação sejam formalizadas mediante instrumentos separados"; OCTAVIAN CAPATINA (*op. cit.*): "[...] a prática demonstra a existência de contratos que não contêm cláusulas desse gênero [de vínculo obrigacional mútuo]. Tal supressão destina-se a satisfazer as exigências de certos bancos ocidentais, que recusam crédito se o pagamento não é em divisas"; KRITZER (*op. cit.*): "Programas nacionais de seguro tais como o *Export Credit Guarantee Department* do Reino Unido, o *Ex-Im Bank* dos Estados Unidos e a *Overseas Private Investment Corporation* dos Estados Unidos, em geral não cobrem exportações que dependam de *countertrade* para o pagamento [...]. Todavia, podem cobrir essas operações se o valor for fixado em divisas pelas partes, e a importação e exportação são formalizadas em instrumentos separados".

V.g., uma operação de compensação na qual cada um dos contratos tem por objeto a compra-e-venda de bens ou a prestação de serviços, independente um do outro. Não há cláusula ou protocolo que vincule um instrumento ao outro, e o pagamento deverá ser efetuado mediante carta de crédito ou em divisas. Ainda que as partes estejam *de facto* envolvidas numa operação comercial que tem sua razão de ser na compensação a ser efetuada com a extinção das obrigações assumidas, os instrumentos eleitos para dar forma à operação deverão ser tratados pelas regras aplicáveis à venda de mercadorias e prestação de serviços internacionais.

Tem-se como usual o emprego de contratos clássicos para o estabelecimento compatível de finalidades, contratos estes de utilização freqüente pelos agentes e regulamentados interna e internacionalmente.[413] As formas mais utilizadas são: compra-e-venda de mercadorias, transferência de tecnologia e prestação de serviços.

Não pretendemos, no âmbito desta obra, analisar em profundidade os contratos nominados utilizados com freqüência nas operações de *countertrade*. Assim, apresentaremos algumas características desses contratos, sem a pretensão de cobrir as peculiaridades que lhes são atribuídas pelos que mais se detiveram sobre o tema.

5.2.1. Compra-e-venda

Dentre as formas contratuais que as operações de *countertrade* assumem, temos como independentes os contratos de compra e venda *versus* compra e venda de execução simultânea, onde são realizados, *v.g.*, dois contratos que se resolvem separadamente.

---

[413] *Contratos Clássicos* são os tipos de contrato aceitos pelos romanos, com forma solene e garantidos por ação civil. Os demais encontravam-se à margem da proteção jurídica (definição de ÁLVARO VILLAÇA AZEVEDO, *op. cit.*). Com as devidas adequações, podemos transpor esta noção para os contratos internacionais, como aqueles que foram objeto de lei uniforme, ou padronizados pelos negociantes.

A compra-e-venda, que teve a sua origem remota na permuta, é utilizada como instrumento regulador de negócios que, quando de perto analisados, são operações de permuta transvertidas em compra-e-venda, com roupagem moderna.

Com efeito, na utilização de dois contratos de venda e compra simultâneos vinculados por cláusula obrigacional em ambos os instrumentos, é entrega dos bens que produzirá o efeito liberatório da obrigação para os contratantes, e não o pagamento.

A doutrina nacional predominante,[414] de inspiração nos Proculeianos, sustenta que não há venda e compra se o preço não for estipulado em dinheiro (*pecuniae*). O Código Civil Brasileiro seguiu esta inclinação doutrinária, estabelecendo que, na compra-e-venda, o preço há de ser pago em dinheiro.[415] A pecuniariedade do preço admite a representação mediante um valor fiduciário, tal como título de crédito, isso porque o meio de pagamento pode ser moeda ou cártula (título de crédito) ou crédito documentário, sem que deixe de haver compra e venda.

A Convenção de Viena não restringe a sua aplicação aos contratos que estipulem preço em dinheiro, sendo que o seu artigo 55 considera, para os efeitos de pagamento do preço, válido o contrato ainda que nele não se fixe o preço ou o seu modo de determinação.[416] Em seu artigo terceiro, dispõe que os contratos de fornecimento de bens a serem manufaturados ou produzidos são considerados de venda, a menos que o comprador do bem forneça parte substancial dos materiais necessários à sua produção ou manufatura.

---
[414] Teixeira de Freitas, Caio Mario da Silva Pereira.
[415] Artigo 1.122 . Pelo contrato de compra e venda, um dos contratantes se obriga a transferir o domínio de certa coisa e o outro, a *pagar-lhe certo preço em dinheiro*. Neste sentido, ORLANDO GOMES, *op. cit.*: "A *troca* ou *permuta* é o contrato que mais se aproxima de *compra e venda*, dele se distinguindo porque a contraprestação não é em dinheiro, mas em outro bem".
[416] E oferece a solução pela aferição dos preços praticados no mercado específico, sob condições comparáveis.

Em face dos dispositivos enumerados, concluímos que a Convenção de Viena sobre a Venda Internacional de Mercadorias aplica-se às operações de *countertrade*,[417] automaticamente, quando ambas as partes forem signatárias,[418] exceto se de outra forma estipulado no contrato. Há ainda os contratos de venda e compra de execução sucessiva, que têm por conseqüência efeitos tais como a aplicabilidade da teoria da imprevisão e, em casos de nulidade, a impossibilidade de voltar ao *status quo ante*, posto que os efeitos produzidos até aquele momento deverão ser respeitados, conforme analisaremos detalhadamente.

5.2.1.1. Transferência de tecnologia e contrato de fornecimento

A cessão - mais referida como transferência, nos contratos com fluxo de capital - de tecnologia consiste na transmissão, por parte de seu detentor, de conhecimentos ou técnicas originais e não reveladas e que possam ser utilizadas em meios de produção ou como bem de consumo. Esse conhecimento ou técnica é transmitido mediante suportes físicos de *know-how*, plantas, manuais, normas procedimentais, assistência, e todo o necessário para a consecução da finalidade de transferir a tecnologia ao recipiente e capacitá-lo na utilização desta.[419]

A utilização de contrato de cessão de uso de tecnologia concomitante com o contrato de fornecimento de bens e/ou serviços,[420] mais o de prestação de serviços, é

---

[417] No mesmo sentido. A. KRITZER, *op. cit.*, que, todavia, aconselha a inclusão nos contratos da seguinte disposição: *"This transaction is a contract of sale, as the term 'contract of sale' is used in the United Nations Conventions on Contracts for International Sale of Goods"*.

[418] Até 1991, os seguintes países ratificaram a Convenção: Alemanha, Argentina, Austrália, Áustria, Bielorrússia, Chile, China, Dinamarca, Egito, Estados Unidos, Finlândia, França, Hungria, Iraque, Itália, ex-Iugoslávia, Lesoto, México, Noruega, Síria, Suécia, Suíça, ex-Tchecoslováquia, Ucrânia e Zâmbia.

[419] Para o desenvolvimento do tema, ver JEAN-MARIE DELEUZE, *Le Contrat de Transfert de Processus Technologique*, 2ème ed., Paris: Masson, 1979; MAURÍCIO C. ALMEIDA PRADO, *op. cit.*

[420] Modelo usualmente empregado nas operações de *buy-back*.

decorrência de incapacidade técnica para o desenvolvimento e fabricação do bem no país de origem do comprador e tem por objeto, *v.g.*, a confecção de projeto sob determinada especificação técnica, a fabricação, a instalação e a prestação de assistência técnica. Maria Luíza Granziera[421] enumera e explica os seguintes efeitos decorrentes desta modalidade contratual:

"[...] o contrato de fornecimento de equipamentos a longo prazo é [...] um emaranhado de obrigações distintas, porém voltadas a um objetivo final. A natureza dessa espécie contratual ultrapassa em muito os limites convencionais da compra e venda internacional, tornando-a merecedora de um tratamento jurídico especial, sobretudo no que diz respeito à manutenção do equilíbrio, suas causas, seus efeitos, enfim, um conjunto de atos que se operam, visando dar continuidade à sua execução".

E fornece o seguinte exemplo de cláusula referente ao objeto dessa espécie contratual, retirado de contrato celebrado entre a Itaipu Binacional e o Consórcio Itaipu Eletromecânico:

"Constitui objeto do presente contrato, a elaboração do projeto, fabricação e fornecimento de equipamentos e prestação de serviços de transporte marítimo e desembaraço aduaneiro, de transporte terrestre e descarregamento da obra, assistência técnica, de ensaios, testes e inspeções, e de supervisão de montagem de 18 (dezoito) Unidades Geradoras para o aproveitamento hidroelétrico de Itaipu".

Freqüentemente, os contratos utilizados são aparentemente independentes, mas intrinsecamente interdependentes, o que equivale dizer que, se por um lado temos a cessão de tecnologia, por outro temos o forneci-

---

[421] *In Contratos Internacionais: Negociação e Renegociação.* São Paulo, Ícone, 1993.

mento do *produto* da utilização da tecnologia, este vinculado ao satisfatório cumprimento do primeiro contrato. Para a segurança dos contratantes em quanto ao resultado, Maurício Almeida Prado sugere a utilização de cláusula de garantia de resultado assegurando:

"a) que a tecnologia é adequada à fabricação dos produtos compreendidos pelo contrato;
b) que o conteúdo da tecnologia transferida é completo e exato;
c) que a tecnologia viabiliza alcançar o nível prefixado de produção, nas condições especificadas pelo acordo;
d) que o pessoal do receptor será devidamente treinado para conhecer e operar a tecnologia".[422]

A operação pode se restringir ao mero licenciamento de uso de marca, mas, em geral, constitui um acordo industrial que prevê a venda e compra de instalações completas, sob a forma de operação *clé-en-main*. Com o que a cessão da tecnologia aqui tratada pode ser definitiva ou provisória, conforme seja cedida a patente ou licenciado seu uso em determinado território.

Regra geral, será contrato de longa duração,[423] contendo diversas obrigações, a serem cumpridas em etapas distintas de sua execução. Tal peculiaridade acarreta maior vulnerabilidade da operação às alterações das condições iniciais, exigindo, assim, a previsão de mecanismos de adaptação às novas circunstâncias e que permitam a execução do que se tornou tendente à inexeqüibilidade. Esta fórmula negocial pode ser de execução continuada ou por etapas, conforme veremos em detalhes infra, item 5.3.2.1. deste Capítulo.

Sua remuneração, que usualmente é variável e dependente de resultados futuros,[424] nas operações de *countertrade* pode constituir valor fixo, a ser compensa-

---
[422] *Op. cit.*
[423] "Longa duração" aqui entendida como prazo não inferior a dois anos.
[424] Conforme noticiado por LUIZ ALFREDO PAULIN, *op. cit.*

do em contrapartida de bens, sendo esta função diretamente relacionada ao resultado da transferência realizada.

5.2.1.2. Prestação de serviços

Neste século XX, os serviços passaram a ter destaque na teoria econômica, eis que integrados definitivamente aos meios de produção. Segundo Valéria Nunes,[425]

"[...] até o momento inexiste uma definição clara de comércio internacional de serviços, mas não há dúvidas de que inclui as atividades de transportes, comunicações, bancos, seguros, publicidade, hotelaria, restauração, turismo, auditoria, engenharia, consultoria, serviços públicos, entre outros. [...] o que importa verificar é que, atualmente, as transações internacionais de visíveis (bens) e de invisíveis (serviços) dificilmente podem ser dissociadas, cumprindo estes últimos uma função de suporte dos primeiros".

E Jean Brilman:[426]

"A economia mundial está a sofrer uma mudança estrutural capital: o sector terciário, propulsionando-se para a boca de cena, representa já perto de dois terços do produto interno bruto mundial. [...] Esses serviços compreendem, entre outros: os bancos, os seguros, as sociedades de transportes terrestres, as companhias marítimas e aéreas, o correio, as agências de publicidade, os auditores, os caçadores de cérebros, as sociedades de tratamento de águas e de detritos, as agências de turismo, as cadeias hoteleiras, a restauração rápida, as telecomunicações, os produtores, editores e distribuidores

---

[425] In *O Comércio Internacional de Serviços na Perspectiva do Direito Internacional Econômico*, dissertação de mestrado apresentada perante o Departamento de Direito Internacional da Faculdade de Direito da Universidade de São Paulo, 1991.
[426] *Op. cit.*

de *software*, as sociedades de trânsito e fiduciárias, as sociedades de estudos de mercado e de recolha de *dossiers* sobre as empresas, as sociedades de informações financeiras, as sociedades de *leasing* de equipamentos diversos e variados, os alugadores de automóveis, os *brokers*, as sociedades de consultoria, os editores, os produtores e, cada vez mais, as sociedades de distribuição, etc."

A Rodada Uruguai do GATT, que redundou na criação da OMC, deu início ao Acordo Geral sobre o Comércio de Serviços e Anexos (GATS).[427]

A prestação de serviços é estreitamente vinculada à qualidade de sua prestação, que é o que diferencia um prestador de serviços de outro. Os serviços, caracterizados por sua intangibilidade e pelo fato de não comportarem armazenamento, assumem posição de destaque nas trocas internacionais.

O fluxo internacional de serviços vem apresentando crescimento notável desde 1980, tendo praticamente triplicado o seu valor, conforme dados do Banco Mundial (1993).

Sob a denominação de contratos internacionais de serviços *stricto sensu* são designados os contratos mediante os quais pessoas, física ou jurídica, se obrigam a prestar serviços a outrem, executando-os sem subordinação hierárquica e com independência técnica.[428]

---

[427] Para uma visão panorâmica, ver: LIGIA MAURA COSTA, *OMC - Manual Prático da Rodada Uruguai*, São Paulo: Saraiva, 1996.

[428] CAIO MARIO DA SILVA PEREIRA conceitua contrato de prestação de serviços como "[...] aquele em que uma das partes se obriga para com a outra a fornecer-lhe a prestação de sua atividade mediante remuneração" (*op. cit.*, volume III). Para WASHINGTON DE BARROS MONTEIRO, é "[...] contrato sinalagmático, em virtude do qual um dos contratantes, o locador, se compromete a prestar certos serviços, que o outro, denominado locatário, se obriga a remunerar" (*op. cit.*, volume 2). Para LUDWIG ENNECCERUS, "[...] *por el contrato de servicios una de las partes promete servicios, esto es la actividad o el trabajo mismo, no su resultado, y la otra parte promete una remuneración de cualquier clase. [...] Tampoco constituye una nota diferencial el contenido del trabajo que se ha de prestar, pues cualquiera sea el trabajo (gestión de negocios, educación, transporte, etc.) puede prometerse tanto el trabajo mismo como su resultado*" (*op. cit.*, Tomo 2, volume 2).

Tais prestações estão adstritas a algum tipo de remuneração. Aquele que presta os serviços não está subordinado à direção daquele que irá remunerá-lo. Exerce, portanto, sua atividade profissional da forma que lhe aprouver, traçando as diretrizes, métodos e processos que julgar convenientes. Desta forma, há que se ressaltar a diferença existente entre a dependência técnica - característica dos contratos de trabalho - em decorrência da dependência econômica, da independência econômica dos que exercem profissão liberal, em regime de clientela, possibilitando a autonomia técnica, desvinculada do fator econômico.

Não se trata, pois, de contrato de trabalho, propriamente dito, posto não preencher os requisitos de subordinação e continuidade.

Atualmente, os contratos que criam vínculo jurídico ao qual se possa chamar de empreitada, onde a prestação prometida é de resultado, mas, tão-somente de espécie específica no contrato, são classificados como de prestação de serviços *lato sensu*,[429] mantidas as peculiaridades que os distinguem do denominado contrato de prestação de serviços *stricto sensu*, que originaria obrigação de meio.

No que diz respeito aos pressupostos e requisitos, subordinam-se tais contratos às normas da lei aplicável, de forma a possibilitar a aplicação das normas legais gerais quanto à capacidade das partes, ao objeto, ao consentimento, à forma e à prova, conteúdo e extinção. São contratos bilaterais, gerando obrigações para ambos os contratantes, onerosos, posto dar origem a vantagens ou benefícios para um ou outro contratante e consensuais, tendo em vista considerar-se perfeito mediante simples acordo de vontades, não sendo qualquer ato material externo e formal requisito de validade, em geral.

---

[429] Nesse sentido, WASHINGTON DE BARROS MONTEIRO (*op. cit.*) e ORLANDO GOMES (*op. cit.*). Contra, CAIO MARIO DA SILVA PEREIRA (*op. cit.*).

Caio Mario da Silva Pereira, na esteira de Cerruti Aicardi, aponta que:

"[...] em regra, a prestação da atividade é fungível no sentido de que é indiferente a sua execução pessoal pelo empregado, ou por outra pessoa em seu lugar. O que, via de regra, se procura é a obtenção de uma certa atividade, em função de um certo resultado".[430]

Com efeito, como veremos ao tratar da execução das operações de *countertrade*, a tônica é a da fungibilidade da prestação, desde que não esteja sujeita a monopólio decorrente de patentes e direitos de invenção.

Em se tratando de empreitada, geralmente contratada na primeira fase dos acordos de recompra e acordos de compensação de saldos, a *locatio operis*, a direção e fiscalização da obra cabe ao empreiteiro, estando presentes ainda a independência técnica e a inexistência de vínculo subordinativo, distinguindo-se do contrato de prestação de serviços *stricto sensu* por gerar obrigação de resultado - como já vimos -, é caracterizada pela finalidade disposta no contrato.

A empreitada pode ser realizada mediante simples fornecimento de trabalho ou o fornecimento de materiais concorrente com o trabalho. No primeiro caso, gera obrigação de fazer; no segundo, além da obrigação *in faciendo*, gera também obrigação de dar.

Temos por exemplos específicos de prestação de serviços nas operações de *countertrade:* a assistência técnica, montagem e desmontagem de equipamento, formação de recursos humanos e treinamento de pessoal, dentre outros.

5.3. CLÁUSULAS TÍPICAS

Neste tópico, cuidaremos das cláusulas tipicamente utilizadas nos contratos que regem as operações de

---

[430] *Op. cit.*, volume III, 7ª edição, Rio de Janeiro: Forense, 1984.

countertrade, face à especificidade de seus termos como reflexo da reciprocidade.

Assim, analisaremos os tipos de cláusulas que maior variação apresentam ao serem comparadas àquelas constantes de contratos que regem operações tradicionais: a vigência, flutuação das moedas, fixação do preço e do valor global do acordo, especificidades relacionadas aos produtos, assim como à forma de entrega, apresentação ou troca de documentos, confidencialidade, possibilidade de transferência de obrigações, suspensão e extinção do contrato e forma de solução de litígios.

As demais cláusulas constantes do contrato, tais como lei aplicável e solução de conflito de leis, perdas e danos, cláusulas penais, notificações, renúncias, *et alli*, não serão objeto de análise nesse livro, em face da aplicàbilidade genérica aos contratos internacionais.

5.3.1. Vigência do contrato

As cláusulas que tratam da vigência do contrato abrangem desde sua entrada em vigor até a sua resolução, e estão presentes em grande parte dos contratos tradicionais. Regulamentam entre as partes contratantes a duração da operação, e mantêm proximidade com o cronograma, que se faz presente na maioria das formas contratuais utilizadas nas operações de *countertrade*.

Guestin e Billiau[431] chamam a atenção para o fato de que a "vigência do contrato" (*durée d'existence*) não pode ser confundida com a "duração da execução do contrato" (*durée d'execution*) ou com a "duração da eficácia do contrato" (*durée d'efficacité*):

> "[...] num contrato com termo suspensivo, a vigência tem por ponto de partida o esgotamento do período de formação do contrato e por ponto final a execução da obrigação principal. Ao contrário, a

---

[431] *Le prix dans le contrats de longue durée*. Paris: Lib. Générale de Droit et de Jurisprudence, 1990.

duração da execução do contrato é mais limitada, pois tem por ponto de partida e final a execução da prestação".

Para a diferenciação entre a "duração da execução" e a "duração da eficácia" do contrato, citam I. Petel (*Les durées d'efficacité du contrat*, tese apresentada perante Montpellier I, 1984):

"[...] um contrato não é eficaz apenas com a criação da obrigação. Essa marca o ponto de partida da existência da obrigação e não da eficácia do contrato. [...] o ponto de partida para a eficácia do contrato constitui-se no momento em que a obrigação se torna exigível. O contrato torna-se efetivo tão logo dois elementos se reunam: o nascimento e a exigibilidade da obrigação. [...] A duração da eficácia do contrato gerador de obrigações identificar-se-á, portanto, com a duração da exigibilidade da obrigação e de modo algum com a vigência, nem com a duração, às vezes mais restrita, de sua execução. [...] o estudo da duração dos efeitos do contrato permanece global: se dá ao nível do contrato, do qual se qualifica a execução instantânea, sucessiva ou escalonada. [...] a eficácia manifestar-se-á diversas vezes, e a cessação da eficácia também".

E concluem:

"Esta concepção pragmática permite, de certa forma dar-nos conta da diversidade de situações. Todavia, uma boa compreensão do Direito positivo não impõe a fragmentação do contrato".

O que nos importa, para os efeitos de estipulação de duração dos contratos que regem as operações de *countertrade*, é a duração da *execução* do contrato, eis que da classificação de sua execução teremos os efeitos produzidos. Vale dizer, se o contrato é de execução instantânea, sucessiva ou escalonada/repetitiva, cada qual produzirá um efeito distinto, conforme veremos a seguir:

Nos contratos de execução instantânea, a exigibilidade da prestação obrigacional coincide com a duração do contrato, sendo que o contrato entra em vigor em termo fixo, condicional ou não, dependendo do tipo de operação. ressalte-se que apenas as operações de *barter* e compensação *stricto sensu* podem ser consideradas de execução instantânea, se tanto. Tais operações são estruturalmente simples, e não merecem exame aprofundado nesse livro.

Nos contratos de execução sucessiva e escalonada, o vencimento da primeira prestação é o termo inicial da vigência do contrato, e este prolongar-se-á até a sua resolução, podendo ser prorrogada na ocorrência de suspensão do contrato ou por convenção das partes. Nos acordos de compensação de saldos (*offsets*), é normal a previsão de prorrogação da vigência do contrato[432] para o caso de, *v.g.*, o comprador da contrapartida comprovar que utilizou-se do máximo esforço (*best efforts*) para encontrar nichos de mercado, mas não conseguiu a colocação dos bens (mercadorias e/ou serviços) no prazo contratualmente estipulado. Assim, as partes contratantes podem e devem estipular a possibilidade de prorrogação da duração do contrato, se a sua execução já estiver em andamento.[433]

As operações com execução escalonada detêm subperíodos[434] de execução derivados do período de vigência do contrato. Vale dizer, em várias etapas do contrato a prestação obrigacional torna-se exigível. Por exemplo, num contrato com duração de quatro anos, as prestações podem ser subdivididas em quatro períodos, de um ano cada: vinte e cinco por cento do valor da contrapartida torna-se exigível a cada ano. Os contratos acostados nos

---

[432] Ver: cláusula 5 do Anexo 11; cláusula 7.2 do Anexo 12; cláusula 5 do Anexo 15.
[433] Cabe lembrar, por oportuno, que as previsões de prorrogação da duração do contrato devem estar acompanhadas de prorrogação da(s) garantia(s) aplicáveis, como no exemplo da cláusula 2 do Anexo 8A.
[434] *Subperíodo* aqui entendido como uma divisão específica de uma dada porção de tempo - o período da vigência do contrato.

Anexos 7, 12 e 15 estipulam subperíodos mediante cronograma de execução escalonada da contrapartida, cumulando valores para o período total contratado.

A estipulação da data de entrada em vigor pode ser mediante data fixa única[435] ou datas autônomas em cada contrato dos que compõem a operação, para os casos de serem independentes.

No protocolo, as partes costumam estipular que a entrada em vigor se dará por ocasião da conclusão ou da entrada em vigor[436] do contrato de venda que deu origem à contrapartida, ou ainda em determinada fase de sua execução.

Nos contratos que envolvam transferência de tecnologia, geralmente é necessário o registro prévio perante autoridade administrativa do país recipiente. Nesses casos, Maurício C. Almeida Prado[437] aponta a imperatividade da instituição de condição suspensiva de eficácia do contrato até a efetivação do registro requerido, e apresenta o seguinte modelo de cláusula nesse sentido:

> Le présent Contrat n'entrera en vigueur qu'après:
> 1. signature par chacune des parties;
> 2. notification par chacune parties à l'autre que le présent Contrat a été apprové par son Conseil d'Administration;
> 3. notification par le Concédant au Licencié que tous les agréments nécessaires ont été obtenues des Autorités Gouvernementales du pays du Concédant;
> 4. notification par le Licencié au Concédant que tous les agréments nécessaires ont été obtenues des Autorités Gouvernementales du pays du Licencié,

---

[435] Como na cláusula 2 do Anexo 1.
[436] Ver: cláusula 12 do Anexo 6, referente a um acordo de compensação financeira; cláusula 10 do Anexo 8A e cláusula 8 do Anexo 8B, referente à uma operação de *counterpurchase*; cláusula 12 do Anexo 12.
[437] *Op. cit.*

notamment pour le paiement en France des redevances dues par le Licencié.

La *date d'entrée en vigueur* sera la date à laquelle interviendra le dernier de ces événements.

Em caso de suspensão do contrato que originou a operação de *countertrade*, deve estar previsto o que ocorrerá com os contratos a ele vinculados e de execução subseqüente.

A duração do contrato, ou seja, o período em que as obrigações deverão ser cumpridas, é estipulada, geralmente, em unidades de tempo, dependentes da entrada em vigor a contento, podendo, ainda, ser estipulado termo fixo para seu término. A estipulação em unidades de tempo, sem vinculação específica com a data da entrada em vigor do acordo de *countertrade*, mas vinculada à entrada em vigor do contrato que deu origem à contrapartida, em caso de instrumentos diversos a reger a operação, pode se demonstrar adequada numa variedade de circunstâncias onde a incerteza se encontra presente, quer acerca da disponibilidade de bens elegíveis, quer da implementação do contrato original.

Nos contratos que regem operações de compensação, onde o cronograma prevê as diversas etapas de remessa de mercadorias nas duas direções, a vigência do contrato é expressa em unidades de tempo (meses, semestres, anos) e a sua entrada em vigor é estipulada em data fixa, prorrogável ou não.[438] Vejamos formas sugeridas por organizações de comércio, com apresentação das variações mais utilizadas quanto à vigência do contrato e sua entrada em vigor:

> A et B ont convenu que l'intégralité des obligations de l'acheteur devrait être remplie dans un délai maximum qui sera ci-après indiqué.
> Il est expressément convenu que les obligations de l'acheteur seront remplies dès lors que les commandes, par lettre recommendée ou par télex auront été

---
[438] Ver cláusula 16 do Anexo 3A.

passés dans le délais qui seront ci-après précisé, les règlements desdites commandes pouvant quant à eux intervenir postérieurement à ces délais.
Toutes les commandes de l'acheteur devront être passées dans un délai de deux ans (fin d'année) à compter de la signature du présent contrat, soit avant le ... [439].

No exemplo supra, a vigência do contrato e o prazo para a execução das prestações encontra-se fixado em unidades de tempo, a contar da assinatura do instrumento. Já no exemplo infra, a entrada em vigor está sujeita à ocorrência das condições fixadas, e após a notificação de que a condição suspensiva não mais se encontra presente. Ainda, se tais condições não ocorrerem até data fixada, o contrato é reputado sem efeito:

> Le présent contrat n'entrera en vigueur que/lorsque le contrat de vente prendra lui-même effet /et/ lorsque le présent contrat aura été signé par les deux parties /et/ lorsqu'il aura été approuvé par les autorités /et/ou/ les établissements financiers /compétent(es)/ de Betaland /et/ou/ d'Alphaland. /Beta notifiera immédiatement à Alpha /et/ Alpha notifiera immédiatement à Beta /par télégramme ou télex/ cette approbation, et la date de /cette notification/ la dernière de ces notifications /déterminera la date de /à laquelle le présent contrat entrera en vigueur. Si /les approbations /nécessaire(s) /n'est pas/ ne sont pas/ obtenue(s) dans les ... ... jours /mois/ suivant la signature du présent contrat, celui-ci sera considéré comme nul, non avenu et sans effet.[440]

No contrato que se encontra no Anexo 2, a entrada em vigor é condicionada a três condições, sendo a verificação da última condição o termo de entrada em vigor do contrato. Nos contratos que se encontram no

---
[439] Forma sugerida pela ACECO, *op. cit.*
[440] *Forma sugerida pela Comissão Econômica para a Europa*, op. cit.

Anexo 3A e no Anexo 13, a entrada em vigor dar-se-á após a aprovação das autoridades competentes.

Num acordo de recompra (*buy-back*), a entrada em vigor depende da finalização do contrato que o originou - usualmente, transferência de tecnologia e *know-how* combinado com venda de equipamentos, insumos e prestação de assistência técnica, como pode ser visto no exemplo infra:

> 3.1 The delivery period of PM (*powdered milk* - leite em pó produzido com a utilização de equipamento/tecnologia originalmente vendidos - esclarecemos) shall commence six months after the successful completion of the constructor's guaranteed performance test, presently scheduled for early 1983, to be run at the according to the provisions of Contract nº 222. The Sellers shall immediately notify the Buyers of the date of the successful completion of the above test.[441]

Para os acordos de recompra (*buy-back*), ver as variações sugeridas pela Comissão Econômica das Nações Unidas para a Europa, na cláusula 17.2 do Anexo 9.

Os contratos que envolvam a venda de equipamentos sofrem o risco de atrasos no cronograma, e podem estipular a prorrogação do prazo em circunstâncias excepcionais:

> 43. Sous réserve de toute stipulation du Marché concernant l'achèvement d'une partie des Travaux avant l'achèvement de l'ensemble, la totalité des Travaux doit êtres achevée en conformité avec les stipulations de l'Article ___ des présentes dans le délai prévu au Marché (calculé a partir du dernier jour de la période indiquée à l'Annexe à la Soumission comme étant celle à l'intérieur de laquelle des Travaux doivent être commencés) ou bien, si le délai d'exécution est étendu en vertu de l'article 44, dans le nouveau délai ainsi fixé

---

[441] *Modelo formular sugerido por IRINEU STRENGER, op. cit.*

44. Si le volume d'un travail complémentaire ou additionnel de toute nature ou si une cause de retard mentionnée dans les présentes Conditions ou si les conditions climatiques exceptionnellement défavorables ou si d'autres circonstances particulières de toute nature susceptibles de surgir, autrement qu'en raison d'une déffailance de l'Entrepreneur, justifient d'accorder à l'Entrepreneur une extension du délai et de le notifier au Maître de l'Ouvrage et à Entrepreneur. [...].[442]

A prorrogação do prazo para a execução das obrigações previstas na primeira etapa tem por efeito a prorrogação das obrigações assumidas para as fases subseqüentes, com o que a entrada em vigor do acordo de recompra é prorrogada.

Pela mesma vertente, os acordos de recompra, que entram em vigor após a finalização a contento, conforme apontamos, têm a duração da execução da obrigação de recomprar rigorosamente programada para um período determinado, com subperíodos escalonados mediante cronograma estimativo, e a duração do contrato abrangendo as duas fases da operação:

> 2.1 The Sellers shall deliver to the Buyers for resale, primarily into EEC countries, over a period of eight years certain quantities of PM from the Plant for a total purchase value of no more than ... million Pound Sterling to cover the hard currency expenditures for the equipment of the PM plant with spare parts for this equipment, technical documentation, license, technological process, interest for credit facilities and advanced payment under Contract nº 222.

---

[442] Cláusula do Contrato-tipo da *Fédération Internationale des Ingénieurs Counseils* e *Fédération Internationale Européenne de Construction* (F.I.E.C.-F.I.D.I.C.), apud PIERRE MAURIN, "*Risques, responsabilités et assurance dans la vente des biens d'équipement*", in *DROIT ET PRATIQUE DU COMMERCE INTERNATIONAL*, Tomo 6, nº 3, 1980.

2.2 Such quantities of PM are presently estimated to reach a total amount between ... and ... metric tons, according to the following schedule:
YearsQuantities/metric tons
1983 ...
...
1990 ...
8.1 This contract shall commence on 15th December, 1981, and shall be terminated when PM will have been sold and purchased thereunder for a total value of ... million Pound Sterling as provided for in paragraph 2.1.[443]

Nos acordos de compensação de saldos (*offset*), cuja peculiaridade é a contrapartida ser originada num contrato de alto valor, conforme exposto no Capítulo 3, Item 3.2.2, retro, a entrada em vigor é geralmente simultânea com a do contrato que originou a operação, consoante pode ser visto na forma infra:

1) Le présent accord entrera en vigueur à la date d'entrée en vigueur du contrat principal.
2) L'accomplissement des obligations que doit assumer le deuxième contractant, selon les termes du présent accord, cessera d'être exigible si le contrat principal est déclaré nul, invalidé, annulé ou si pour quelque raison que ce soit, cessent ses effets. Toutefois, si cette cessation n'a pas d'effets rétroactifs, le seconde contractant sera obligé d'accomplir ses obligations à hauteur des paiements définitivement reçus selon les termes du contrat principal.[444]

Alguns dos problemas que podem surgir nos contratos de longa duração são a flutuação das moedas envolvidas, a futura determinação do preço dos bens negociados e a ocorrência de eventos imprevisíveis ou inevitáveis. É o que veremos nas seções a seguir.

---

[443] *Ibid.*
[444] Forma sugerida pela ACECO, op. cit.

5.3.2. Flutuação das moedas envolvidas

Conforme vimos no item anterior, os contratos podem ter longa duração, fato que ocasionaria a imprevisibilidade, no momento da formação do contrato, do comportamento dos mercados de câmbio e, em conseqüência, a flutuação das moedas eleitas no instrumento.

Os reflexos das flutuações cambiais sobre os valores fixados nos contratos[445] podem ser minorados com a adoção de uma cláusula de fixação futura do preço, garantindo assim a estabilidade do valor do contrato.

No campo das relações jurídicas obrigacionais, a moeda exerce a dupla função interconexa de instrumento de pagamento e de medida de valor. Como bem apontado por Fábio Konder Comparato:[446]

> "[...] se ela (a moeda) é o bem fungível por excelência, aquele que substitui economicamente qualquer outro, de natureza material ou imaterial, servindo, por conseguinte, como meio universal de pagamento, é justamente porque ela atua como medida de valor; ou seja, todo e qualquer bem ou serviço pode ser avaliado em termos monetários".

A segurança nos negócios é intimamente vinculada ao sistema monetário, e nas operações de longo prazo, a estabilidade da moeda de conta ou de pagamento deve ser garantida convencionalmente, à falta de garantia legal. As partes contratantes visam, com a elaboração de tais cláusulas, à certeza de que o preço será pago com o seu valor mantido e sem a quebra do princípio da equivalência.[447]

---

[445] Para uma abordagem teórica, ver PIERRE LALIVE, "*Dépreciation monètaire et contrats en droit international privé*", in *Onzième journée juridiques*, Genebra: Librairie de l'Université, 1972; JORGE GAMARRA, *Cláusula en Moneda Extrajera, Voluntad de las Partes y Teoría de la Imprevisión*, Montevidéu: *Fundacion de Cultura Universitaria*, 1985.

[446] *In* "Cláusulas Contratuais de Indexação de Preços", in REVISTA DE DIREITO MERCANTIL.

[447] Explicitaremos tal princípio no item seguinte, ao tratarmos de preços.

Enquanto o sistema monetário internacional funcionou com o sistema de paridades fixas, o agentes comerciais internacionais sentiam-se garantidos em relação ao risco da variação cambial. Nas palavras de Luiz Olavo Baptista:

> "As paridades fixas - tal como a moeda livre dos efeitos da inflação - favorecem os contratos a longo prazo. A flutuação excessiva do câmbio perturba o comércio, obrigando os negociantes a recorrerem a meios econômicos e jurídicos, para se protegerem. Na medida em que esses sejam inoperantes ou ineficazes, a especulação prospera e afeta os negócios em curso".[448]

A aplicação de cláusulas de estabilização monetária, também conhecidas por cláusulas de salvaguarda, tem por finalidade a proteção das partes em relação às contingências monetárias desfavoráveis para seus interesses.[449] Para tanto, as partes concordam em proteger os créditos da variação de seu poder aquisitivo.

As chamadas cláusulas-valor ouro,[450] cláusula de moeda estrangeira e a indexação cambial podem propiciar a estabilidade do poder de compra das moedas[451] eleitas nas operações de compensação, especialmente naquelas em que a conclusão será a longo prazo.

Nas operações de *countertrade*, onde a moeda desempenha mais o papel de unidade de conta do que o de

---

[448] *Op. cit.*
[449] Nesse sentido, GUESTIN e BILLIAU (*op. cit.*): *"Les clauses d'indexation constituent un remède à l'instabilité monétaire en rétablissant l'équilibre des prestations"*.
[450] Cláusula pela qual o contratante se obriga a pagar em moeda de curso forçado ou em moeda convencionada, o valor equivalente a determinada quantidade de ouro, tal como cotado no mercado X.
[451] JOSÉ TADEU DE CHIARA, *op. cit.*, esclarece que "[...] em qualquer desses casos, prevalece a quantidade nominal de moeda ou de certa quantidade de ouro, assumindo-se o risco, que até pode ser mais conveniente do que o da moeda legal, das flutuações do poder de compra da moeda usada como referência, ou do próprio metal. Em qualquer caso, prevalece a noção de estar constituído um crédito em dinheiro, pois que não referido a um poder de compra constante".

meio de pagamento, torna-se necessária a inclusão de cláusula que assegure a estabilização da moeda de conta, a qual, demais, é paradigma para eventuais pagamentos em divisas.

A indexação poderá ter como parâmetro outras moedas, cestas de moedas, preço de *commodities*, preço internacional dos produtos negociados *et alli*.

Num acordo de recompra (*buy-back*), típica operação de longa duração - oito anos, temos o seguinte modelo de cláusula estipulando parâmetros para a indexação da moeda eleita (libra esterlina) à moeda do importador (franco francês):

> 7.1 Once the purchase price of PM (powdered milk - leite em pó produzido com a utilização de equipamento/ tecnologia originalmente vendidos - esclarecemos) expressed in free convertible Pounds Sterling is agreed upon, the parties will calculate the average exchange rate between Pound Sterling and free convertible French Franc based on the Paris Official Foreign Exchange Market for the 5th, 15th and 25th day of the month preceding the establishment of the purchase price. If, on the date of payment, the mid-exchange rate at noon on the same exchange market between the pound Sterling and the French Franc differs by more than a percentage to be agreed upon each year versus the above calculated average exchange rate, the Buyers will issue to the Sellers a credit or a debit note for the total difference between the new exchange rate and the average exchange rate as hereabove established.
>
> 7.2 The above terms of calculation may be revised in case of reforms done to the mechanism of international payments which must be agreed upon between both parties.[452]

---

[452] Modelo formular sugerido por IRINEU STRENGER, *op. cit*.

No exemplo infra, as partes de um acordo de compensação tentam congelar o preço em determinada moeda {Mc}, que é o parâmetro contábil para a flutuação da moeda de pagamento {Mp}:

> If, on the date of actual payment, the exchange rate between {Mp} and {Mc} is at variance from the exchange rate prevailing at {particular place} as it was on the date of the conclusion of the countertrade agreement by more than {v.g., 5%}, the price in {Mp} shall be increased or decreased so that the price, as converted into {Mc}, would remain unchanged from the price as expressed in {Mc} on the date of conclusion of the countertrade agreement.[453]

Outra questão vinculada à moeda é a do preço dos bens negociados, eis que o preço é medido em padrão monetário eleito. Com o que, o preço pode ser fixado em uma moeda estável - para a garantia de estabilidade - e o pagamento ser estipulado em outra moeda, mediante câmbio do dia em praça determinada. Ver o contrato no Anexo 3, no qual um Acordo de Compensação entre empresa francesa e país do então bloco socialista contrataram venda-e-compra recíproca com preços fixados em moeda que não tem curso legal em qualquer dos países envolvidos, a ver, dólar estadunidense.

Veremos a seguir como é efetuada a formalização jurídica do valor dos bens negociados nas operações de *countertrade*.

5.3.3. Preço e valoração do objeto do contrato

Veremos neste item a formalização jurídica do valor, vale dizer, a fixação do valor global da operação, bem como as formas de· valoração dos bens objeto da operação.

A formalização jurídica do valor do contrato prevê a apuração do valor total do negócio, quer em sua

---
[453] Modelo formular sugerido pela UNCITRAL, *op. cit.*

primeira fase (contrato original), quer da contrapartida. refere-se, ainda, à moeda de pagamento e sua forma de conversão.

É um dos indicadores da vontade das partes. Com efeito, sendo o preço elemento do contrato, ele deve ser determinado conforme a vontade concordante das partes, consoante a teoria voluntarista do contrato. Todavia, deve-se considerar a influência crescente das teorias realistas americanas, para os casos da indeterminação de preço ou de formas de estabelecimento futuro deste.[454]

O preço determinado ou determinável pode ser considerado indicador, demais, do grau de dependência entre a venda original e a contrapartida. Com efeito, a fixação global do preço ou do valor do contrato indica a interdependência entre as operações original e de contrapartida.[455] Ao contrário, quando o valor de cada contrato reflete cada etapa do negócio, temos um grau relativo de independência verificado.

Nos contratos que regerão a primeira etapa da operação, deve-se apurar a base de cálculo para a futura contrapartida. Para tanto, necessária a adição do diferencial entre os preços potenciais de venda e o preço final para as operações de *countertrade*, em face dos custos operacionais específicos para essas operações.[456]

Nas operações que mais se assemelham às operações comerciais tradicionais, costuma-se dar como valor do contrato o preço FOB - ou outra forma estipulada nas INCOTERMS 1990 - da remessa total, sendo o valor da contrapartida apurado sobre essa base de cálculo. Nas operações que envolvam transferência de tecnologia, devem ser discriminados os bens que integrarão a base de cálculo, tais como a prestação de assistência técnica, fornecimento de componentes em substituição, treina-

---

[454] Ver Denis Tallon (coord.), *La détermination du prix dans les contrats (étude de droit comparé)*. Paris: A. Pedone, 1989.
[455] Ver: cláusula 1.1 do Anexo 11; cláusula 2 do Anexo 12.
[456] Ver adiante, no capítulo 2 desta Parte.

mentos *et alli*. Nas operações de compensação de saldos (*offset*), é necessária uma avaliação precisa do *quantum* a ser despendido em moeda local, para pagamento de empresas de nacionalidade do importador, tais como transporte, construção e seguro. Nos contratos que versem sobre a prestação de serviços e contratação de mão-de-obra, deve-se prever que o valor destes será contabilizado em horas, estipulando-se a fórmula para cálculo segundo a média de produtividade no setor. Nos acordos de recompra (*buy-back*), deve ser fixado o coeficiente de valorização do produto, sobre o seu valor agregado. Para a fixação do valor da operação, necessária a discriminação dos custos da primeira fase da operação - a venda da instalação industrial completa -, o que pode ser calculado segundo diversos métodos: quantia global, custo mais percentagem estipulada, custo mais comissão. Segundo a UNCTC,[457]

> "[...] em adição às instalações e equipamentos para a linha de produção, os acordos de recompra incluem a prestação de serviços, cujo preço se encontra, geralmente, incluído no valor global da operação".

Nas operações que, via de regra, encampam transferência de tecnologia e *know-how*, tais como os acordos de compensação de saldos (*offset*) e acordos de recompra (*buy-back*), o preço do bem transferido é fixado em valores nominais, porém existe a possibilidade de a contrapartida ser calculada consoante fator de compensação de créditos a ser determinado no contrato. Tal fator pode variar de cinqüenta a cento e cinqüenta por cento do valor nominal (preço) atribuído ao bem transferido. A justificação para que o fator de compensação de créditos não corresponda ao preço atribuído ao bem consiste na inclusão, no preço, de fatores não relacionados ao bem em si e convertido em deságio, conforme será melhor explanado no Capítulo 6, item 6.1.1.

---
[457] *Op. cit.*

A UNIDO[458] sugere a seguinte redação, para a estipulação do preço na primeira fase dos acordos de recompra:

2.1 In accordance with Clauses [...] of the Contract, the total price for the Equipment Materials and Technical Documentation to be supplied by the Sellers, including the licence fee and know-how fee is _____.

The break down prices of the total price are:
_____ for Equipment and Materials
_____ for Spare Parts
_____ for Technical Documentation
_____ for Licence and Know-how,

2.2 The above total price is a fixed price.

2.3 The prices for he Equipment, Materials and Spare Parts are for delivery F.O.B. including all expenses for loading the goods on board the vessel assigned by the Buyers but not including any stowing fee.

2.4 The total does not include the renumeration and any other expenses for the Seller's technical personnel to be sent to the Contract Plant for service, but include the expenses with the exception of travelling and living costs, for training the Buyers' technical personnel by the Sellers in one of the plants of _____.

2.5 With the exception of the stipulation as per Annex __ of the Contract, all expenses for expatriating their personnel for the execution of the Contract shall be borne by the party itself.

Nos contratos que regerão a segunda etapa da operação - ou a contrapartida em si -, a sua valoração terá por ponto de partida a apuração da fase anterior e a fixação de percentagem sobre esse valor. É importante a definição da base de cálculo nos caso da fixação do preço em percentual, como é o caso das variantes da

---

[458] *Apud* U.N.C.T.C., *op. cit.*

cláusula 4 do Anexo 7. Pode ser, ainda, determinado valor certo no contrato, a exemplo da cláusula 1 do Anexo 8A e da cláusula 2 do Anexo 6 - esta última estipulando valor estimativo da contrapartida.

O preço é fixado mediante uma certa quantidade de moeda, refletindo a equivalência valorativa entre o bem vendido e o montante recebido em contrapartida. Segundo D. Tallon,[459] o preço *é* uma soma em moeda - afirmação que, para se apurar a pertinência, deve ser vinculada à definição de moeda. Utilizando os conceitos explanados na Introdução desta obra temos que, segundo a concepção jurídica da moeda, o preço estipulado no contrato passará a ser, também, produto da linguagem jurídica: é a expressão, em unidades ideais disciplinada num ordenamento jurídico, do valor de uma prestação de outra natureza.

Como bem colocado por Guestin e Billiau,[460] a fixação do preço deve obedecer ao princípio da justiça comutativa, o que implica que cada uma das partes recebe o equivalente àquilo que deu. No mesmo diapasão, e ampliando a noção, José Tadeu De Chiara:[461]

> "Nos contratos de intercâmbio deve prevalecer a equivalência entre prestação e contraprestação, isto é, o equilíbrio que assegure a justa proporção entre prestação e contraprestação. [...] Esses comportamentos [dos agentes de mercado que atuam no sentido de orientar a formação dos preços] que se expressam pelo interesse comum dos agentes e são quantitativamente identificados em termos monetários constituem os fatos globais de mercado, e se caracterizam por não resultarem da manifestação de vontade isolada de uma pessoa, mas de decisões num mesmo sentido tomadas por categorias de agentes econômicos ou coletividades. [...] a relação

---
[459] *Op. cit.*
[460] *Op. cit.*
[461] *Op. cit.*

de equivalência que se configura nos vínculos obrigacionais individualmente considerados perde sua nitidez e é mesmo superada pela exigência do equilíbrio na situação de liquidez em relação a categorias de agentes econômicos, ou coletividades".

Nas operações *barter*, há entendimento[462] no sentido de ser desnecessária a estipulação de preço para os bens que serão trocados. Todavia, os bens devem ter seu valor fixado, para os casos de eventual necessidade de apuração aduaneira. O exemplo constante do Anexo 2 prevê valor fixo para os bens negociados.

As operações de *countertrade*, geralmente, são de longa duração, e a prática demonstra a dificuldade em se estabelecer o preço de forma precisa para viger na duração do contrato, assim como os meios de determinação futura do preço podem se degringolar ou desaparecer.

Enquanto à determinação do valor dos bens a serem compensados, para a determinação do preço em função do valor total do contrato, as partes costumam recorrer a métodos objetivos - *v.g.*, fórmulas de composição de custos, cotação no mercado específico, índices oficiais ou de instituições reconhecidas para tanto, estatísticas *et alli* - que fixarão o preço independente da vontade das partes.

Produtos tais como semimanufaturados e *commodities* têm seu preço fixado regularmente no mercado internacional, assim como serviços padronizados - transporte, colheita, limpeza, embalagem. Para maior segurança, as partes devem determinar qual mercado servirá de parâmetro para a fixação do preço, bem como a data.[463] Fórmulas variáveis de determinação futura do preço, tal como aconselhadas pela Comissão Econômica

---

[462] UNCITRAL, *op. cit.*

[463] Que poderá ser, para efeitos de previsão, fixada em data anterior à da entrega dos bens. Para efeitos de estabilidade, a solução é a fixação pela média verificada num determinado período, *v.g.*, seis meses anteriores à determinação do preço.

das Nações Unidas para a Europa, podem ser vistas na cláusula 5 do Anexo 7, e na cláusula 5 do Anexo 9.

A utilização de preços de competidores como parâmetro, com os devidos ajustes - *v.g.*, referentes às condições de pagamento ou à formação do preço pelas INCOTERMS -, pode ser eficaz no caso de o produto em questão ser comercializado globalmente. Para tanto, necessário ainda ser a qualidade equivalente. Nas operações de *countertrade*, é usual a inserção de cláusula de cliente mais favorecido,[464] similar à cláusula da nação mais favorecida do GATT. Por essa cláusula:

"[...] uma das partes se obriga a beneficiar a outra com as condições mais favoráveis que venha a contratar com terceiros em contratos análogos".

Vejamos um exemplo dessas cláusulas:

"Dans le cas où le fournisseur serait amené à consentir à d'autres clients des conditions qui, dans leur ensemble, seraient plus favorables que celles prévues au présent contrat pour des quantités et une qualité comparables, le fournisseur s'engage à en faire bénéficier le client à compte du jour de leur application à un tiers.
[...] les prix fixés seraient réduits en consequence et les sommes payées en trop seraient remboursées".[465]

A determinação do preço de serviços - *v.g.*, manutenção, reparos, substituição de peças, construção - pode ser reduzida a unidades de trabalho, tais como quilômetro transportado, metros cúbicos ou quadrados de resultado, horas de trabalho. Tais preços devem estar sujeitos a mecanismos de revisão periódica, de forma a evitar conflito entre as partes.

---
[464] Ver cláusula 5.1C do Anexo 7.
[465] MARCEL FONTAINE (coord.), *"Etude du Groupe de travail 'Contrats Internationaux': Les clauses d'offre concurrente du client le plus favorisé et la clause de premier refus dans les contrats internationaux", in DROIT ET PRATIQUE DU COMMERCE INTERNATIONAL*, tomo 4, nº 2, 1978.

A forma de determinação do preço não precisa ser expressa no contrato, podendo ser tácita ou implícita, consoante diversos sistemas jurídicos[466] e as fontes de Direito Internacional, *v.g.*, o artigo 14 c.c. artigo 8º, § 3º, e artigo 55, todos da Convenção de Viena de 1980.[467]

Nos contratos de longa duração não convém fixar o preço dos bens por ocasião da conclusão do contrato, em face da variação possível dos elementos de referência exteriores ao contrato, tais como insumos e matérias-primas, preço da mão-de-obra *et cetera*. Assim, é conveniente a fixação de meios compatíveis para a determinação futura do preço dos bens negociados.

No caso das operações de *countertrade* que regem acordos de recompra (*buy-back*), temos que o preço dos bens negociados fixará o valor total da contrapartida, que será dada em pagamento ou compensada com a venda original.

A forma de determinação futura do preço dos bens a serem entregues em contrapartida pode obedecer à fórmula sugerida por Ripert[468] o "preço de mercado, por

---

[466] Contra, o Direito Francês, que considera nulos os contratos nos quais o preço é indeterminado.
[467] "Art. 14. 1. Para que possa constituir oferta, a proposta de contrato feita a pessoa ou pessoas determinadas deve ser suficientemente precisa e indicar a intenção do proponente de obrigar-se, em caso de aceitação. A proposta é considerada suficientemente precisa quando designa as mercadorias e, expressa ou implicitamente, fixa a quantidade e o preço, ou prevê meio para determiná-los."
"Art. 55. Se o contrato houver sido validamente celebrado sem que, expressa ou tacitamente, tenha sido nele fixado o preço, ou o modo de determiná-lo, entender-se-á, salvo disposição em contrário, que os contraentes tenham implicitamente referido o preço geralmente cobrado por tais mercadorias no momento da celebração do contrato, vendidas em circunstâncias semelhantes ao mesmo ramo de comércio."
"Art. 8. 1. Para fins desta Convenção, as declarações e a conduta de qualquer dos contraentes devem ser interpretadas segundo a intenção deste, desde que o outro contraente tenha tomado conhecimento dessa intenção, ou não pudesse ignorá-la."
"3. Para determinar a intenção de um dos contraentes, ou o sentido que teria dado pessoa razoável, devem ser consideradas todas as circunstâncias pertinentes ao caso, especialmente negociações, práticas adotadas pelos contraentes entre si, usos e sua conduta subseqüente".
[468] *In Droit commercial*, apud D. TALLON, *op. cit.*

ocasião da entrega" e desenvolvida nos seguintes termos:

> O preço a ser atribuído aos *produtos*, por ocasião da conclusão de cada lote, para os efeitos contábeis, será o atribuído a produtos com especificações similares no mercado de X.
>
> Durante o prazo de duração deste contrato, "X" comprará de "Y" *produtos* a serem especificados e valorados por ocasião da implementação da operação, no valor de *especificação de valor paradigma e moeda*.
>
> O preço a ser atribuído aos *produtos*, por ocasião da conclusão de cada lote, para os efeitos contábeis, será o atribuído a produtos com especificações similares no mercado de X mais comissão; ou
>
> O preço a ser atribuído aos *produtos*, por ocasião da entrega, será o atribuído a produtos na base territorial em que será revendido.

Todavia, deve-se ressaltar que tal fórmula pressupõe que as mercadorias em questão tenham cotação oficial ou que o mercado setorial é organizado, de forma a que a determinabilidade do preço seja objetiva.[469] No exemplo infra, relativo a um acordo de recompra (*buyback*), o preço será determinado pelo mercado, e determinável para os casos em que o mercado tenha sofrido mudanças consideráveis:

> 5.1 The parties hereby agree to accept as the price basis for PM (*powdered milk* - leite em pó produzido com a utilização de equipamento/tecnologia originalmente vendidos - esclarecemos) the current prices for powdered milk in the Western European market.
>
> 5.2 When determining the CIF main European ports price, the parties shall consider the following factors and documents:
>
> (a) ...

---
[469] Ver, nesse sentido, a cláusula 2 do Anexo 6.

> 5.3 Four months prior to the beggining of each calendar year, the parties shall meet in order to establish the C.I.F. main European ports price to be applicable during the next following calendar year whereby the parties, when calculating such C.I.F. main European ports price, shall take due account of the above-mentioned factors and documents as well as of other conditions [...]
>
> 5.4 In case of serious changes in the market situation of powdered milk resulting in price flutuactions, either party may, not later than two months prior to the second half of any calendar year, request a revision of the C.I.F. main European ports price for the second half of the said year.[470]

Em relação à determinação do valor dos bens a serem compensados, vale dizer, da atribuição de preço aos produtos que serão objeto da contrapartida, deverão ser contabilizados e acrescentados os custos adicionais - matéria que trataremos no Capítulo 6.

Se a determinação do preço ficar relegada a momento posterior, a indicação de parâmetros precisos é indicada, de forma a evitar conflito de interesses por ocasião da execução. Consoante veremos no item 5.3.2.12, a mediação e a composição por terceiros podem ser adequadas à solução desses conflitos.

Colocadas as considerações relativas à duração do contrato e de alguns de seus problemas decorrentes da longa duração, passaremos a examinar a questão da qualidade dos produtos objeto do contrato.

5.3.4. Produtos/mercadorias e padrões de qualidade

As mercadorias objeto do negócio podem ser produtos (manufaturados ou matérias-primas), serviços (manutenção, consertos, construção, consultoria, treinamento *et cetera*), transferência de tecnologia, investimentos, financiamentos. Quando tratamos de mercadorias,

---
[470] Modelo formular apresentado por IRINEU STRENGER, *op. cit..*

equipamentos, construção, ou qualquer produto com padrões de qualidade aferíveis, necessária se torna a inserção de cláusula com as especificações desejadas.

A seção II da Convenção de Viena prevê a obrigação de o vendedor entregar os bens na quantidade, qualidade, especificação e embalagem previstas no contrato, sendo obrigação do comprador a verificação da conformidade dos bens na ocasião da entrega, bem como a notificação específica da desconformidade, quando esta ocorra.

A especificação dos produtos ou mercadorias e o padrão de qualidade a ser obedecido, bem como a sua quantidade estarão previstos no corpo do contrato que rege a operação, e devem ser os mais precisos quanto possível. Os tipos de produtos eleitos variam conforme a destinação que se lhes pretende dar. Por um lado, o produtor dos bens pretende a inserção em novos mercados; de outro, o comprador quer bens que lhe sejam úteis ou que possam ser facilmente realocados. Por vezes, a escolha dos bens pode ser induzida por diretivas governamentais, tais como incentivos positivos ou negativos, proibição de exportação de determinados bens mediante *countertrade*, ou determinação de importação de bens de alto valor apenas mediante essa forma.

Por vezes, quando a especificação por produto não é possível, as partes estipulam que a contrapartida se dará pela remessa de determinado tipo de produtos, por grupos ou por produtores previamente elencados[471] ou selecionados a partir de critérios especificados,[472] sem a particularização de origem. Noutras ocasiões, preferencialmente nos acordos de compensação de saldos em sua forma indireta (*offset*), a especificação se concentra na origem dos produtos - ou seja, os produtos de contrapartida deverão ser produzidos em dada área geográfi-

---

[471] Ver cláusulas 3.4 e 3.5 do Anexo 6, onde encontraremos os produtos relacionados por tipo.
[472] *V.g.*, produtor de determinado setor da economia, programa de produção obedecendo a requisitos "X" e "Y".

ca. É usual a referência aos padrões de qualidade, em determinado território ou internacionais, bem como a "condições de mercado" - caso em que se faz necessária a referência específica acerca do mercado que se pretende ter como paradigma.

No caso das operações de *barter* e de compensação, a contrapartida se dá mediante eleição de produtos elencados em lista previamente elaborada pelas partes e anexada ao contrato ou protocolo.[473] Aqui, as mercadorias podem ser substituídas por outras que obedeçam aos padrões e quantidade requeridos.

A utilização de listagens de bens disponíveis para negociação pelos contratantes é aconselhável para os casos de as partes não especificarem os bens por ocasião do protocolo. A escolha, então, pode ser livre ou condicionada a quantidades mínimas e/ou máximas de componentes da lista, limitação esta decorrente da disponibilidade restrita dos bens negociáveis.

Quando o produto negociado é a prestação de serviços - transporte, assistência técnica, treinamento de pessoal, manutenção de equipamentos -, a especificação dos padrões exigidos deve ser o mais detalhada quanto possível, e referir claramente a periodicidade, a qualidade dos agentes, resultados físicos, parâmetros de *performance*, custos de reposição *et alli*. O mesmo se aplica aos negócios que envolvam a transferência de tecnologia, tais como os acordos de recompra (*buy-back*) e de compensação de saldos (*offset*). Nestes, em especial, temos a estipulação de testes antecedendo a aceitação do bem negociado, como no exemplo infra:[474]

> A - When the equipment or any portion thereof which can be used independently is installed and suitable for commercial operation, the Seller shall notify the Buyer in writing that the equipment is ready for site testing. The site tests specified in the

---

[473] Ver cláusula 1 do Anexo 8A.
[474] Modelo apresentado por KRITZER, *op. cit.*

Contract shall be conducted within five (5) working days after the date of this notice. If there is any nonconformity with the requirements of the Contract, Buyer shall, within twenty-four (24) hours after the completion of said test, give to Seller a written summary of items of additional work which are necessary for the Equipment to conform to the Contract.

B - Where there is any such nonconformity and Buyer submits a written summary of additional work required as above, Seller shall proceed to remedy the nonconformity and upon completion of such remedial action shall certify to Buyer in writing that the equipment conforms to the Contract.

C - If Buyer uses or operates the equipment prior to the said site tests without the agreement in writing by Seller (which agreement Seller agrees not to unreasonably withhold), or if, for any reason that is not the responsability of the Seller, said site tests are not conducted within the above five (5) days after date of Seller's notice or readiness for site testing, or should Buyer fail to give to Seller, within twenty-four (24) hours of completion of said tests, a written summary of any additional work required, then the equipment shall be deemed to conform to the Contract.

Cabe a ressalva de que os padrões de qualidade podem variar de um país a outro, bem como de um mercado para outro. Assim, a referência a padrões de qualidade ou a normas técnicas deve especificar a qual se refere concretamente.

Para os casos de produtos especificados desde o primeiro momento da negociação da operação, a entrega costuma ser precedida de inspeção de qualidade. Os procedimentos para a verificação da conformidade dos produtos entregues com o que consta do contrato devem estar previstas no próprio instrumento, ou em anexo. A inspeção pode começar a ser realizada antes da formalização do contrato, mediante testes específicos, com vistas a reduzir as possibilidades de não-conformidade dos produtos. Os procedimentos normais para a inspeção incluem: [a] a personalização do inspetor, quer perito ou empresa de aferição; [b] o local em que a inspeção se realizará; [c] a forma do laudo; e [d] efeitos do laudo, quer para a redução de preço, quer para a substituição dos produtos. Vejamos um exemplo de cláusula de inspeção:[475]

> A - Subject to any applicable governmental regulations and proprietary restrictions, Buyer's authorized Inspector shall have the right to inspect Products manufactured at Seller's factory. This right, however, shall be confined to a visual inspection or completed products or major components thereof and witnessing of tests of such Products os components. All inspections shall be conducted during regular business hours. expenses incurred by Buyer's Inspector shall be for the account of the Buyer.
> B - At least three (3) months prior to the scheduled date of shipment, Buyer shall notify the Seller in writing of specific Products, if any, with respect to which Buyer desires to exercise its inspection rights hereunder. Notice of inspection date(s) shall be given to Buyer at least five (5) days in advance of the scheduled inspection. Buyer's Inspector shall exercise his rights during normal working hours in such manner as not to delay the manufacture, test or shipment of any Products.
> C - Buyer's inspector shall, within twenty-four (24) hours after he inspects any of the Products, deliver to Seller either a certificate of inspection, accepting such Products, or a written statement of his specific reasons for withholding such certificate. If said certificate or written statement is not received by Seller for any reason, or if the Inspector fails to inspect at

---
[475] Ibid.

appointed time, then Seller's certificate of inspection shall be issued in lieu of and with the same effect as the certificate of inspection which would otherwise have been issued by Buyer's Inspector.

D - With respect to any products which are not manufactured by Seller, Seller shall, upon Buyer's request, endeavour to obtain from the manufacturer thereof inspection rights which are comparable to those applicable to the Products manufactured by Seller.

E - Inspection hereunder shall not relieve Seller of its obligations under article 9.

A qualidade dos produtos é responsável pela maior parte dos problemas que surgem nas operações de *countertrade*, eis que, geralmente, produtos nas quantidades e padrões de qualidade requeridos pelo mercado não estão disponíveis senão em quantidades limitadas. Essa limitação que ocasionará a inadimplência pode ser contornada com a utilização de garantias de *performance* e com vistorias periódicas comuns às operações comerciais tradicionais. Obviamente, é insuperável a insuficiência de determinados produtos a ser entregues em contrapartida.

Para a aferição da qualidade dos produtos, é costume internacional recorrer aos serviços prestados pela SGS, empresa sediada na Suíça, que verifica a conformidade de produtos, inclusive o seu preço no mercado internacional.

A desconformidade dos produtos com o estipulado contratualmente pode, ainda, acarretar a necessidade de modificações do acordo original, de forma a adequá-lo às circunstâncias, se os objetivos das partes assim o permitirem. Na ocorrência de desconformidade relativa dos produtos com os padrões de qualidade estipulados nos contratos, em alguns casos, as partes compõem-se para a aceitação do produto mediante desconto no preço.

Para os acordos de recompra (*buy-back*), temos as seguintes sugestões de cláusula, referentes às duas etapas da operação: a) a garantia dos equipamentos e instalações; e b) garantia dos produtos que serão produzidos na etapa seguinte, inclusive o cronograma de remessas e a remessa das partes contratantes aos contratos substanciais de fornecimento a serem concluídos em data futura:

> 19.[...] The plants shall be capable of meeting the requirement of normal operation, capacity, quality of products, comsumption of raw materials and utilities, and efficiency of operations guaranteed by the Contractor, which shall be demonstrated by test runs as laid down in this Article provided that the Plan is operated in accordance with the Contractor's technical directions and instructions, and that such tests runs are conducted in accordance with the conductions set forth herein. [...].[476]
>
> x.1. The assortment of products to be sold and purchased under this contract is agreed upon by the parties in accordance with the provision of article Y below.
>
> x.2. Beta hereby warrants that sufficient products will be available at the times specified in article Y of this contract.
>
> y.1. Deliveries of the products by Beta will commence ... ... days/months after the completion of the performance test and acceptance of the equipment/technology under Primary Contract/and the Technical Assistance Contract.
>
> y.2. It is presently estimated that the buy-back commitment agreed upon article Z above will be fulfilled according to the following schedule:
> Years ...Value ...
> etc. Total ...

---

[476] Projeto da U.N.I.D.O., *apud op. cit.*

y.3. Actual quantities and assortments of products to be delivered will be negotiated and agreed upon in the individual Implementing Contracts to be concluded not later than ... ... days/months before the beginning of each year/quarter/month with regard to the said year/quarter/month.
y.4. When actual quantities and assortments are agreed upon, Alpha's remaining buy-back commitment/and/ Alpha's own needs for products/and/ prevailing market conditions in the territory for the various assortments of the products/will be taken into consideration. It is agreed, however, that, until the total buy-back commitment has been fulfilled, the value of products to be sold by Beta and bought by Alpha each calendar year will be at least ...and no more than ...[477]

Em um acordo de compensação, onde a ocorrência de elegibilidade de produtos mediante listas é maior que nas outras formas sob as quais se revestem as operações de *countertrade*, é prudente a estipulação de liberdade de escolha e a prévia seleção de produtos que comporão a lista, consoante a cláusula 3 do Anexo 6, a cláusula 2 do Anexo 7 e o seguinte modelo:

Parmi les produits, équipements ou marchandises contenus dans la liste annexée aux présentes, l'acheteur aura entière liberté de choix, sans aucune limite ou restriction quant à leur nature, pourcentage, quantité, qualité, etc.
Il est expressément entendu que les marchandises, produits ou équipements ne donneront lieu à aucune restriction quant à leur destination finale.
De même, l'acheteur pourra revendre tout ou partie des produits, marchandises ou équipements commandés, sans aucune restriction de la part de A.[478]

---

[477] Forma sugerida pela Comissão Econômica para a Europa, *op. cit.*
[478] Forma sugerida pela ACECO, *op. cit.*

A UNCITRAL[479] oferece o seguinte modelo ilustrativo, baseado no artigo 35 da Convenção de Viena, e que se adequa aos acordos de compensação, *barter* e *counterpurchase*:

> When 'X Company' makes, pursuant to the countertrade agreement, an offer for the conclusion of a supply contract, the goods offered for purchase must:
> [a] be fit for the purposes for which goods of the same description would ordinarily be used;
> [b] be fit for any particular purpose expressly or impliedly made known to 'X Company' at the time of the conclusion of the countertrade agreement;
> [c] possess qualities consistent with those of the sample or model presented by 'X Company' to 'Y Company';
> [d] be contained or packaged in the manner usual for such goods or, where no such usual manner has been established, in a manner adequate to preserve and protect the goods.

O exemplo supra pode ser utilizado, para a garantia das partes, com as devidas adequações, em quaisquer acordos nos quais os produtos não se encontram especificados em detalhe, ou estão incluídos em listagens. No mesmo diapasão, a cláusula 3 do Anexo 7.

Os procedimentos para as providências cabíveis para o caso de desconformidade dos produtos deve estar prevista no contrato de forma a evitar nova negociação ou o recurso a formas de solução de litígio.

Por vezes, a qualidade do produto encontra-se vinculada à forma de entrega, exigindo acondicionamento especial para que as características originais sejam preservadas. É o que veremos a seguir.

5.3.5. Forma de entrega

A forma de entrega relaciona-se com o transporte escolhido, empacotamento, embalagem. Os bens objetos

---

[479] *Op. cit.*

dos contratos que regem as operações de *countertrade* estão submetidos a disposições expressas acerca da forma de entrega, em face das peculiaridades de cada negócio. De fato, as contrapartidas podem ser eleitas, a cada remessa, nas operações de compensação e de *counterpurchase*. Nos acordos de recompra, consoante vimos no Capítulo 3, Item 3.2.5, os bens que serão recomprados poderão ser revendidos pelo comprador, nos mercados avençados. Assim, devem as partes obedecer às especificações de embalagem e uso de marca.

Algumas vezes, o meio de transporte consta do instrumento, explicitando a vontade das partes. Todavia, o que importa é a segurança do meio eleito para transportar os bens, o que nos remete ao empacotamento.

> 6.1 L'expédition de la marchandise sera effectuée par chemin de fer, conformément aux prescriptions données par le transitaire de l'Acheteur.[480]

No exemplo supra, as partes elegeram o transporte ferroviário. No exemplo infra, referente a um acordo de compensação, a escolha da forma como os bens serão transportados caberá, exclusivamente, ao comprador:

> L'acheteur a le libre choix des moyens de transport qui seront employés pour les livraisons effectués dans le cadre du présent accord. Ces moyens de transport pourront différer de commande en commande à la seule convenance de l'acheteur.[481]

Ao contrário, nas cláusulas 3.2 e 3.3 do contrato acostado no Anexo 7 e no exemplo infra, este referente a um acordo de recompra (*buy-back*) e aquele a uma operação de *counterpurchase*, vemos expressas as exigências contratuais para embalagem dos equipamentos e a conseqüente responsabilização do vendedor pelos danos ocasionados em decorrência do não-atendimento ao estipulado:

---

[480] Exemplo apresentado por Laurence Moatti, anexo 3, *op. cit.*
[481] Forma sugerida pela ACECO, *op. cit.*

> 5.1 L'emballage des machines, des équipaments et des pièces de rechange doit assurrer leur préservation contre toute détérioration lors du transport ou contre des surcharges éventuelles. En tout cas, le Vendeur doit prendre en considération la durée et le moyen de transport.
> 5.2 Avant l'emballage, le Vendeur est tenu d'effectuer la conservation nécessaire des machines afin de les protéger contre la corrosion.
> 5.3 Chaque caisse doit porter des inscriptions en couleurs indélébiles faites par le Vendeur [...]
> 5.5 Tous les dommages et dégâts survenus à l'Acheteur de la marchandise par suite d'un non-respect des obligations ci-dessus sont à la charge du Vendeur.[482]

Vejamos as seguintes disposições relativas ao empacotamento dos bens negociados previstas num acordo de recompra (*buy-back*), detalhando os materiais a serem utilizados e a forma a que deverão obedecer para etiquetar as caixas:

> 9.1 Export packaging of PM (powdered milk - leite em pó produzido com a utilização de equipamento/tecnologia originalmente vendidos - esclarecemos) shall consist of four-ply paper bags with an additional polyethylene bag inside or outside, of twenty five kilograms net weight each. Such bags shall be palletized and shrink-wrapped (in unit loads of forty bags each) unless otherwise agreed upon.
> 10.1 All PM bags or containers, as the case may be, shall be marked as follows unless otherside stipulated by the Buyers:
> SOCIETÉ JEAN DUPONT
> PM type ...
> Net weight ... kilos

---

[482] Exemplo apresentado por Laurence Moatti, *in les échanges*..., anexo 3, *op. cit*.

Gross weight ... kilos
Order nº ...
Made in USSR[483]

Conforme vimos anteriormente, a UNCITRAL[484] oferece o seguinte modelo ilustrativo, baseado no artigo 35 da Convenção de Viena sobre a venda internacional de bens de 1980:

> When 'X Company' makes, pursuant to the countertrade agreement, an offer for the conclusion of a supply contract, the goods offered for purchase must:
> [a] ...
> [d] be contained or packaged in the manner usual for such goods or, where no such usual manner has been established, in a manner adequate to preserve and protect the goods.

5.3.5.1. Execução periódica e continuada

Contratos de execução periódica e continuada são aqueles em que a natureza da prestação determina que seu cumprimento não pode ser efetivado instantaneamente, mas de forma continuada ou periodicamente repetida. Orlando Gomes entende que, se as partes renunciam à possibilidade da execução única, dividindo as prestações no tempo, o contrato não é de execução continuada:

> "[...] mas contratos de *execução escalonada*, [...] que, se bem comportem execução única, convertem-se em contratos de execução continuada ou periódica, porque as partes entenderam de fazer da duração ou da repetição um elemento essencial de seu acordo. [...] A obrigação é única; fracionam-se as prestações".[485]

---
[483] Modelo formular apresentado por IRINEU STRENGER, *op. cit.*. Ver, ainda, cláusula 3.2 do Anexo 9.
[484] *Op. cit.*
[485] *Op. cit.*

São, assim, contratos cuja execução das prestações é distribuída no tempo. Os contratos de fornecimento de mercadorias são exemplos recorrentes de execução periódica e, ao mesmo tempo, utilizados com freqüência nas operações de *countertrade*, conforme pode ser visto na cláusula 3 do Anexo 2, referente a uma operação *barter*, ou na cláusula 2 do Anexo 8, e nas cláusulas 10 e 11 do Anexo 7, referentes a operações de *counterpurchase*, na cláusula 10 do Anexo 9, referente a um acordo de recompra.

Messineo classifica os contratos de duração - entre nós conhecidos por contrato de trato sucessivo ou contrato de execução continuada - como gênero do qual os contratos de execução continuada e os contratos de execução periódica são espécie. Segundo Orlando Gomes,

"[...] a distinção dessas subespécies carece de maior importância prática".[486]

No caso específico das operações de *countertrade* em que esse gênero de execução se aplica, a execução é, via de regra, periódica.

Os contratos de fornecimento, que são de execução continuada, têm por objeto a prestação da obrigação pela remessa consecutiva e periódica para entrega de produtos ao longo do prazo de duração do contrato - sendo que este se confunde com a duração da execução.

No andar do negócio, os atos já realizados produzem efeitos para o caso de o contrato não se aperfeiçoar na amplitude avençada, e isso porque, no magistério de Messineo,

"[...] os atos singulares de execução são juridicamente autônomos".[487]

As prestações de execução futura submetem-se à teoria da imprevisão, consoante examinaremos no item 5.3.2.10, infra.

---

[486] *Op. cit.*
[487] *apud* ORLANDO GOMES, *op. cit.*

A execução deve obedecer ao cronograma convencionado, onde encontraremos a determinação do início da entrega e a programação temporal das entregas subseqüentes até a entrega final. Também presentes neste tipo de contrato devem estar as quantidades mínima e máxima de produtos a cada remessa, ou, à sua falta, procedimentos para sua futura estipulação.

Outra questão que não pode ser relegada é a da prestação de garantia de disponibilidade da mercadoria na quantidade contratada ao tempo requerido pelo comprador. Com efeito, diversos são os fatores em tempo futuro que poderão impedir as remessas nos termos contratados. Já tratamos das garantias que podem ser utilizadas nas operações de *countertrade*. Todavia, cabe aqui a menção à garantia de *performance*, que é o tipo de garantia bancária (*performance bond*, *Leistungs* ou *Leiferungsgarantie*) que pode assegurar a disponibilidade dos produtos nos termos contratados, assegurando, portanto, que o contratante executará corretamente a prestação objeto do contrato, *in natura*, ou a contratação de terceiro para prestar a obrigação naqueles casos em que o contratante original não possa cumprir o avençado.

5.3.6. Termo de sigilo

O termo de sigilo - também conhecido como acordo de confidencialidade - costuma estar presente em quaisquer contratos onde a "revelação" (*disclosure*) de informações reservadas às partes contratantes, ou que constituam segredo de indústria é vetada.

Indispensável nos contratos que envolvam tecnologia ou métodos de produção, as cláusulas de sigilo[488] e acordos de confidencialidade[489] estabelecendo que ne-

---

[488] Ver exemplos: cláusula 4 do Anexo 11; cláusula 9 do Anexo 13.
[489] Uma boa síntese acerca do tema pode ser vista em "Cláusulas de Confidencialidade", de EVADREN FLAIBAM, *in Atualidades Jurídicas*, nº 32, São Paulo: Câmara de Comércio França-Brasil, 1992.

nhuma informação[490] ou documentos conexos à operação serão divulgados ou revelados a terceiros, eis que essas informações só foram transmitidas ao parceiro comercial em função da própria operação.

O estabelecimento dos acordos de confidencialidade é, em geral, preliminar[491] à contratação da operação de *countertrade* em si, motivo pelo qual reveste-se de importância a sua caracterização como contrato autônomo em relação à operação que poderá vir a se realizar. Com efeito, em caso de não vir a se concretizar a operação, os acordos de confidencialidade, ou termo sigilo, subsistem enquanto obrigação pactuada, produzindo efeitos jurídicos.

Pode estar previsto no protocolo de *countertrade* e no corpo dos contratos substanciais, dependendo do tipo de operação e do grau de utilização de informações reservadas. É cláusula freqüente nos acordos de recompra (*buy-back*), pressupõe a transferência de tecnologia e, ocasionalmente, de *know-how*,[492] conforme foi visto no Capítulo 3, item 3.2.5.

Maristela Basso[493] apresenta o seguinte modelo de termo de sigilo:

"Pelo presente acordo, as partes se comprometem a considerar como estritamente confidenciais as informações recebidas e as que serão fornecidas no

---

[490] "As informações constituem-se, via de regra, em dados estritamente necessários para que o interessado possa analisar o bem cuja alienação o detentor esteja pretendendo [...] O volume de informações a ser fornecido pelo detentor ao interessado será influenciado por variada gama de fatores, entre eles a própria figura do adquirente, o conhecimento que dele tem o detentor, sua reputação no mercado, mas, especialmente, as garantias que pode oferecer de que as informações não serão divulgadas e, caso isso ocorra, disponha de capacidade para que dele se obtenha o justo ressarcimento" (LUIZ ALFREDO PAULIN, *op. cit.*).

[491] Não se trata de contrato preliminar, mas de contrato celebrado preliminarmente à própria negociação da operação de *countertrade*.

[492] Para desenvolvimento do tema em suas múltiplas facetas, inclusive prevenção, vigência, comprovação, liberação e liquidação, v. LUIZ ALFREDO PAULIN, Título II, Capítulo 2, *op. cit.*

[493] In *Contratos Internacionais do Comércio: Negociação, Conclusão e Prática*. Porto Alegre: Livraria do Advogado, 1994.

decorrer das negociações, após a assinatura deste. As partes se comprometem a não divulgar a terceiros as informações e conhecimentos obtidos sem a prévia e expressa autorização da outra parte. Da mesma forma, as partes se comprometem que as informações não serão utilizadas nem por elas próprias, nem por terceiros prepostos das Empresas".

A UNCTC[494] apresenta o seguinte exemplo:

10.5 Within ___ years after signing the Contract the Buyer shall not disclose in whole or in part to any third party the know-how, Technical Documentation and other information of the process obtained under the Contract. The secrecy does not apply to those parts of the know-how, Technical Documentation or other information of the process which becomes part of the public knowledge of literature.

O descumprimento da obrigação assumida em termo de sigilo, ou acordo de confidencialidade, sujeita a parte infratora às sanções estabelecidas. Em geral há previsão de indenização substancial, de molde a ressarcir o dano ocasionado com a revelação das informações reservadas.

Para a liquidação dos danos por descumprimento, as partes devem recorrer à forma de solução de litígios que elegeram - procedimento judicial, arbitral ou composição. Em se tratando de responsabilidade civil, a prova da ocorrência do fato, a demonstração do nexo causal e a valoração dos danos são necessárias.

Por fim, note-se que os acordos de confidencialidade envolvem os subordinados dos contratantes, sendo que estes se responsabilizam por aqueles.

5.3.7. Documentos necessários em cada fase

Cada fase de operações comerciais exige, para sua implementação ou finalização, a apresentação de docu-

---
[494] *Op. cit.*

mentos pelas partes, geralmente relacionados à conformidade de ato realizado ou por realizar.

As operações comerciais da modalidade *countertrade* não são exceção à regra e, como normalmente estão divididas em fases distintas, exigem a mútua apresentação de documentos nas diversas etapas de consolidação do negócio.

Já na fase negocial, em geral, documentos são necessários. Como já visto, certas modalidades de *countertrade* incluem a transferência de tecnologia e/ou *know-how*. Nesse caso, a presença de acordo de confidencialidade ou termo de sigilo - de que tratamos com mais vagar no Item 5.3.6, supra - é certa.

Nas operações de compensação menos elaboradas, as partes podem estipular procedimentos de troca de documentos no desenvolvimento da operação para fins de informação e monitoramento. Tais documentos podem referir-se a embarque de mercadorias,[495] pagamentos efetuados,[496] previsão de fluxo de bens e/ou capital para o período seguinte,[497] cumprimento de obrigações que foram transferidas a terceiros,[498] aceitação de protótipos, contabilização das trocas realizadas,[499] relatórios de atividades[500] *et alli*.

Nas operações mais complexas, as partes podem desejar a coordenação e monitoramento conjunto, mediante a constituição de comitê de coordenação. Em conseqüência, necessária a apresentação mútua de relatórios e das aprovações requeridas. Esses comitês podem ser dotados de poderes para reorganização do acordo, bem como para a solução de problemas emergentes, agindo como mediadores, nos moldes do que trataremos no item 5.3.12, infra.

---

[495] Ver cláusula 4 do Anexo 1.
[496] Ver: cláusula 3 do Anexo 2; cláusula 3 do Anexo 3; artigo 12 do Anexo 7.
[497] Ver cláusula 4 do Anexo 6, referente à escolha anual de produtos previamente elencados.
[498] Ver: cláusula 6.4 do Anexo 7; cláusula 5 do Anexo 8A.
[499] Ver cláusula 13 do Anexo 9.
[500] Ver cláusula 3.2 do Anexo 11.

As operações que se utilizam de conta vinculada ou conta-convênio, para monitoramento e compensação dos pagamentos, geralmente contêm estipulações acerca da troca de documentos entre as instituições financeiras envolvidas e as partes contratantes. No contrato apresentado no Anexo 3A, há disposições nesse sentido nas seguintes cláusulas: 3A, 3H, 5A, 5E e 6.

Nas operações de *countertrade* que envolvam transferência de tecnologia - conforme explicitado no item 5.2.1.1, retro - a remuneração depende, geralmente, dos resultados da própria transferência. Com isso, a apuração dos resultados deve revestir-se de forma contábil, mediante intercessão de empresa de auditoria independente. Para tanto, necessária a apresentação de documentos, na primeira fase da apuração, aos auditores designados. Terminada a apuração, caberá ao recipiente da tecnologia encaminhar os resultados ao cedente, para posterior estipulação da contrapartida necessária.

Nas operações que se utilizem de contas-convênio ou *clearing*, geralmente são necessários documentos que acompanhem os lançamentos contábeis, tais como cópias de contratos substanciais, prova de abertura de crédito documentário e documentos comprobatórios das mercadorias.

Nos contratos que prevêem a execução escalonada das prestações, comum aos contratos de longa duração e em especial nos acordos de recompra (*buy-back*), cada remessa de bens pode fazer nascer para o vendedor a obrigação de apresentar documentos para que o comprador possa adimplir sua obrigação de pagamento, tal como no modelo infra:

> 6.2 After shipment of each lot of PM (*powdered milk* - leite em pó produzido com a utilização de equipamento/ tecnologia originalmente vendidos - esclarecemos) Sellers shall present the following set of documents to the Buyer's Bank:
> (a) the Seller's invoice in 5-fold;

(b) two signed originals out of three signed original clean on board Bills of Lading issued at any Soviet port and duly stamped "freight paid" and the ship's Captain's receipt for the third original clean on board Bill of Lading;
(c) weight certificate in 2-fold;
(d) the Sellers' or Works' Quality Certificate in 2-fold;
(e) insurance Policy or Certificate of the Foreign Insurance Department of the USSR "INGOS-STRAKH", Moscow, by delivery on C.I.F. terms.[501]

5.3.8. Possibilidade de cessão dos créditos e de transferência das obrigações a terceiros

Nas operações comerciais e financeiras, a previsão da transferibilidade das obrigações de quaisquer das partes originais ocasiona a criação de relações obrigacionais e de relações de direito quantas sejam as partes envolvidas. Assim, para "x" participantes de uma relação comercial ou financeira, teremos um mínimo de "x" relações de direitos e de obrigações, com a conseqüente formação de vínculos jurídicos de natureza patrimonial.

Essa transferência de direitos ou obrigações a terceiros pode se dar com a responsabilização subsidiária ou solidária do transmitente. O que significa dizer que o transmitente (ou cedente, no caso de créditos - doravante designado transmitente) garante o cumprimento dos termos contratados.

Em caso de responsabilização subsidiária, o transmitente só é chamado a cumprir as obrigações em caso de manifesto descumprimento da prestação por parte do terceiro a quem foi transmitida a obrigação.

A responsabilização solidária, consistente na concorrência entre o cedente da obrigação e o cessionário na mesma obrigação, oferece segurança e garantia de que a obrigação será cumprida. Seu uso é disseminado no

---

[501] Modelo formular sugerido por IRINEU STRENGER, *op. cit.*

campo comercial em função dessa segurança suplementar oferecida.

Uma vez estabelecida a solidariedade por vontade das partes, e por vezes em decorrência da lei aplicável eleita pelos contratantes, o credor da obrigação passa a ter o direito de exigir do cedente ou do cessionário, à sua escolha, a obrigação comum a ambos.

O conceito de solidariedade, assim, pode ser convencional ou legal.[502] Diz René Savatier:

> "[...] quando a lei ou um contrato estipula a solidariedade, pode-se demandar, à cada um, à sua escolha, para que cumpra a obrigação por todos os outros, no montante total da dívida. [...] A solidariedade exprime, assim, uma interdependência".[503]

O vínculo obrigacional dos devedores co-obrigados solidariamente é diverso do vínculo existente entre estes e o credor. Eventual vínculo obrigacional entre os devedores somente iniciar-se-á a partir do cumprimento da obrigação por um deles, de vez que esse cumprimento possui efeito liberatório do vínculo obrigacional entre devedores e credor.

Na responsabilização subsidiária, o terceiro passa a ser o primeiro obrigado no cumprimento da obrigação, sendo que o transmitente inicia - ou retoma - a relação obrigacional com o credor a partir do descumprimento da obrigação pelo terceiro. A transferência de obrigações sem ônus para o transmitente e com nova redação de cláusulas assecuratórias, lei aplicável, solução de litígios, *et alli*, constituem novo instrumento, entre partes distintas das do acordo original.

É necessária a previsão contratual da possibilidade da transferência das obrigações,[504] ou, ao menos, verificadas as disposições da lei aplicável eleita, de forma a

---

[502] Código Civil Brasileiro, artigo 896, parágrafo único; Código Civil Alemão, artigo 427; Código Civil Italiano, artigo 1294; Código de Obrigações Polonês, artigo 8º; Código Civil Francês, artigo 1120; dentre outros.
[503] *In La théorie des obligations*, 3ème éd., Paris: Précis Dalloz, 1974.
[504] Ver: variantes da cláusula 6 do Anexo 7; cláusula 2 do Anexo 8A.

evitar discussões acerca da admissibilidade de tal conduta, bem como para ciência das providências necessárias para tanto. Se o terceiro não se encontra individualizado no acordo, via de regra é necessária a anuência do outro contratante, especialmente se este tem motivos razoáveis para exigir a prestação da obrigação por quem a contratou - *v.g.*, na transferência da obrigação de comprar: capacidade de distribuição, contratos preexistentes com o terceiro, reserva de mercado; na transferência da obrigação de vender: características relativas ao bem, ao serviço ou problemas com marcas e patentes. *V.g.*, a cláusula 3 do Anexo 6 prevê que os bens colocados à venda poderão ser comprados por qualquer terceiro indicado pela obrigada. A UNCITRAL, a exemplo da Comissão Econômica das Nações Unidas para a Europa, sugere os seguintes modelos formulares:[505]

> "Y" Company is authorized to engage a third-party purchaser to make the purchases necessary to fulfill the countertrade commitment.
>
> Ou The fact that "Y" Company engages a third party to make the purchase necessary to fulfill the countertrade commitment and that the third party makes a commitment to "X" Company to make those purchases does not release "Y" Company from liability for a failure to fulfill the countertrade commitment.
>
> Ou "Y" Company will be released from liabililty for fulfilment of the countertrade commitment when, upon the engagement of a third-party purchaser by "Y" Company, the commitment of "Y" Company to purchase goods from "X" Company is transferred to the third-party purchaser. [The transfer includes the obligation to pay the liquidated damages in the case of a failure to make the purchases.] For such a transfer to be effective, "Y" Company, "X" Company and the third-party must agree to the transfer.

---
[505] Op. cit.

Nas operações de *countertrade*, a transferência das obrigações assumidas pode se dar: [a] mediante a transferência da obrigação de comprar; e [b] mediante a transferência da obrigação de vender. A transferência da obrigação de comprar encontra sua finalidade na incapacidade do contratante designado 'comprador' - em geral, em contrapartida - de encontrar utilidade para os bens que se obrigou comprar, sendo ainda que, alternativa ou concomitantemente, não dispõe de capacidade de utilizar de instrumentais mercadológicos necessários à realocação desses bens. Com o que, o terceiro que assume essa obrigação pode ser o usuário final do produto ou pessoa capacitada para a sua realocação. Nas diversas variantes apresentadas pela Comissão Econômica das Nações Unidas para a Europa (Anexo 7; Anexo 9), temos as seguintes possibilidades, conforme a redação escolhida pelas partes:

a) a transferência é condicionada à anuência da outra parte, devendo eventual recusa ser justificada;

b) a transferência ocasiona a sub-rogação das obrigações, excluindo o transmitente da relação obrigacional;

c) a transferência ocasiona a responsabilização subsidiária do transmitente; e

d) a transferência ocasiona a responsabilização solidária do transmitente.

O pagamento das obrigações transferidas pode ser direcionado para uma conta bloqueada, com a designação de pagamento específica. A transferência das obrigações pode ser onerosa - e geralmente o é -, com o pagamento de comissão ou deságio[506] ao terceiro, por parte do transmitente.

A transferência da obrigação de vender decorre da incapacidade de produzir bens a tempo, na quantidade ou qualidade exigida no contrato.

A transferência da obrigação de vender pode, ainda, estar prevista no acordo de compensação de saldos

---

[506] Trataremos dos custos adicionais no Capítulo 6, Item 6.1.1.

(*offset*) sob a modalidade indireta, conforme vimos anteriormente. No Anexo 8B, temos um contrato realizado entre uma das partes de um acordo de *counterpurchase* e terceiro vendedor, conforme previsão insculpida no artigo 2 do Anexo 8A.

Especificamente nos contratos de *buy-back*, as obrigações podem ser transferidas a terceiro previamente designado, em geral uma *Trading Co.*, que assume a obrigação de comprar para revenda[507] as mercadorias produzidas pelo importador de Equipamento/ Tecnologia.

Já no instrumento de regência da operação, ou por ocasião da transferência efetiva da obrigação de vender, deve-se prever a manutenção dos termos iniciais relativos aos bens, tais como o padrão de qualidade e a disponibilidade na quantidade contratada, ao tempo estipulado. Veremos, a seguir, as formas de extinção de obrigações.

5.3.9. Forma de extinção de obrigações

Nos contratos a título oneroso que prevêem o fluxo de bens e serviços, as partes contratantes assumem obrigações diversas, que somente podem ser extintas pelo adimplemento, que se constitui do pagamento ou de outra modalidade de extinção de obrigações que produza o efeito deste.

No caso específico dos contratos que regem as operações de *countertrade*, verificamos que as cláusulas concernentes à forma de pagamento apresentam as seguintes opções para a extinção da obrigação: pagamento em moeda, a cada operação; ou, se em regime de compensação parcial ou total, em conta *clearing*; financiamentos, contas *trustee* e demais variações do instituto surgido no Direito Romano e entre nós conhecido como compensação. Tradicionalmente, o adimplemento me-

---

[507] Considerações acerca da revenda de produtos foram lançadas no Capítulo 3, Item 3.2.4.

diante compensação exige, para que se complete, a reciprocidade de obrigações e que seu objeto seja moeda ou coisa fungível. Em grande número do tipo de negócios de que tratamos, o preço estipulado para os bens vendidos na primeira etapa (venda original) é convertido em "crédito", a ser posteriormente utilizado em pagamento por compensação do preço das compras efetuadas a título de contrapartida. Assim, a obrigação de adimplemento passa a ser em moeda.

A compensação, instituto de direito civil, é forma de extinção de obrigações recíprocas em quantias concorrentes e, ainda, um meio de pagamento.[508] Conquanto seja objeto de regulação por parte de algumas legislações, a compensação de que tratamos é a convencional, que encontra seu fundamento na liberdade de contratar e no princípio da autonomia da vontade. Com o que a utilização do instituto da compensação depende de se a lei aplicável aos contratos assim o permite ou se a autonomia da vontade não ofende a ordem pública.

A compensação aplica-se às finalidades básicas das operações de *countertrade*, eis que, nas palavras de Washington de Barros Monteiro,

> "[...] constitui aplicação, no campo do direito, daquele princípio de economia, que exige, para maior facilidade das trocas, se efetuem com a menor circulação de moeda que for possível".[509]

No mesmo diapasão, J. Carbonnier anota que:

> "[...] compensar é pagar, e a compensação aparece como um duplo pagamento abreviado mediante o

---

[508] CAIO MARIO DA SILVA PEREIRA define compensação como "[...] a extinção das obrigações quando duas pessoas forem, reciprocamente, credora e devedora" (*op. cit.*, volume II). Para TEIXEIRA DE FREITAS, "[...] compensação é o desconto que reciprocamente se faz no que duas pessoas devem uma à outra" (*in Consolidação das Leis Civis, apud* WASHINGTON DE BARROS MONTEIRO, *op. cit.*, volume 1). Tratamos superficialmente do tema no Capítulo 3.
[509] *Op. cit.* 117, volume 1.

qual economiza-se a dupla transferência de fundos".[510]

No entender de C. Gabet-Sabatier, nas operações de *countertrade*, a compensação não se constitui apenas de um duplo pagamento, mas também de uma garantia de pagamento:

> "O credor é, ao mesmo tempo, devedor de seu próprio devedor, e a compensação permite a ambos o pagamento sem moeda de seu débito".[511]

Com efeito, um dos efeitos da compensação é a liberação de dois devedores e a extinção de dívidas recíprocas.

Pontes de Miranda[512] assim define e caracteriza a compensação convencional:

> "A compensação convencional, contemporânea ao vencimento, é acordo sobre os dois pagamentos e sempre existiu. A compensação convencional, antes do vencimento das duas dívidas, é contrato em que só se exige, nos dois contraentes, o poder de disposição dos créditos, que um e outro desejam compensar, e o acordo sobre a extinção recíproca deles. Se, com isso, fixam a extinção desde já, ou no momento em que se vencer o primeiro crédito, ou de se vencer o segundo, ou à medida que se forem vencendo os pagamentos periódicos, ou se o contrato concerne às obrigações desprovidas de ação, ou não, depende do conteúdo das declarações de vontade".

No mesmo sentido, Ludwig Enneccerus:[513]

---

[510] *in Théorie des obligations*, Coll. Themis, 1983, *apud* GUY DUBOC, *La compensation et les droits de tiers*, Paris: Lib. Générale de Droit et de Jurisprudence, 1989.
[511] *in La connexité dans le droit des obligations*, tese apresentada perante *Paris I*, em 1977, *apud* GUY DUBOC, *ibid.*. No mesmo sentido, WASHINGTON DE BARROS MONTEIRO, *op. cit.*: "Através dela [a compensação] evita-se risco oriundo de eventual insolvência do credor pago".
[512] *Op. cit.*, Tomo XXIV.
[513] *Op. cit.*, Tomo 2, volume 2.

"Si el deudor tiene a su vez un crédito contra el acreedor, es posible la extinción recíproca de ambos créditos por compensación. La compensación se hace a veces por convenio de ambas as partes, o sea por contrato de compensación [...] La compensación por contrato sólo requiere que cada una de las partes pueda disponer sobre el crédito que pretende compensar y que ambas se pongam de acuerdo sobre la extinción recíproca de los créditos (1 - En este caso no se requiere el vencimiento de los créditos; ni siquiera la reciprocidad. También es posible un contrato de compensación anticipada: las partes convienen que tan pronto como ciertos créditos futuros se hallen recíprocamente enfrente se entiendan mutuamente extinguidos.) Este acuerdo no implica dos contratos de remisión independientes, sino que, dada la intención de las partes, las deudas se compensan mutuamente, esto es, dependiendo la extinción de cada una de ellas de la extinción de la otra".

No modelo de cláusula infra, para acordos de recompra (*buy-back*), a forma instrumental eleita é o pagamento sob regime de compensação parcial (50%), em produtos e serviços do país no qual o comprador original encontra-se sediado:

Afin de faciliter les paiements consécutifs au contrat nº ... ... concernant la fourniture d'une usine pour la fabrication de ... ..., conclu et signé le ... ... entre d'une part "X - acheteur" et d'autre part "Y - fournisseur", "Y" s'engage à acheter ou à faire acheter par des tiers, pendant la durée du contrat, ainsi que la durée du crédit pour le paiement dus contrat susmencionné: a) soit un période de 8 ans a partir de l'entrée en vigueur dudit contrat, des produits e des services du pays "X" pour un valeur globale de ... ...; b) soit 50% du montant du contrat susmencionné.

Ou, para os casos de pagamento em moeda ou crédito, vemos no exemplo infra a previsão de que cada remessa deve ser paga mediante carta de crédito:

x.1. The products shall be paid for in currency agreed upon in paragraph ... above, and in the manner set forth below.

x.2. Each delivery of the products shall be paid against the original documents set forth in paragraph ... below (A) through an irrevocable and transferable Letter of Credit, allowing partial and trans-shipments, to be opened in the amount of the respective Implementing Contract at the latest ... ... days after the signing of the said Contract, in the respective Implementing Seller's favour, and to be confirmed by the bank in Betaland designated by the said Implementing Seller, such Letter of Credit to be valid for a period of ... ... days/weeks/months after the agreed date of delivery of the respective products.[514]

Nas operações que prevejam compensações financeiras, tais como acordos de compensação de saldos (*offsets*) e conversão de dívida, a utilização de *SWAPS*[515] e de derivativos sob a forma de compensações múltiplas (conhecidas por *nettings*) é notável. A razão para tanto é que tais compensações múltiplas fazem com que cada instituição financeira se torne credora e devedora, simultaneamente, com fluxos de caixa coincidentes, e economizando ao evitar a transferência de fundos entre instituições financeiras.

---

[514] *Forma sugerida pela Comissão Econômica para a Europa*, op. cit.

[515] *SWAPS* são operações financeiras baseadas nas operações de câmbio e que foram desenvolvendo estruturas sofisticadas de molde a permitir que duas partes concordem em efetuar pagamentos uma a outra num determinado espaço de tempo. Em outras palavras, é a "[...] aquisição de uma moeda contra outra moeda para uma determinada data de vencimento e a operação simultânea inversa a esse contrato para um vencimento diferente. [...] *Swap-swap* é uma transação de *swap* envolvendo uma data de vencimento a termo contra outra data de vencimento a termo" (H. RIEHL e R.M. RODRIGUEZ, in *Câmbio e Mercados Financeiros*. São Paulo: McGraw-Hill, 1988).

O adimplemento das obrigações assumidas num determinado contrato pode ter efeitos sobre os contratos a ele relacionados, assim como o término do contrato mediante resilição, sem o integral ou parcial cumprimento das obrigações. Nesses casos, os efeitos estipulados pela lei aplicável ou pela vontade das partes podem ser os seguintes:[516]

a) os contratos relacionados deixam de produzir efeitos *ex nunc*;

b) os contratos continuam em vigor.

Ao término da operação, as partes podem estipular a emissão de uma declaração de que as obrigações de compensação foram cumpridas. Tais declarações são conhecidas internacionalmente como *"letters of release"*, e têm o efeito de quitação geral.[517] Os motivos que podem levar as partes a desejar tal documento podem ser: [a] intenção de, futuramente, fazer negócios com o mesmo parceiro, com empresas do mesmo setor de produção ou do mesmo país; [b] atestar o cumprimento de obrigações específicas perante terceiros; [c] comprovar o cumprimento do contratado, para os casos de obrigações transferidas a terceiros; e [d] recebimento de pagamento em moeda, quando previsto e vinculado à apresentação deste documento.

5.3.10. *Exceptio non adimpleti contractus*

A exceção de contrato não cumprido é uma das formas de suspensão ou de extinção da obrigação, nos exatos termos previstos no contrato. Segundo Ludwig Enneccerus:[518]

---

[516] Ver cláusula 15 do Anexo 7.

[517] *V.g.*: *"The purchase made in the framework of this agreement will serve for the purpose of fulfilling the countertrade obligations which our company, the companies belonging to .... as well as third parties selectes by ...... may have towards government institutions, public authorities or other parties in your country. Your company undertake not to engage in any activities detrimental to the rights claimed hereunder and to give reasonable support and to give assistance to the pertaining parties as described above in fulfilling their obligations as described above"* (Exemplo apresentado por Laurence Moatti, anexo 8, *op. cit.*).

[518] *Op. cit.*, Tomo 2, volume 1.

"El contrato o la ley pueden determinar quién tiene que hacer primero la prestación en un contrato bilateral. Si nada se ha determinado, cada una de las partes puede exigir y demandar la prestación, pero la otra puede oponerla una excepción dilatoria, que se base en la injusticia de esta exigencia, la excepción de contrato no cumplido [...] Por tanto, el deudor tiene un derecho de retención, pero este derecho de retención ofrece la singularidad de no poder ser eliminado mediante caución, porque no tiende únicamente a la seguridad del contracrédito, sino que también está destinado a evitar la injusticia que implica la exigencia de la prestación previa".

A *exceptio non adimpleti contractus* é a defesa oponível pelo contratante demandado, contra o co-contratante inadimplente, segundo a qual o demandado recusa sua prestação, sob fundamento de não ter aquele que reclama dado cumprimento àquela obrigação que lhe cabe.[519] Para as operações de *countertrade*, Octavian Capatina[520] entende que:

"Não há justificativa para recusar a aplicação do conceito [de Bernard Teyssié] da função unificadora exercida pela causa jurídica comum que une o contrato principal e o adjacente [que regula a contrapartida], inclusive do direito de as partes invocarem a *exceptio non adimpleti contractus* quando da inadimplência na execução das obrigações geradas no contrato paralelo".

Como na maior parte dos negócios, as operações de *countertrade* baseiam-se na reciprocidade das prestações, e, por vezes, na interdependência das prestações para o prosseguimento da própria operação.[521] Nestes casos, o

---
[519] Definição de Caio Mario da Silva Pereira, *op. cit.*
[520] *Op. cit.*
[521] Como, para ilustrar, nos acordos de recompra, onde a obrigação de pagar *in natura* só pode ser exigida se a instalação da instalação industrial está completa e perfeita.

prosseguimento só é possível com o prévio cumprimento, pela outra parte, de obrigação contemporânea.

A presença de cláusula de exceção de contrato não cumprido impede a exigibilidade da prestação subseqüente à não cumprida estritamente por uma das partes enquanto esta situação perdurar.

Outra possibilidade para a inserção de tal cláusula demonstra-se nos acordos de compensação ou de *barter*, onde poderá ser incluída a previsão de oponibilidade de exceção de contrato não cumprido para os casos em que uma das partes não efetive a compra (ou a contrapartida) a que se obrigou primeiro. A propósito, ver: cláusulas 10 e 11 do Anexo 3A; cláusula 13.2 do Anexo 7.

A previsão contratual num acordo intergovernamental de fornecimento ou num acordo de compensação de saldos (*offset*) pode estipular, *v.g.*, que uma das partes deve remeter um mínimo de 60% e um máximo de 120% do valor dos bens originalmente adquiridos na fase em que se encontrar o contrato, sob pena de suspensão até que tais valores sejam preenchidos.

Em diversos ordenamentos jurídicos a *exceptio non adimpleti contractus* é considerada princípio geral de direito, mas dificilmente a lei estabelece respostas específicas às questões relacionadas com a interdependência de operações. Assim, a UNCITRAL[522] sugere a inclusão de tal cláusula nos diversos instrumentos de regência da operação.

Os exemplos infra sugerem a redação de tais cláusulas:

> (2) To the extent that the failure by Y Company results from a failure by X Company to make goods available in conformity with this countertrade, paragraph (1) will not apply.
> Ou, *contrario sensu*:
> A failure by Y Company to purchase goods pursuant to this countertrade agreement does nor en-

---

[522] *Op. cit.*

title X Company to suspend or withhold payment due by X Company to Y Company under the contract for the supply of [...].[523]

Partindo da polêmica acerca da causa dos contratos, devemos fazer referência à dificuldade em se conceber, juridicamente, a invocação de exceção de contrato não cumprido em operações regidas por diversos instrumentos. Com efeito, partindo da noção de que um contrato é auto-suficiente, parece impossível a invocação de uma falta da outra parte num contrato para rescindir um outro contrato - relacionado, porém formalizado em instrumento distinto. Assim, deve-se recorrer à noção de grupo de contrato, consoante exposto retro (Item 5.2.1, deste capítulo), de forma a se considerar que as operações de *countertrade*

> "[...] se articulam em torno de um só objeto, de um negócio (*negotium*), ainda que sejam necessários diversos contratos (*instrumentu*) para concluí-lo [...] esta teoria autoriza a resolução do contrato principal sob fundamento na inexecução do contrato relativo à contrapartida".[524]

E vice-versa.

5.3.11. Excludentes de cumprimento de obrigação

Ao discorrerem sobre as cláusulas excludentes ou suspensivas de cumprimento de obrigação, José Augusto F. Costa e Ana Maria O. Nusdeo[525] observam que:

> "[...] pode ser por demais arriscado, mesmo para o sucesso do contrato, a assunção de obrigações que podem não corresponder aos objetivos econômicos das partes ou simplesmente tornarem-se de cumprimento impossível, no curso do tempo. Com efei-

---

[523] *Modelo sugerido pela UNCITRAL*, op. cit.
[524] LAURENCE MOATTI, *op. cit.*
[525] "As cláusulas de força maior e de *hardship* nos contratos internacionais", *in* REVISTA DE DIREITO MERCANTIL, nº 97, São Paulo, jan-mar.95, onde encontramos o histórico, regime, direito comparado e efeitos.

to, uma tempestade inunda todas as vias de circulação, isolando o estabelecimento do exportador; uma crise cambial grave leva à edição de normas emergenciais impeditivas da remessa de divisas ao exterior; o atraso no fornecimento de um determinado material impede o construtor de concluir a obra no prazo; ou ainda, com a alteração imprevisível do preço de mercado de um bem, decorrente de uma guerra ou inovação tecnológica, a prestação torna-se excessivamente onerosa ou inútil para uma das partes. Por isso tem sido de uso freqüente a inserção de cláusulas flexibilizadoras da relação contratual, dentre as quais as de *force majeure* e *hardship*".

Nesse diapasão, o equilíbrio do contrato[526] depende da manutenção de certas condições elementares ao seu cumprimento, tal como previsão contratual acerca dos procedimentos a serem adotados em face da ocorrência de eventos imprevisíveis que causem gravame a uma das partes de forma a que esta não consiga cumprir as prestações a que se obrigou, na época prevista. Assim, temos as cláusulas *hardship* e de força maior, que exoneram o contratante que as invoca do cumprimento da obrigação tal como assumida, ou suspendem a execução de prestação por um período contratualmente estipulado.

Cláusula de força maior é a que prevê a exoneração da responsabilidade das partes no caso da ocorrência de determinados fatos que não poderiam ser pelas partes contratantes previstos nem evitados.

A maior parte das legislações nacionais estipula soluções resolutivas *ad nunc* do contrato. Todavia, tal não é a solução adequada para os contratos que regem as operações de *countertrade*, em face da diversidade de fatores envolvidos e do dispêndio anterior de alto valor

---

[526] MARIA LUÍZA GRANZIERA, *op. cit.*, define "equilíbrio contratual" como "[...] a possibilidade de execução do objeto do contrato, em obediência às condições pré-estabelecidas, sem que isso traga prejuízos às partes, satisfazendo, assim, os objetivos propostos quando da celebração do acordo".

que é presumido em diversos tipos dessas operações, conforme já colocado no Capítulo 3.

No cenário internacional, as tentativas de uniformização de condutas resultaram na normatização institucional pela Convenção das Nações Unidas e na padronização pela CCI. Vejamos, a Convenção de Viena estipula, em seu artigo 79:

> "1. Uma parte não é responsável pela inexecução de qualquer das suas obrigações se provar que tal inexecução se ficou a dever a um impedimento alheio à sua vontade e que não era razoável esperar que ela o tomasse em consideração no momento da conclusão do contrato, o prevenisse ou o ultrapassasse, ou que prevenisse ou ultrapassasse suas conseqüências.
> [...]
> 3. A exoneração prevista pelo presente artigo produz efeitos enquanto durar o impedimento".

Os contratos em que seja automaticamente aplicável a referida Convenção são raros, eis que, para tanto, necessária sua vigência nos estados envolvidos, bem como a vontade das partes neste sentido. Vale, contudo, como costume institucionalizado.

A CCI, a seu turno, publicou sua definição de força maior,[527] onde prevê de forma ilustrativa as possibilidades de sua ocorrência. Com isso, a menção à Publicação nº 421 da CCI como parte integrante do contrato pode produzir os efeitos desejados.

Todavia, a aplicação da cláusula-padrão de força maior da CCI não é recomendada nas operações de que tratamos, em face das especificidades de cada um de seus tipos. Nesses contratos, o usual é a redação tomando como parâmetro a lei aplicável ao contrato e a especificação de eventos que possam dar causa à suspensão ou à rescisão do contrato, com ou sem responsabilização da parte que a invoca. Deve-se ter em mente as

---

[527] Publicação nº 421, de março de 1985.

disposições regulamentares dos países dos contratantes, a existência de regime legal para as operações de *countertrade*, e demais fatos que possam obstaculizar a realização da contrapartida.

Há que se realçar, ainda, a importância de, na cláusula de força maior, ser a estipulação cristalina no que se refere à enumeração de eventos ali reduzida a termo, a ver, se é exemplificativa ou limitativa.

Luiz Olavo Baptista[528] apresenta a seguinte relação de eventos que, quando de sua ocorrência, podem ser apontados na invocação de força maior:

> "a) *cataclismas:* terremotos, tufões, tempestades, incêndios, aluviões, inundações, seca, raios, congelamento de estradas e vias férreas, epidemias, onde os ingleses usam a expressão '*Acts of god*' e os países socialistas empregam '*elements*' como fórmula genérica que, ou engloba todos os cataclismas, ou inclui os olvidados na enumeração.
> b) *conflitos armados*: guerra, revoluções, atos terroristas, bloqueios, tal como, por exemplo, na cláusula seguinte: 'war. hostilities (whether war be declared or not), invasion, act of foreign enemies, rebelion, revolution, insurrection of military, or usurped power, civil war, or (otherwise, than among the Contractor's own employees) riots, commotion or disorder'.
> c) *conflitos do trabalho:* tal como se lê em certa cláusula: 'grèves générales, grèves organisées syndicalement dans l'entreprise du vendeur et dans le entreprise de ses sous-traitants'.
> d) *fato do príncipe:* nele incluídas as proibições de exportação e importação, a impossibilidade de obter autorizações ou alvarás de construção de fundos, especialmente moeda estrangeira, restrições ao uso de energia, e outros atos da administração que se procura englobar em fórmulas amplas [...].

---

[528] *In* "O Risco nas Transações Internacionais: Problemática Jurídica e Instrumentos de Defesa", *REVISTA DE DIREITO PÚBLICO*, nº 66, 1983.

e) dificuldades de transporte ou aprovisionamento, como: '... impossibility of the use of railway, port, airport, river transport, roads ...', '... manque de wagons ou carriers ...', '... grave crise de revitaillement ou matiéres indispensables à la production ...', entre outras.

f) *quebras de máquinas e acidentes análogos:* consistem o último tipo de evento contemplado nas cláusulas de força maior".

A cláusula *hardship*, construção doutrinária derivada da cláusula *rebus sic stantibus*, visa a evitar que o contrato se rompa, e apresenta a seguinte definição, nas palavras de B. Oppetit:[529]

"[...] cláusula *hardship* é aquela na qual as partes podem requerer um rearranjo no contrato em caso da ocorrência de mudança nas condições inicialmente contratadas que venha a modificar o equilíbrio do contrato de tal forma que apresente a uma das partes um rigor (*hardship*) injusto".[530]

Da mesma forma que as cláusulas de força maior, a cláusula *hardship* deve prever as circunstâncias de sua aplicabilidade, esclarecendo o caráter da enumeração. A enumeração pode conter elementos políticos, econômicos ou financeiros, mas, com freqüência, as circunstâncias enumeradas são específicas ao setor, tais como a alta incomum dos preços de insumos e matérias-primas, ou ainda dos custos de fabricação, ou importantes restrições à importação ou exportação.

Quando uma das partes contratantes pretende recorrer às cláusulas de exoneração de cumprimento de obrigações, deve notificar a outra parte interessada, conforme previsão contratual (carta, telex, fax *et alli*). A

---

[529] *Apud* JEAN-MICHEL JACQUET, *op. cit.*
[530] "[...] *celle aux termes de laquelle les parties pourront demander un réaménagement du contrat qui les lie si un changement intervenu dans les données initiales au regard desquelles elles s'étaient engagées vient à modifier l'équilibre de ce contrat au point de faire subir à l'une d'elles une rigueur (hardship) injuste".*

prova da ocorrência do evento[531] costuma acompanhar a notificação, quando possível e previsto.

Constatada a aplicabilidade das cláusulas de exoneração de cumprimento de obrigação pelas partes contratantes, os procedimentos posteriores serão os previstos no contrato, ou, à falta destes, consoante a determinação da lei aplicável.

É aconselhável a reabertura de negociações, para a revisão do contrato em face das novas circunstâncias. Durante a renegociação, a execução do contrato pode ou não ser suspensa,[532] dependendo se a possibilidade de prosseguimento se apresenta. Em caso de suspensão da execução, esta não pode se estender por tempo que torne prejudicial o seguimento posterior do contrato.[533]

Normalmente, consta o dever de máximo empenho na superação das causas e na minimização dos efeitos decorrentes dos fatos invocados.

O pagamento de danos resultantes pode estar previsto, mediante aferição dos mesmos por arbitramento ou estimativa, ou ainda o ressarcimento dos prejuízos comprovados.

Terminada a causa da suspensão ou da aplicação da cláusula invocada, o contrato segue seu curso. Cabe à parte invocante a notificação do fim da aplicabilidade e a manutenção ou o retorno às condições previamente estipuladas.

Nos contratos que regem as operações de *countertrade*, temos as seguintes sugestões de redação de cláusula suspensiva ou exoneratória de cumprimento de obrigações:[534]

Si B et/ou les Sociétés autorisées étaient mises dans l'impossibilité de remplir ces engagements pour

---

[531] Certidões e declarações de órgãos setoriais, consulados ou oficiais costumam ser enumeradas como meio de prova da ocorrência do evento.
[532] Suspende-se a execução, geralmente, das prestações relativas às entregas e/ou pagamento correspondente.
[533] Em geral, de seis meses a um ano, no máximo.
[534] Ver, ainda: cláusula 10 do Anexo 6; cláusula 14 do Anexo 7.

cause de force majeure, la valeur des marchandises que B et/ou les Sociétés autorisées aurient normalement achetées pendant la période d'impossibilité, serait comptée comme contre-partie et comptabilisée comme telle.

Si B et/ou les Sociétés autorisées n'accomplissaient pas, de par leur faute, les engagements souscrits par elles, par le présent contrat, elles seraient tenues de payer à A, à l'expiration du présent contrat, une pénalité égale à 8% de la différence entre le montant des engagements tels que stipulés à l'Article 1 et les achats en contrepartie comptabilisées.

Si l'impossibilité découle d'une cause de force majeure qui a persisté depuis une période quelconque, jusqu'à l'expiration du contrat, la pénalité ne sera pas due.

Enfin, les pénalités ne seront naturellement pas applicables si des contrats passés entre les fournisseurs du pays X et B et/ou les Sociétés autorisées, devaient être résiliés du fait de la faute dudit fournisseur.[535]

Como se vê, no exemplo supra a invocação de força maior suspende a contrapartida durante o período em que as circunstâncias que lhe derem causa perdurarem, até o período estipulado para a duração do contrato - *in casu*, oito anos. Note-se, ainda, que a força maior, aqui, exclui a responsabilidade de contrapartida.

15.1 Party is not liable for a failure to perform any of his obligations if he proves that the failure was due to an impediment beyond his control and that it could not reasonably be expected to take the impediment into account at the time of the conclusion of the contract or to have avoided or overcome the impediment or its consequences.

15.2 Exemption under this article 15 shall be available to the affected party for the period during which

---

[535] Forma sugerida pela ACECO, para os acordos de compensação, op. cit.

the impediments prevents it from fulfilling his obligations under this Contract. If the effect of the impediment lasts more than ...... months, each party shall be entitled to terminate this Contract upon written notice to the other, and neither part shall be liable to the other for any expenses or losses thereby incurred.
15.3 The party who fails to perform must give notice to the other party of the impediment and its effects on his ability to perform. If the notice is not received by the other party within a reasonable time after the party who fails to perform knew or ought to have known of the impediment, he is liable for damages resulting from such non-receipt.
15.4 A party may not rely on a failure of the other party to perform, to the extent that such was caused by the first party's act or omission.[536]

No exemplo supra, baseado nos artigos 79 e 80 da Convenção de Viena, temos a previsão da notificação, pelo suscitante, em tempo "razoável", do contratante, sob pena de responsabilização pelos danos decorrentes do atraso e do inadimplemento. Prevê, ainda, o lapso temporal máximo em que a suspensão da execução da prestação se sustenta, dando origem, a partir de então, à rescisão do contrato. Seguindo essa tendência, o modelo infra dispõe acerca das notificações e dos documentos suficientes à prova da ocorrência da força maior:[537]

12.2 The party for whom it becomes impossible to meet its obligations under this Contract shall immediately advise the other party as regards the beginning and cessation of the circumstances preventing the fulfilment of its obligations.
12.3 Certificates issued by the respective chambers of commerce of the Seller's country or the Buyer's

---

[536] *Redação sugerida pela COMISSÃO ECONÔMICA DAS NAÇÕES UNIDAS PARA A EUROPA, para as operações de* buy-back, op. cit.
[537] Ver, ainda, cláusula 7 do Anexo 1.

country or of the countries of port or station of destination shall be sufficient proof of such circumstances and of their duration.[538]

No caso de acordos de compensação de saldos (*offset*), vemos que o modelo infra sugerido remete diretamente à renegociação dos termos:

> During the period of the offset plan, if there is a substantial change in relevant circumstances the parties will meet with a view to agreeing upon any appropriate amendments.[539]

Ou, ainda, para a prorrogação automática da duração do acordo, pelo mesmo tempo em que foi verificada a força maior:

> 1) Aucune partie contractante ne pourra être considérée responsable pour la non exécution d'une quelconque obligation résultant du présent accord et ce en prouvant que cette non exécution se trouve être due à un empêchement indépendant de sa volonté, qu'un tel empêchement ou ses effets ne pouvaient être raisonnablement prévus, et qu'il ne se trouvait pas en situation de pouvoir les éviter ou les surmonter.
>
> 2) Pourront être considérées, à titre d'exemple, comme force majeure, les situations entraînant une perturbation de l'exécution du présent accord, tels que la déclaration officielle de guerre par les Gouvernements Véluzien ou Français, lock-out, grèves, perturbations de l'ordre publique, calamités naturelles ou restrictions gouvernementales qui affectent l'importation ou l'exportation de biens, services et capitaux.
>
> 3) Dans la mesure ou des raisons de force majeure affectent les dates et les périodes d'exécution des

---

[538] *Modelo formular apresentado por* IRINEU STRENGER, op. cit.
[539] *Redação sugerida pela ACECO, para* Memorandum of Agreement for Offset Program, op. cit.

obligations découlant du présent accord, sans compromettre intégralement son objet, son accomplissement sera ajourné ou prorogé pour un période identique à la durée de la force majeure.
4) L'une ou l'autre des parties contractantes, selon le cas, informera l'autre, par écrit, dès qu'elle aura connaissaince du fait qu'une raison de force majeure compromet ou menace de compromettre la bonne exécution du présent accord.[540]

Note-se ainda que, na redação supra, os eventos enumerados são expressamente exemplificativos.

Por fim, cabe a constatação de que a jurisprudência institucional e arbitral têm restringido a aplicação das cláusulas de força maior e *hardship* em prol da segurança jurídica dos contratantes.[541]

5.3.12. Renegociação e/ou *amiable compositeur*

Em face da impossibilidade de previsão, no momento da celebração do contrato, de todas as circunstâncias futuras que possam vir a afetar o cumprimento das obrigações contratadas, especialmente nos contratos de longa duração, a mediação,[542] conjunta à renegociação, é a forma economicamente mais viável de restabelecimento e reformulação dos contratos que regem as operações de *countertrade*. Assim aconselha, também, a UNCITRAL, especialmente nas operações que admitam a participação de terceiros. Com efeito, a multiplicidade das partes vinculadas a uma operação complexa dificul-

---

[540] Redação sugerida pela ACECO, Accordentre la République de Véluzie et la Société de Construction Aéronautique, additionnel au contrat d'achat de deux avions, op. cit.
[541] Conforme noticiado por ANA MARIA NUSDEO e JOSÉ AUGUSTO COSTA, *op. cit.*
[542] Antiga forma de resolução de conflitos, anterior à jurisdição estatal, e que "[...] vai pouco além da simples negociação. No caso, no entanto, virtualmente deve existir o auxílio de uma ou mais de uma terceira parte, que atue de forma presente nessas negociações, tendente a fazer as partes chegarem a uma solução para a controvérsia" (JOSÉ MARIA ROSSANI GARCEZ, *Contratos Internacionais Comerciais*, São Paulo: Saraiva, 1994).

ta o recurso aos tribunais estatais ou arbitrais, pois a jurisdição e a lei aplicável podem ser diferentes conforme as relações obrigacionais assumidas, consoante vimos no Item 5.3.8, retro.

Ainda, conforme visto nas seções 3 e 4, retro, por vezes especificações referentes aos produtos negociados podem não se encontrar no contrato de regência da operação, mas submeter-se à determinação futura. A mediação pode se revelar um excelente meio de determinação das especificações ausentes e sobre as quais as partes não conseguem termo comum. A UNCITRAL[543] entende que a previsão de determinação das especificações ausentes por terceiro fornece às partes a vantagem da certeza de que a operação de *countertrade* será concluída *in natura*. Ainda que as partes não apreciem a atribuição de poder decisório a terceiros, o estabelecimento de parâmetros para a determinação pode minorar a desvantagem. Ainda, as partes podem recorrer a terceiro para mera recomendação.

O estabelecimento de um comitê para solução de litígios emergentes nos contratos de longa duração pode ser solução adequada. Os membros com poder de reformulação das condições contratadas podem ser pertencentes aos quadros dos contratantes ou independentes. A melhor solução poderá ser encontrada na renegociação, que procederá segundo parâmetros preestabelecidos. Maria Luiza Granziera[544] apresenta o seguinte exemplo de flexibilidade do mecanismo:

> "As partes constituirão uma Comissão de Coordenação composta de igual número de representantes das partes, com atribuição de discutir, solucionar e encaminhar todas e quaisquer questões resultantes deste contrato, com o objetivo de aprimorá-lo. A Comissão de Coordenação, cujos integrantes deverão receber de suas respectivas plenos e amplos

---
[543] *Op. cit.*
[544] *Op. cit.*

poderes de decisão sobre todos e quaisquer problemas emergentes, de forma a se eliminar qualquer condicionante à autoridade superior de ambas as partes, reunir-se-á da seguinte forma:
1ª fase: Reuniões Preparatórias. Essas reuniões realizar-se-ão semestralmente, junto às fábricas das consorciadas, [...] Os problemas não solucionados nas Reuniões Preparatórias serão objeto de uma 'Agenda de Problemas Pendentes', para análise e decisão na 2ª Fase - Reuniões de Coordenação.
2ª fase: Reuniões de Coordenação. Essas reuniões realizar-se-ão dentro de 30 dias contados do término de cada Reunião Preparatória, e serão conduzidas de acordo com a 'Agenda de Problemas Pendentes', para decisão definitiva de todas as medidas e tomada das providências cabíveis e pertinentes à perfeita solução das questões envolvidas. Em todas as reuniões serão lavradas Atas de Reuniões, devidamente numeradas, detalhadas e circunstanciadas, envolvendo todos os assuntos discutidos e as propostas de solução objeto de consenso ou não, as quais serão assinadas por todos os participantes, e distribuídas cópias a ambas as partes".

O Acordo de Compensação Industrial e Comercial que se encontra no Anexo 13 demonstra a tendência de formação de Comitês Mistos para a solução de litígios, com a remessa à arbitragem apenas nos casos que não possam ser solucionados pelo Comitê.

A submissão de uma complexa questão emergente de uma operação de *countertrade* a um litígio judicial, ou seja, a um tribunal inserido na organização judiciária estatal, pode significar uma dispendiosa *via crucis* sem solução que permita a continuidade da operação de forma satisfatória.[545] Muitas vezes o recurso aos tribu-

---

[545] A solução pela via judicial poderá ser satisfatória e rápida para questões privadas de natureza comercial, assim como a sua execução, ainda que inexista convenção internacional expressiva em quanto à homologação e executoriedade de sentenças judiciais. Todavia, os envolvidos em operações de

nais estatais significa ruptura de relações comerciais, efeito este que pode ser minorado com o recurso a tribunais arbitrais.

Também a submissão à arbitragem[546] supõe a decisão das partes contratantes de ver seus litígios resolvidos mediante a aplicação do Direito posto,[547] o que pode se revelar inadequado ao fato concreto. Nesse sentido, ver cláusula 11 do Anexo 6.

A inserção de cláusula que permita o julgamento *ex aequo et bono*, ou por eqüidade, fora das regras e formas de direito, demonstra a disposição das partes à solução de litígios mediante *amiable compositeur*.[548] Tal forma de solução de controvérsias encerra a predominância da eqüidade sobre a lei.[549] Adriana Pucci[550] atenta para o fato de que:

---

countertrade costumam se socorrer da arbitragem, mediação e composição em substituição à jurisdição estatal, tomando em conta tempo, custo e finalidade.
[546] Sobre arbitragem, ver JOSÉ CARLOS de MAGALHÃES e LUIZ OLAVO BAPTISTA, *Arbitragem Comercial*, Rio de Janeiro: Biblioteca Jurídica Freitas Bastos, 1986; ARAMINTA MERCADANTE, *Contribuição ao Estudo da Arbitragem*, Dissertação de Mestrado apresentada ao Departamento de Direito Internacional da Faculdade de Direito da Universidade de São Paulo, s.d. Para um estudo histórico da arbitragem, ver Peter Stein, *Legal Institutions: The Development of Dispute Settlement*, 1984. A propósito da arbitragem no MERCOSUL, ver ADRIANA PUCCI, in *A Arbitragem Comercial nos Países do MERCOSUL*, dissertação de mestrado (em fase de finalização), para ser apresentada perante o Programa de Pós-Graduação em Integração da América Latina (PROLAM).
[547] Nos procedimentos arbitrais, as partes, mediante o compromisso, elegem a lei aplicável, e "[...] a indicação do direito aplicável há três escolhas possíveis: a lei de uma das partes, a do local em que o contrato terá execução e a de um terceiro país". (LUIZ OLAVO BAPTISTA, "Arbitragem e 'Joint-Venture' Internacionais", in *Arbitragem Comercial*, Rio de Janeiro: Freitas Bastos, 1986). JOÃO GRANDINO RODAS, in *Contratos Internacionais* (São Paulo: Revista dos Tribunais, 1985), expõe as tendências doutrinárias acerca da lei aplicável, quais sejam, os defensores da adoção de lei única, mantendo a unicidade do contrato, e aqueles que defendem a pluralidade legislativa, aceitando a *dépéçage*, com a aplicabilidade de normas provenientes de diversos ordenamentos. Um estudo específico é apresentado por JAVIER CARRASCOSA GONZALES, *El Contrato Internacional (Fraccionamento versus Unidad)*, Madrid: Civitas, 1992.
[548] Do latim '*amicabilis compositor*', ou amigável compositor.
[549] Ver cláusula 7 do Anexo 8B.
[550] *Op. cit.*

"[...] o compositor amigável [...] deverá conduzir-se com total lógica jurídica e com total fundamentação. A motivação de seu laudo [...] não serão os princípios consagrados pela lei escrita, mas sim os princípios que conduzem um raciocínio lógico e eqüitativo para ambas as partes".

Com efeito, o *amiable compositeur* deve manter-se nos limites da eqüidade e da justiça ao decidir acerca da questão que lhe foi submetida.

Num contrato de longa duração, que rege um acordo de recompra (*buy-back*), a tônica do contrato é a composição amigável entre as partes, quer quanto ao preço para os produtos objeto da contrapartida, quer para a resolução - quando possível - amigável de quaisquer controvérsias. Na impossibilidade de composição, as partes recorrerão à arbitragem:

> 2.4 If at any time during the term of this Contract the market conditions of PM (*powdered milk* - leite em pó produzido com a utilização de equipamento/tecnologia originalmente vendidos - esclarecemos) substantially change for any reason whatsoever in a part of or in the whole territory of the EEC so as to affect the Buyer's possibilities of resale, then the parties shall find by mutual agreement a solution which will reflect the Buyer's new resale possibilities taking into consideration the Seller's interests.
> 5.3 ... The parties shall take their best efforts to resolve any differences on the C.I.F. main European ports price for the following calendar year prior to November 1st.
> 13.1 Any dispute or difference which may arise out of or in connection with this Contract shall be settled, if possible, in an amicable way. Failing such amicable settlement, the parties should refer the matter to arbitration, no recourse to law courts being permitted, in Stockholm.[551]

---
[551] Modelo formular sugerido por IRINEU STRENGER, *op. cit.*

> Tout différend auquel donnerait lieu l'interprétation ou l'exécution du présent contrat, de ses annexes ou des actes émis sur la base par les deux parties, y compris les accords supplémentaires pour la modification du contrat, sera discuté à l'amiable entre les deux parties.
> Au cas où l'on n'aboutit pas à un accord, ou si l'accord obtenu n'est pas exécuté de bon gré par les parties, le différend sera soumis à la Cour d'Arbitrage auprès de la Chambre de Commerce internationale de Paris. Pour soumettre le différend à l'arbitrage, la signature d'un accord d'arbitrage séparé n'est pas nécessaire. [...]
> La décision de l'arbitrage est définitive, obligatoire pour les parties et sans appel.[552]

Ou ainda, a estipulação de tentativa prévia de composição amigável, e em caso de impossibilidade de acordo, a remessa à arbitragem - que deverá julgar por eqüidade:

> En cas de différend survenant entre les parties dans l'application des obligations relatives au présent protocole d'accord, les parties sont convenues de porter le différend n'ayant pu être réglé à amiable devant l'instance du Tribunal de la Chambre de Commerce Internationale, qui jugera *ex aequo et bon*.[553]

A Rússia, a China e os países da Europa Central e Oriental preferem utilizar os serviços de arbitragem da Câmara de Comércio de Estocolmo[554] ou de Viena, com a utilização das regras da UNCITRAL.[555] Quanto aos demais, demonstram preferência pela CCI, *American Arbitration Association* e *London Court of Arbitration*.

---

[552] Exemplo apresentado por Laurence Moatti, anexo 3, *op. cit.*
[553] Exemplo apresentado por laurence Moatti, anexo 7, *op. cit.*
[554] Informa Albert Kritzer, *op. cit.*
[555] Informa OSVALDO MARZORATI, *op. cit.*

À guisa de conclusão, registrem-se as palavras de Ali Mezghani,[556] em prol da renegociação contínua:

"[...] a indeterminação relativa do objeto do contrato, as incertezas que pesam sobre as obrigações do vendedor, são tais que as condições da fixação encontram-se ausentes. A realização de operações que envolvam a venda de instalações industriais exige a renovação permanente do consentimento das partes".

---

[556] *Op. cit.*

Capítulo 6

Patologia das operações de *countertrade*

6.1. DIFICULDADES

Neste capítulo, apontaremos as dificuldades, tais como o custo operacional elevado se comparado aos meios tradicionais de comércio, as possibilidades e riscos na transferência de obrigações, os riscos inerentes ao comércio internacional, aqui ampliados, a necessidade de financiamento das operações de maior monta e a dificuldade em consegui-lo, a importância do controle da qualidade, dentre outras.

6.1.1. Custo operacional elevado

Por tratarmos de uma operação comercial-financeira sofisticada e complexa, o custo operacional tende[557] a ser mais alto do que o de operações comerciais tradicionais. Parte da elevação dos custos decorre de dificuldades[558] encontradas na fase de negociações da operação a ser realizada, fase esta que tende a ser longa. O custo

---

[557] MICHEL KOSTECKI, *op. cit.*, aponta que "[...] *countertrade* também pode resultar em redução do preço do negócio, devido à redução da carga tributária incidente e do controle sobre as importações".
[558] Algumas das dificuldades comuns às operações tradicionais são: a distância física, sistemas jurídicos diversos, ausência de linguagem comum - e, conseqüentemente, na eleição da língua em que será redigido o contrato, além das dificuldades comuns aos contratos que envolvam a transferência de tecnologia. Específicas às operações de *countertrade* temos a adequação de preços, a moeda de conta e forma de contabilização, possibilidade de transferência de direitos e obrigações.

pode elevar-se deveras nas operações de longa duração e de alto capital investido. O tempo gasto nas negociações preliminares e definitivas é grande, tomando semanas, meses e até anos,[559] e deverá, para efeitos de contabilização, ser considerado ainda o custo da ausência de pessoal técnico que esteja envolvido nas negociações.

No curso das negociações dessas prestações complexas, as partes tratam ainda, com terceiros ainda não envolvidos, questões relativas a financiamento, seguro, garantias.

Via de regra, é necessária a contratação de consultor especializado na matéria, ou os recursos a instituições oficiais de fomento à prática.

Todavia, cabe a colocação de que qualquer custo operacional será compensado no preço final dos bens negociados, e a equação custo/benefício pode ser, afinal, positiva. E isso porque, durante a negociação da operação, os custos podem ser planejados e orçados de tal forma que possibilitem a incorporação no preço dos bens ao mesmo tempo em que se mantêm compatíveis com os preços praticados no mercado internacional.

Dentre os fatores que elevam o custo da operação, Alain Lelarge[560] estima que o deságio é responsável pela proporção de setenta a noventa e cinco por cento da elevação. O deságio é a diferença entre o preço de compra de determinado bem nas operações de *countertrade* e aquele praticável no mercado internacional. Nas operações de *countertrade* que envolvem a intermediação por *Trading Co.* ou assemelhados, o deságio é a denominação dada à comissão paga pelo exportador das

---

[559] MARISTELA BASSO, *op. cit.*, apresenta a questão nos seguintes termos: "[...] conforme a mercadoria que é objeto da negociação, as partes discutem oralmente; trocam cartas, desenhos, plantas de máquinas; realizam experiências físicas, químicas e/ou mecânicas visando se assegurar da qualidade da mercadoria. Certamente, a venda de soja não exige um período negocial longo, contrariamente à venda de equipamentos industriais cuja complexidade dos aspectos técnicos faz com que o período de discussões (negocial) se prolongue".
[560] *Op. cit.*

mercadorias, a título de remuneração, ao negociante que compra, à sua conta, os produtos destinados à compensação; mais os descontos necessários à adequação aos preços praticados no mercado.

Os produtos serão vendidos pelo seu preço de venda [X], e o vendedor pagará ao intermediário a sua comissão [C]. Já o preço de compra [X'] dos produtos consiste no preço de venda X mais o deságio [D]. Donde temos que D = X' - X - C.

O desconto para ajuste ao preço de mercado consiste na adequação dos valores negociados para a operação de *countertrade* à realidade do mercado. Isso porque, por ocasião da negociação da operação, os preços são calculados a maior, em função de os custos operacionais serem mais elevados, consoante retroexposto. Esse tipo de desconto é calculado caso a caso, resultando da comparação do preço pretendido com aquele praticado no mercado.

O desconto para garantir a venda dos produtos aplica-se àqueles produtos de difícil escoamento no mercado consumidor. Com efeito, conforme será melhor explicitado no Item 6.2.2 deste Capítulo, alguns produtos somente logram colocação no mercado mediante as operações de *countertrade*. O desconto oferecido sobre o preço pretendido torna o produto mais atraente e com mais possibilidade de efetivamente ser realocado no mercado. São descontados, assim, os custos de realocação de bens não-competitivos, custos estes derivados de:

    a) estocagem;
    b) estornos;
    c) remuneração de serviços prestados por instituições financeiras,[561] inclusive garantias, contas vinculadas e seguros.

Essa modalidade de desconto é calculado em função do tipo de mercadoria, seu grau de sofisticação e da estrutura prévia de distribuição. Por exemplo, se a

---

[561] A remuneração das instituições financeiras situa-se entre 0.5 e 1.5% do valor total da operação.

mercadoria negociada for matéria-prima, semimanufaturado ou manufaturado. O grau de correspondência da mercadoria aos padrões de qualidade e exigências do mercado é fator de diminuição do desconto requerido.

O intermediário, normalmente, é empresa especializada em engenharia de operações financeiras. Dentre os serviços colocados à disposição do vendedor, está a garantia de resultado e a utilização de rede de empresas afiliadas, associadas ou meramente relacionadas. Para tanto, é remunerado em valor situado entre 0.5 e 2.5% do valor da operação, valor este a ser fixado tomando-se em conta a magnitude do negócio.[562]

Stephen Jones[563] informa que a média de deságio nas operações de *countertrade* era de doze por cento, em 1982, considerada alta enquanto custo operacional. Em relação aos custos totais, o autor estima que a percentagem situa-se entre cinco e quinze por cento.

6.1.2. Riscos

Por outra vertente, a crise no sistema monetário fez com que os meios comuns de financiamento se tornassem de alto risco ao exportador, eis que muitos países importadores não conseguiam obter crédito ou assistência financeira para o pagamento de suas importações.

De acordo com a Comissão de Terminologia de Seguro da *American Risk and Insurance Association*, risco é a incerteza que se tem no resultado de um evento quando existem duas ou mais possibilidades.

A propósito do risco das operações comerciais como um todo,[564] apontava Luiz Olavo Baptista[565] que:

"[...] ao encarar o problema do risco, a grande questão a enfrentar não é a inexecução voluntária ou

---

[562] Conforme noticiado por ALAIN LELARGE, *op. cit.*
[563] *Op. cit.*
[564] *Op. cit.*
[565] Ver, ainda, do mesmo autor, "Os Riscos das Transações Internacionais: Problemática Jurídica e Instrumentos de Defesa", *in REVISTA DE DIREITO PÚBLICO*, nº 66, 1983.

dolosa dos contratos, mas, sim, a do inadimplemento decorrentes de causas imprevisíveis e alheias à vontade dos contratantes, e que ocorrem ao longo do tempo".

Já tratamos dos riscos decorrentes de força maior ou de fato do príncipe ou causas naturais no Capítulo 5, Item 5.3.11, retro. Sobre os riscos genéricos e desde o prisma dos países industrializados, A. Kritzer[566] pondera que:

> "[...] os riscos dos investimentos internacionais, particularmente nos países em vias de desenvolvimento, geralmente são maiores e mais complexos do que aqueles que se apresentam nos negócios domésticos. [...] todavia, o risco comercial, doméstico ou internacional, pode ser calculado com certo grau de precisão".

E o Banco Mundial:[567]

> "Toda atividade econômica é sujeita a diversos riscos técnicos, econômicos e financeiros. Muitos desses riscos são passíveis de cálculo atuário e podem ser cobertos por simples apólices de seguro, mas outros não. Os sistemas financeiros podem ajudar os participantes do mercado a superar determinados riscos, redistribuindo-os entre eles. [...] As instituições financeiras têm demonstrado grande habilidade em inventar instrumentos de cobertura de riscos e formular os respectivos contratos entre as diferentes partes".

Um ponto que devemos ter em mente é o fato de que as operações de *countertrade* apresentam maiores riscos em decorrência do longo lapso temporal verificado entre a negociação e o término da operação, que pode ser maior do que aquele lapso nas chamadas operações tradicionais, ou não. Com efeito, conforme vimos nas

---
[566] *Op. cit.*
[567] *Relatório sobre o Desenvolvimento Mundial - 1989.*

seções retro, os negócios levados a termos sob maior parte das modalidades de *countertrade* demandam tempo maior entre a negociação e a plena execução das obrigações assumidas. Jacques Groothaert, ao contrário, entende que o *countertrade* propicia às partes o mesmo grau de segurança que as operações realizadas internamente - vale dizer, as operações locais -, em função da homogeneidade comparada, que oferece menos riscos que os decorrentes do sistema multilateral de trocas.[568]

Os riscos decorrem, ainda, de peculiaridades de cada mercado, assim como de cada região produtora ou consumidora dos bens negociados mediante *countertrade*. Um exemplo disso são as modificações ocorridas nos últimos dez anos nos países que pertenciam ao CAME. Há dez anos, um país como a Iugoslávia era considerado como um dos que ofereciam riscos menores aos investidores externos.

Além dos problemas genéricos decorrentes da utilização de técnicas comerciais sofisticadas aqui apresentados, analisaremos a seguir os problemas específicos decorrentes das operações de *countertrade*.

Como as operações de *countertrade* envolvem, em sua maioria, mercadorias ou bens susceptíveis às variações da política econômica de quaisquer dos governos conexos, mais o longo lapso temporal entre o início das negociações e a desobrigação das partes, temos que os riscos de natureza política e econômica são os que despertam maior interesse nessa forma de negociar. Segundo A. Kritzer,[569] os riscos políticos podem ser classificados em três categorias: violência política (guerra, revolução, terrorismo, insurreição), fatos do príncipe (legislativos, expropriações, nacionalizações, modificações nas políticas econômicas) e modificações circunstanciais de política tributária, externa e cambial, decorrentes da soberania dos Estados.

---
[568] *"Financial Cooperation and Countertrade", op. cit.*
[569] *Op. cit.*

Fonte de consulta dos negociantes do mundo, *The Wall Street Journal* publica, de tempos em tempos, uma listagem apresentando o fator de risco de cada país, considerando os riscos político, econômico e financeiro. Nesta lista, *v.g.*, a Suíça é o país mais seguro (fator de risco = 91.5), seguido de Luxemburgo e Noruega. O Japão encontra-se na 8ª posição (84.5), os Estados Unidos na 10ª (83.5), o México na 33ª (70.5), Hong Kong na 42ª (67.5), Brasil na 54ª (62.0), China na 58ª (60.0), Turquia na 94ª (49.5) e a Libéria é a última colocada (12.0).

Por outra vertente, existem riscos comerciais em todas as fases do negócio. Ainda, "[...] não há grandes lucros sem riscos".[570] Como muito bem colocado por Robert A. Romano,[571]

> "[...] na elaboração de qualquer documento devem ser considerados, analisados os riscos que envolvem a negociação para que se possam determinar meios para lidar com eles. Alguns riscos poderão ser incluídos no contrato, outros deverão ser transferidos para terceiros na forma de garantias bancárias ou carta de crédito ou adendos, ou sujeitando-se a contratos de seguro contra cláusulas de soberania, ou riscos cambiais, entre outros riscos".

E é o que os negociantes das operações de *countertrade* fazem, a exemplo das operações chamadas tradicionais: contratam seguros e garantias.

6.1.3. Financiamentos

Quando um comprador adquire um bem por intermédio de importação, o pagamento pode ser efetuado por intermédio do sistema financeiro internacional, quer através de transferência de fundos ou de financia-

---
[570] JEAN BRILMAN, *op. cit.*
[571] Palestra proferida no "Seminário sobre aspectos jurídico-legais das operações de *countertrade*", *op. cit.*

mento. Conforme verificado historicamente, o desenvolvimento de instrumentos financeiros acompanhou o desenvolvimento do comércio.

E. J. Michan[572] observa que muitos dos serviços prestados por bancos se desenvolvem da complexidade social, quando então organismos, instituições e empresas surgem em resposta ao desconcertamento e à frustração do indivíduo imerso nesse meio cada vez mais complexo, e podendo ser considerados como lubrificantes institucionais, subproduto necessário do crescimento econômico.

Quando há a necessidade de fundos líquidos para a consecução das operações de *countertrade*, e as partes operantes não podem dispor destes, os recursos necessários poderão ser obtidos por financiamento.[573]

O financiamento poderá ser mediante créditos obtidos perante instituições financeiras locais, créditos governamentais com subsídios, ou créditos oferecidos por organismos internacionais. Por outro enfoque, os créditos podem ser concedidos ao importador ou ao exportador.

Ainda que nas operações de *countertrade*, à primeira vista, a obtenção de recursos financeiros possa ser difícil, se considerarmos os altos valores envolvidos e o alto risco da operação como um todo, a experiência levada a termo nas décadas de sessenta e setenta com os países do COMECON fez surgirem as empresas especializadas na administração de contas-convênio e em operações de compensação financeira. Um dos fatores mais considerados enquanto risco é a estabilidade política do país sede do contratante, que era considerado baixo nos países do CAME.

Oferece, ainda, o *forfaiting*,

---

[572] *El Crecimiento de la Abundancia y la Disminción del Bienestar*, apud JUAN FARINA, *op. cit.*
[573] Uma síntese do tema "financiamento do *countertrade*" pode ser visto em JACQUES GROOTHAERT, *"Financial Cooperations and Countertrade"*, *op. cit.*; Brian TOWNSEND, *op. cit.*

"[...] operação pela qual um banco adquire títulos comerciais de exportadores, que os transfere àqueles sem garantia, ou seja, não se responsabilizam pela inadimplência do devedor principal e de seus respectivos garantidores".[574]

Esse instrumento financeiro é utilizado nas operações que requerem financiamento a médio e longo prazo, e dispensa a contratação de seguro de crédito.

Ainda, nos países em que a prática do *countertrade* é incentivada por políticas governamentais, há disponibilidade de créditos com incentivos fiscais ou subsídios.

O sistema financeiro internacional atualmente oferece diversos produtos ao mercado específico das operações de *countertrade*, tais como abertura de contas escriturais (*escrow accounts*) e cartas de crédito, além de assessoria e consultoria.

Para o mercado específico do comércio de armas, o fim da guerra fria ocasionou a diminuição dos recursos dos fundos de assistência militar nos dois blocos, e a necessidade de créditos para a aquisição de armamentos e sistemas de defesa. No que se refere aos Estados Unidos, que formalmente proibia a concessão de créditos ou garantias para a exportação de armamentos,[575] verifica-se uma mudança em sua política. A indústria bélica, em 1992, conseguiu financiamentos para a exportação a médio e longo prazo na ordem de 11 bilhões de dólares,[576] de forma a competir com Grã-Bretanha, França, Canadá e Alemanha,[577] que dispõem de recursos

---

[574] Definição de HAROLDO MALHEIROS DUCLERC VERÇOSA, in "O Forfaiting", *REVISTA DE DIREITO MERCANTIL*, nº 88.

[575] O *Ex-Im Bank* foi proibido de conceder empréstimos ou prestar garantias aos países em vias de desenvolvimento, para a importação de armamentos, a partir de 1968, e, *de per si*, não concedeu quaisquer empréstimos a qualquer país a partir de 1974, à exceção isolada de financiamento da venda de helicópteros militares para a Turquia, em função do programa de combate às drogas.

[576] Provido pelo *Ex-Im bank*, conforme consta do *Ex-Im Bank anual report*, 1993, dos quais 92% foram direcionados para operações intergovernamentais, conforme relatório do Departamento de Defesa norte-americano.

[577] Providos pelas seguintes instituições: *British Export Credits Guarantee Department, Compagnie Française d'Assurance pour le Commerce Extérieur, Canadian Export Development Corporation* e *HERMES Kreditversicherungs AG*.

para financiamento. O que significa que o que era tratado como dificuldade vem encontrando soluções satisfatórias em função da transformação dos mercados.

Por vezes, para facilitar a contrapartida ou por problemas circunstanciais no fluxo de capitais, o país importador de bens de capital e exportador de *commodities*[578] utiliza-se de pré-financiamento[579] à sua futura exportação em contrapartida. Tal procedimento permite ao país importador (ou empresa) a aquisição de um bem que será pago mediante compensação,[580] com o adiantamento do pagamento da sua exportação subseqüente.

As operações que envolvem pré-financiamento têm duração variável, podendo ser levadas a termo em dois ou três meses, quando a contra-remessa for efetuada em bloco único, tendo a duração prorrogada para cerca de dois anos quando da contratação de contrato de fornecimento para a contrapartida - onde a amortização do financiamento será efetuada concomitantemente com as remessas.

6.2. VANTAGENS

Neste tópico, analisaremos, as dificuldades específicas mais relatadas nas operações de *countertrade*, assim como as vantagens observadas, tudo em relação ao comércio multilateral.

Discorrendo acerca das dificuldades, tentaremos apontar soluções possíveis.

---

[578] O termo *commodities* aqui entendido como produtos de base ou insumos para a produção de bens de consumo, tais como componentes e equipamentos semimanufaturados e manufaturados que tenham por características: a) conhecimento técnico comum; b) padrão de qualidade e normas padronizados; c) preço estabelecido por cotação internacional; e d) intercambialidade global.
[579] Segundo a ACECO, *op. cit.*, o expediente é muito utilizado por: a) países em vias de desenvolvimento produtores/ exportadores de produtos de base; e b) países com industrialização recente (NICs), também produtores/ exportadores de produtos de base.
[580] *Lato sensu*.

Tratando das vantagens, abordaremos os efeitos micro e macroeconômicos, tanto quanto permitem os limites deste livro.

6.2.1. Captação de mercados

Uma das grandes vantagens apresentadas ao exportador, sob o ponto de vista macroeconômico, é a abertura de mercados que se lhe encontravam fechados por escassez de moeda para pagamento dos produtos, ou por problemas derivados de falta de recursos no sistema monetário internacional, tal como ausência de crédito para financiamento comercial.

Joseph Schumpeter,[581] já em 1911, afirmava que:

"O desenvolvimento, segundo nossa acepção, então, se define como o levar avante novas combinações. Esse conceito abrange os cinco casos seguintes:
[...] 3) a abertura de novo mercado, quer dizer: um mercado onde ainda não houvesse penetrado o ramo específico da indústria do país em jogo, quer esse mercado existisse ou não anteriormente.
4) A conquista de nova fonte de suprimento das matérias-primas ou produtos semi-industrializados, também sem levar em conta, se esta fonte já existe, ou primeiro precisa ser criada. [...]"

Por vezes, a utilização do *countertrade* para a captação de mercados inacessíveis ocasiona ainda a entrada definitiva do produto ou bem, com a criação de hábitos de consumo que redundarão em operações subseqüentes que poderão ou não se revestir das formas alternativas aqui apontadas. Enfim, podem ser estabelecidos laços comerciais estáveis entre o exportador e o importador originais.

Jean Brilman[582] aponta que:

---
[581] *Op. cit.*
[582] *Op. cit.*

"[...] se se considera que o campo de competição passa a ser o mundo, a estratégia mundial tem de ter em vista estabelecer uma vantagem competitiva, seja por uma configuração concentrada, seja por um grau elevado de coordenação, seja pelos dois ao mesmo tempo. Mas também pode ser, sobretudo, por meio de um dosamento adequado que tenha em conta os protecionistas, os nacionalismos, as diferenças culturais, os custos de coordenação, os prazos, os riscos e os efeitos perversos da concentração na motivação dos homens e na relação com o cliente".

Alguns compradores potenciais podem ter forte preferência pelas operações de *countertrade*, só admitindo a implementação do negócio nestes termos. Sob o ponto de vista dos exportadores, a possibilidade de entrada neste segmento específico do mercado pode ser vantagem suficiente.

Algumas economias, apesar da crescente tendência à liberalização, mantêm fortes barreiras não-tarifárias e restrições ao comércio internacional. Com isso, *countertrade* pode ser a única fórmula para a entrada nesses mercados.

Sob o ponto de vista da empresa, a utilização de *countertrade* pode ser investimento, quer mediante *joint-venture*, quer mediante acordos de cooperação industrial, como o que vem recentemente ocorrendo na República Popular da China.[583]

Michel Kostecki[584] apresenta algumas questões, para as quais respostas afirmativas demonstram a utilização das operações de *countertrade* para a captação de mercados:

"1. As chances para a contratação são melhores com a utilização de *countertrade*?

---
[583] Nesse sentido, KRITZER, *op. cit.*
[584] *Op. cit.*

2. A prática do *countertrade* mudará os termos do comércio apresentando vantagens para o exportador?

3. A utilização do *countertrade* é a única forma realista de acessar determinados mercados que interessam ao exportador?"

Com o que, dependendo das circunstâncias objetivas, conclui-se que as operações de *countertrade* podem se demonstrar mais eficientes[585] que as formas tradicionais de comércio - especialmente quando essa é a única forma possível ou disponível.

6.2.2. Preservação de reservas

Quando examinamos o sistema monetário de *Bretton Woods*, vimos que a moeda de curso legal de alguns países não é conversível no âmbito internacional, razão pela qual não podem ser utilizadas nos pagamentos internacionais.

A prática do *countertrade*, enquanto negócio que não envolve pagamento em moeda conversível, tornou-se atrativo, na década de oitenta, para os países da América Latina e do Sudoeste Asiático,[586] que, à época, sofriam as restrições impostas pelo mercado de empréstimos internacionais.

Com isso, esses países dependem de moedas conversíveis para pagamento de importações. Caso o volume de exportações não seja suficiente para garantir a entrada de moeda conversível, necessário se torna o recurso aos meios não tradicionais de pagamento. Caso o volume de exportações seja suficiente, necessário se torna verificar se o volume de reservas internacionais encontra-se em nível satisfatório, pois o balanço de pagamentos é mais que a balança comercial.

Quer tenha o país sua moeda conversível ou não, reservas em divisas são desejáveis na medida em que

---
[585] *Eficiência* aqui entendida como a relação entre os recursos utilizados para produzir uma ação e os resultados.
[586] Consoante apontado por Cedric Guyot, *op. cit.*

são instrumento à disposição dos governos para o controle de suas políticas, em especial a cambial e a comercial externa. Com efeito, para a intervenção eficaz nos mercados de câmbio, necessária quantidade suficiente de divisas, independente do fato de a moeda local ser conversível. José Tadeu De Chiara[587] coloca a questão da seguinte forma:

> "A faceta de poder inerente à moeda é a 'influência' que é exercida nos mercados pelos titulares de disponibilidades monetárias em termos das oscilações ou ajustamentos no nível dos preços, e das decisões de investir ou de consumir; e, num segundo plano, como sinalizadora das soluções políticas e de governo. A percepção do poder que decorre da titularidade de disponibilidade em moeda merece, assim, especial destaque, pois que qualifica situações jurídicas nas quais menos do que a materialização em atos de aquisição de bens por intermédio da moeda, ou do que opção entre alternativas de negócios cada vez mais ampla e diversificadas, conferem às disponibilidades financeiras especial posição de influência na dinâmica dos mercados".

Nos países cuja economia é dita "liberal", o governo exerce seu papel de organizador do funcionamento da economia, de forma a estabilizar os mercados e as trocas. Seu papel limita-se, em tese, a evitar as deformações do mercado de trocas que, a princípio, é livre. Para tanto, necessário o gerenciamento de reservas em divisas por órgão central governamental: Banco Central ou equivalente.

O controle do saldo da balança comercial pode ser efetuado mediante o controle governamental do câmbio

> "[...] entendido esse controle cambial como controle da moeda estrangeira (*control of foreign money*), ou, mais precisamente, como controle dos meios de pa-

---

[587] *Op. cit.*

gamento internacionais (*control of media of international payment*) - é um fenômeno generalizado, sendo por todos admitida a submissão nas economias nacionais da autonomia privada à vontade estatal em tudo aquilo que se refere à conversão de divisas e importação ou exportação de moedas nacionais ou estrangeiras [...]."[588]

Ao controlar o fluxo de divisas, os governos controlam ainda o fluxo de bens. Para a implementação de políticas contingenciais e emergenciais, reafirmamos a necessidade de volume suficiente de reservas para a indução eficaz dos mercados. István Gyöngyössy[589] assim trata a questão:

> "Um dos pontos cruciais em matéria de política monetária de um país é relacionada às reservas dos bancos centrais. A primeira questão é que quantidade de reservas é desejável, ou deveria ser desejável [...]. É tão importante o volume de reservas quanto a sua utilização em propósitos intervencionistas".

Já nos países em que a economia é conduzida pelo poder central, temos o controle econômico com vistas ao desenvolvimento ou estabilidade, e que se utiliza do controle das trocas internacionais. Esses países utilizam um ou mais dos seguintes instrumentos: centralização ou monopólio do câmbio; rígido controle sobre as importações e exportações, que dependem de autorização governamental; controle da emissão de moeda consoante as necessidades de sua política monetária.

Temos ainda, como visto no Capítulo 1 deste livro, os países do então bloco socialista, cuja economia era centralmente planificada. O controle econômico, aqui, faz parte de uma ideologia, e é instrumento do regime.

---

[588] LUIZ GASTÃO PAES DE BARROS LEÃES, "Controle Cambial e Fluxo Internacional da Moeda Nacional" *in REVISTA DE DIREITO MERCANTIL* nº 83, 1981.
[589] *International Money Flows and Currency Crises*, Hague: Martinus Nijhogg, Budapest: Akadémia Kiadó, 1984.

Ainda, cabe a colocação de que um país com saldo positivo na sua balança comercial e financeira, e que possua nível satisfatório de reservas internacionais costuma ter sua moeda de curso forçado conversível, ou ao menos aceita nas praças que negociam moedas.

Por outra vertente, os países em vias de desenvolvimento muitas vezes defrontam-se com problemas decorrentes de baixo nível de poupança interna e das reservas internacionais em divisas.

Esses problemas podem ser agravados se esses países não detêm boa situação creditícia no mercado externo. Como sabido, um dos fatores que endossam a concessão de crédito é o nível das reservas internacionais de um país - até porque, via de regra, o mútuo é garantido por essas reservas.

Sob o ponto de vista da segurança nacional, a utilização de *countertrade*, em especial dos acordos de compensação de saldos (*offsets*), reduzem os gastos em divisas para a implementação de sistemas de defesa ou controle. Julio Menezes[590] aponta que o necessário gasto com os sistemas de defesa pode ter reflexos minorados no balanço de pagamentos se utilizados os acordos de compensação de saldos - e a conseqüente economia de divisas para alocação em outros pagamentos que se demonstrem urgentes e/ou necessários. Vimos no Capítulo 1, *contrario sensu*, que países como o Iraque e o Irã recorrem ao *countertrade* para importação de bens de consumo e a preservação de suas reservas em divisas para a aquisição de armamentos. Ainda que se argumente que tais países preservem suas divisas para a compra de armamentos ofensivos, ao passo que países como o Brasil busquem sistemas defensivos, gastos militares pertencem à mesma categoria, sob o ponto de vista da doutrina da segurança nacional. Assim, consideraremos rapidamente tal doutrina, apenas de forma a situar a colocação retro.

---

[590] *Op. cit.*

Um estoque aceitável de reservas internacionais é necessário, ainda, para o pagamento de importações de insumos, equipamentos e demais produtos não disponíveis senão contra pagamento em moeda conversível.

6.2.3. Aceitação do *countertrade* como elemento diferenciador entre dois ou mais produtos competitivos.

Aqueles que se encontram em posições gerenciais e com poder decisório são pressionados para que aumentem as vendas e os lucros das empresas. Quando os mercados onde habitualmente atuam encontram-se sob recessão econômica ou saturados, procuram novos mercados.

A alardeada recessão mundial na década de oitenta fez com que alguns produtores verificassem que uma oferta de venda de produto que não restrinja a negociação às bases comerciais tradicionais, ou seja, que não requeira pagamento total em moeda ou crédito, gera uma vantagem comparativa para seu produto em termos de competitividade no mercado internacional. O fato de um dos competidores oferecer seu produto à base de troca para importadores com qualquer problema financeiro - ou com planos diferentes para o crédito que eventualmente disponham - torna sua proposta mais atraente ao comprador. Jean Brilman,[591] ao falar da diferenciação entre as empresas japonesas e as ocidentais, que, apesar de estarem na mesma situação de competição no que respeita aos custos e à qualidade, as ocidentais "[...] perdem terreno na vantagem competitiva que constitui a diferenciação".

Aponta J. Marcovitch[592] os vários ângulos sob os quais pode ser a competitividade analisada: estrutural, setorial e empresarial. Enquanto a competitividade estrutural denota melhores condições comparativas de

---
[591] *Op. cit.*
[592] "Competição, Cooperação e Competitividade", *op. cit.*

produção (educação, suporte à pesquisa, cooperação internacional, legislação fiscal e trabalhista, infra-estrutura de transporte, energia e comunicações, *v.g.*), a competitividade setorial denota características da concorrência (equilíbrio de forças entre fornecedores e clientes, ameaças e oportunidades setoriais, grau de articulação com os setores de apoio e relacionados, *v.g.*) dentro do setor no qual se insere a atividade produtiva em questão. A análise da competitividade empresarial é a que, *a priori*, nos interessa. Vejamos, nas próprias palavras de J. Marcovitch:

> "A competitividade empresarial refere-se à capacidade das empresas de sustentar os padrões mais elevados de eficiência vigentes no mundo, quanto à utilização de recursos e à qualidade de bens e serviços oferecidos. Uma empresa competitiva deve ser capaz de projetar, produzir e comercializar produtos de qualidade superior aos oferecidos pela concorrência, tanto em relação a preço quanto a qualidade".

À essa capacidade acrescentamos a forma de pagamento. Assim, a disposição de uma empresa à prática do *countertrade* torna-se uma ferramenta de *marketing* para os exportadores, diferenciando o seu produto em relação a outro similar, *especialmente* enquanto meio de pagamento - que é uma inovação da forma negocial.

Para finalizar a patologia das operações de *countertrade*, temos que as dificuldades também se apresentam em determinadas modalidades do chamado modelo tradicional de negociar e, a exemplo das soluções que foram sendo encontradas pelos agentes na defesa de seus interesses, as dificuldades específicas das operações de *countertrade* podem ser contornadas e minoradas, com os devidos cuidados que garantam a segurança das partes e a consecução das finalidades comuns. Em relação às vantagens, estas podem se demonstrar substanciais o suficiente para induzir os empresários e governos a se engajarem nessa forma negocial.

Conclusão

> A resposta essencial haure sua força sustentadora na insistência do perguntar.
> A resposta essencial é apenas o começo de uma responsabilidade.
> Nela o interrogar desperta mais originariamente.
> É também, por isso, que a questão autêntica não é suprimida pela resposta encontrada.
>
> Martin Heidegger

Partindo de dados estimativos de diversas organizações, governamentais ou não, e de instituições especializadas, vimos que a antiga fórmula da troca de bens, considerada "troca inferior", ressurgiu no comércio internacional no período entre-guerras, modificou-se no pós-guerra, cresceu em meados da década de sessenta e durante os anos setenta. Consolidou-se nos anos oitenta e conserva-se nesta posição nos nossos anos noventa. Durante este período, a "troca inferior" mesclou-se à "troca superior", criando, para sua instrumentalidade, o que Messineo classificou como "contratos mistos, em sentido estrito". Com efeito, vimos que os instrumentos que regem essa fórmula de troca de bens contêm elementos legais e conhecidos, dispostos em combinações originais de coordenação ou subordinação, mantendo uma causa mista unitária.

E esta forma de negociar tornou-se conhecida neste século XX sob nome *countertrade*.

Vimos que suas fontes consistem em modelos conhecidos, mesclados com as especificidades de cada negócio - ou *omnia mutantur, nihil interit*. O passo seguinte é a identificação de seus sujeitos e do tipo de relação jurídica. Os sujeitos podem ser entes públicos ou privados, sem que esta distinção diferencie o tratamento jurídico - exceto para algumas das questões relacionadas ao sistema OMC. A relação jurídica é a da troca de bens, sejam estes mercadorias, serviços ou tecnologia. A modificação verificada no sistema jurídico é a funcionalidade desse "novo" modelo. Vejamos:

Ao examinarmos os aspectos políticos e econômicos, verificamos que o *countertrade* encontrou seu *habitat* nas situações de crise monetária e econômica global, demonstrando ser interessante opção à parte do sistema OMC/*Bretton Woods*. Examinamos, ainda, os aspectos de direito internacional público, sob o enfoque da responsabilidade dos Estados, e vimos que as práticas nas quais a sanção seria parte essencial da estrutura lógico-normativa nos acordos internacionais do sistema OMC/*Bretton Woods* podem estar presentes em todas as fórmulas negociais conduzidas por Estados.

Ao apresentarmos a tipologia das operações de *countertrade*, vimos a diversidade criativa dos negociantes para derivarem, das trocas de excedentes, fórmulas elaboradas e aparentemente complexas:

A partir de modelos jurídicos conhecidos, os negociantes adequaram os institutos disponíveis à sua realidade, e elegeram o regime geral dos grupos de contratos para a montagem das operações de *countertrade*. Cada novo modelo, variando conforme o objeto, é composto por contratos isolados, aplicando-se-lhes as regras gerais da disciplina dos contratos, assim como os princípios gerais de direito internacional e a chamada *lex mercatoria*, todos conjugados entre si. Os negociantes promoveram, assim, a adequação de institutos estabelecidos com fundamento na autonomia da vontade.

Como tudo o que não é idêntico ao conhecido, a jurisprudência ainda não reconhece, ou não examinou, as operações mais complexas de *countertrade*, e vem cuidando de contratos isolados em vez de tratá-las como grupo de contratos. E isto porque toda a ordenação diferente representa um atentado em potencial contra a organização vigente - ainda que essa ordenação diferente consista meramente na "re-ordenação" dos fatores já conhecidos.

O que observamos no cenário internacional é a ausência de um regime convencional estatal para as operações de *countertrade*, até mesmo em função da dificuldade de identificação e qualificação desses contratos, que não são idênticos aos tipificados ou amplamente utilizados nas formas puras de troca superior. Em raros países existe uma regulamentação para essas operações, por vezes apenas para algumas de suas modalidades. Os problemas referentes ao comércio internacional, em geral, e à prática do *countertrade*, em especial, não encontram satisfação no direito posto, eis que as lacunas se apresentam pela ausência de solução jurídica para problemas colocados e pela inadequação das normas ao caso concreto.

Deparamo-nos, portanto, com lacuna normativa, no âmbito dos Estados, em face da referida ausência de normas aplicáveis a uma fórmula mista. É certo que o Direito posto não pode prever todas as alternadas e volúveis vicissitudes da realidade, mas aquela parte da realidade que se ressalta mediante atos jurídicos deve encontrar abrigo nos sistemas normativos internos, vale dizer, deve encontrar uma solução jurídica dentro do ordenamento dado. Vejamos a posição de Tullio Ascarelli,[593] oferecendo uma via para a resolução da lacuna normativa:

> "Do ponto de vista jurídico-dogmático não é possível, a rigor, haver lacunas, pois a função do intérprete é sempre e necessariamente declaratória. Essa declaratoriedade baseia-se em uma exigência fundamental de certeza jurídica; no princípio de que a solução de cada caso deve coadunar-se com a con-

---

[593] *Problemas das Sociedades Anônimas*, 2ª edição, São Paulo: Saraiva, 1969.

tida em uma norma geral preordenada para uma classe de casos com determinados característicos".

É o caso, no direito pátrio, do artigo 4º da Lei de Introdução ao Código Civil e do artigo 291 do Código Comercial.

No plano internacional, concluímos pela existência de lacuna, pois as normas existentes - de direito internacional público e econômico internacional - não correspondem aos fatos observados. Os costumes não autorizados legalmente - e por vezes até desautorizados - e amplamente difundidos, como a *lex mercatoria* e seus filhos (contratos-tipo, *Incoterms*, condições gerais) é que oferecem a solução jurídica. Aponta Lourival Vilanova:[594]

> "Pode-se dizer que a multiplicidade dos contratos sociais, que se vertem em atos jurídicos, a velocidade com que se processam e a instabilidade que o ritmo da mudança social imprime ao Estado, à sociedade e aos indivíduos, tudo são fatos incomportáveis nos quadros tipificados das categorias jurídicas tradicionais, especificamente nos esquemas contratuais da codificação civil do liberalismo, tanto político quanto econômico".

O crescimento do mercado mundial, visto como unitário, teve por conseqüência a organização das unidades empresariais voltada para a operação numa base global. O Direito, a seu turno, dinamiza-se de forma a adequar-se às necessidades dos interesses demonstrados por esses mercados. E isso porque o Direito, que dá estabilidade e previsibilidade às ações públicas e privadas, deve corresponder às necessidades emergentes dos agentes.

Se as operações não suscitam conflito entre as partes, temos um equilíbrio harmônico dos interesses. Todavia, se necessária a solução de um conflito, o

---

[594] *In* "Prefácio" a PAULO LUIZ NETO LOBO, *O Contrato - Exigências e Concepções Atuais*, São Paulo: Saraiva, 1985.

direito deverá ser dito por quem competente para tanto, utilizando-se de instrumentos integradores nos casos em que lacuna for constatada, escolhendo entre as possíveis soluções[595] aquela que causar o mínimo conflito social.

As controvérsias podem se apresentar em termos comerciais, financeiros e econômicos, bem como na questão da gestão de recursos naturais, soberania estatal e políticas ambientalistas. Em alguns destes ramos a codificação vem sendo tentada. Conveniente citar, a propósito do Direito Econômico, o pensamento de Fábio Nusdeo:[596]

> "Muito se tem discutido se a codificação de um dado ramo jurídico importaria a sua cristalização, vale dizer, a sua estagnação, coartando-lhe as possibilidades de desenvolvimento e evolução. Parece esse um temor evanescente".

Complementando os conceitos, disse Almeida-Diniz:[597]

> "[...] o Direito, hoje, tem por missão tornar suportável um 'choque do futuro' e amenizar as tremendas contradições vividas por economias que se distanciaram, há muito, de qualquer dimensão humana".

A partir de uma abordagem estruturalista, podemos examinar os institutos jurídicos enquanto produção de significação, e não como expressão de significados, para então podermos distinguir no sistema jurídico a finalidade da tutela de interesses e se a satisfação destes

---

[595] Nas palavras de Von IHERING: "O direito não exprime a verdade absoluta: a sua verdade é relativa e mede-se pelo seu fim. E assim é que o direito não só *pode* mas *deve* mesmo ser infinitamente variado." (*O Fim no Direito*, apud ALOYSIO FERRAZ PEREIRA (org.), *Textos de Filosofia Geral e de Filosofia do Direito*, São Paulo: Revista dos Tribunais, 1980).
[596] *Fundamentos para uma Codificação do Direito Econômico*, São Paulo: Revista dos Tribunais, 1995.
[597] *Novos Paradigmas em Direito Internacional Público*, Porto Alegre: Sergio Antonio Fabris Editor, 1995.

interesses pode ser encontrada no direito posto. Michel Foucault[598] sustenta que a produção é o que importa, antes da economia política, vale dizer, a riqueza precede a própria economia, assim como a história natural precede o estudo dos gêneros. Com isso, busca esclarecer que o nexo necessário entre moeda, preços, trocas e comércio encontra-se no domínio das riquezas - operacionalizando e relacionando prática e instituições:

> "Uma reforma da moeda, um uso bancário, uma prática comercial podem perfeitamente racionalizar-se, desenvolver-se, manter-se ou desaparecer segundo formas próprias; estão sempre fundados num certo saber [...] Se o metal tinha o poder de *significar* era por ser uma marca real. [...] Por conseqüência, a moeda só mede verdadeiramente se a unidade for uma realidade que existe realmente e à qual se pode referir seja que mercadoria for. [...] A teoria do valor permite, com efeito, explicar (seja pela carência e pela necessidade, seja pela prolixidade da natureza) como certos objetos podem ser introduzidos no sistema de trocas, como pelo gesto primitivo da troca uma coisa pode ser tomada por equivalente a outra, como a estimativa da primeira pode ser referida à estimativa da segunda segundo uma relação de igualdade (A e B têm o mesmo valor) ou de analogia (o valor de A, de posse do outro, é em relação à minha necessidade o que é para ele o valor de B que eu possuo). [...] No sistema das trocas, no jogo que permite a cada parte da riqueza significar as outras ou ser significada por elas, o valor é a um tempo *verbo* e *nome*, poder de ligar e princípio de análise, atribuição e delimitação".

Ainda pela seara estruturalista, desprovido de juridicidade mas com sabedoria, Roland Barthes:[599]

---
[598] *As Palavras e as Coisas*, Lisboa: Portugália, s.d.
[599] "Elogio Ambíguo do Contrato", in *Roland Barthes por Roland Barthes*, São Paulo: Cultrix, 1977.

"A primeira imagem que ele tem do *contrato* (do pacto) é, em suma, objetiva: o signo, a língua, a narrativa, a sociedade funcionam por contrato, mas como esse contrato está, no mais das vezes, mascarado, a operação crítica consiste em decifrar o embaraço das razões, dos álibis, das aparências, por uma só palavra, de todo o *natural* social, para tornar manifesta a troca regulamentada sobre a qual repousam a marcha semântica e a vida coletiva".

Com o que se nos parece que modalidades de troca - inferior, superior ou híbrida - têm a mesma significação, sendo compra-e-venda, permuta ou qualquer outra expressão, os significados de que possa se revestir. Tratamos do mesmo interesse a ser tutelado: a reciprocidade e equivalência das prestações. Assim, concluímos tratar-se o *countertrade* de um instituto reformulado que abriga obrigações recíprocas, clássicas mas que pela sua conjugação, como ocorre nos contratos modernos, gera um outro modelo, complementar ao modelo conhecido.

Bibliografia

Livros

ALABY, Michel Abdo. *Countertrade*. São Paulo, FUNCEX, 1984.

ALBUQUERQUE MELLO, Celso D. *Curso de Direito Internacional Público*. 9ª edição revista e aumentada, Rio de Janeiro, Renovar, 1992.

——. *Direito Internacional Econômico*. Rio de Janeiro, Renovar, 1993.

ALMEIDA-DINIZ, Arthur J. *Novos Paradigmas em Direito Internacional Público*. Porto Alegre, Sergio Antonio Fabris Editor, 1995.

ALMEIDA PRADO, Maurício C. *Contrato Internacional Transferência de Tecnologia (Patente e Know-how)*. Dissertação apresentada para a obtenção de grau de mestre, perante o Departamento de Direito Internacional da Faculdade de Direito da Universidade de São Paulo, 1995.

AZEVEDO, Álvaro Villaça. *Contratos Inominados ou Atípicos*. 2ª edição, Belém, CEJUP, 1984.

BALL, Donald A e McCULLOCH Jr., Wendell H. *International Business: Introduction and Essentials*. 5th ed., Burr Ridge, Irwin Inc., 1993.

BAPTISTA, Luiz Olavo. *A vida dos contratos*. São Paulo, 1992. Tese apresentada para o concurso para Professor Titular de Direito do Comércio Internacional do Departamento de Direito Internacional da Faculdade de Direito da Universidade de São Paulo.

——. *Empresa Transnacional e Direito*. São Paulo, Revista dos Tribunais, 1987.

—— e SIERRALTA RÍOS, Aníbal. *Aspectos Jurídicos del Comercio Internacional*. 2ª edição, Lima, Instituto de Direito Internacional e Relações Internacionais, 1993.

BASSO, Maristela. *Contratos Internacionais do Comércio: negociação, conclusão e prática*. Porto Alegre, Livraria do Advogado, 1994.

——. *Negociação e Formação dos Contratos Internacionais do Comércio: Direito Comparado e Prática dos Negócios*. Tese de doutoramento apresentada perante o Departamento de Direito Internacional da Faculdade de Direito da Universidade de São Paulo, dezembro de 1993.

BELSSHAW, Cyril S. *Troca Internacional e Mercado Moderno*. Rio de Janeiro, Zahar, 1968.

BETIOL, Laércio Francisco. *Integração Econômica e União Política Internacionais*. São Paulo, Revista dos Tribunais, 1968.

BOLLECKER-STERN, Brigitte, DAHAN, Maurice e KOPELMANAS, Lazare. *Droit économique*. Paris, *A. Pedone*, 1976.

CANO, Wilson. *Reflexões sobre o Brasil e a nova (des)ordem internacional*. 2 edição, Campinas, UNICAMP, 1993.

CARRASCOSA GONZALES, Javier. *El Contrato Internacional (Fraccionamento versus Unidad)*. Madri, *Civitas*, 1992.

COLLINS, Susan M. e RODRIK, Dani. *Eastern Europe and the Soviet Union in the World Economy*. Washington, *Institute for International Economics*, 1991.

COMISSÃO ECONÔMICA DAS NAÇÕES UNIDAS PARA A EUROPA. *Contrats internationaux de contre-achat*. Genebra, 1990.

——. *International Buy-Back Contracts*. Genebra, 1991.

CZINKOTA, Michael R., RONKAINEN, Ilkka A. e MOFFETT, Michael H. *International Business. 3rd ed.*, Fort Worth, *The Drydren Press*, 1994.

DE CHIARA, José Tadeu. *Moeda e Ordem Jurídica*. Tese de doutoramento apresentada perante o Departamento de Direito Econômico da Faculdade de Direito da Universidade de São Paulo, 1986.

DEPARTMENT OF DEFENSE TASK GROUP. *International Coproduction-Industrial Participation Agreements*, Washington, *US Department of Defense*, 1983.

DUBOC, Guy. *La compensation et les droits de tiers*. Paris, *Lib. Générale de Droit et de Jurisprudence*, 1989.

FARINA, Juan M. *Contratos Comerciales Modernos*. Buenos Aires, *Astrea*, 1993.

GARCEZ, José Maria Rossani. *Contratos Internacionais Comerciais*. São Paulo, Saraiva, 1994.

GRANZIERA, Maria Luíza M. *Contratos Internacionais: Negociação e Renegociação*. São Paulo, Ícone, 1993.

GRAU, Eros Roberto. *Elementos de Direito Econômico*. São Paulo, Revista dos Tribunais, 1981.

GUESTIN, Jacques e BILLIAU, Marc. *Le prix dans le contrats de longue durée*. Paris, *Lib Générale de Droit et de Jurisprudence*, 1990.

GUITTON, Henri e BRAMOULLÉ, Gérard. *Économie politique. 12ème édition*, Paris, *Dalloz*, 1979.

GYÖNGYÖSSY, István. *International Money Flows and Currency Crisis*. publicação conjunta Haia, *Martinus Nijhoff Publ.* e Budapeste, *Akadémia Kiadó*, 1984.

HAENDEL, Dan. *International Barter and CT*. Washington, *WCEIS*, 1984.

INSTITUTE FOR CONTEPORARY STUDIES. *Tarifas, Quotas e Comércio: A Política do Protecionismo*. Rio de Janeiro, Zahar, 1981.

JACQUET, Jean-Michel. *Le contrat international*. Paris, *Dalloz*, 1992.

JONES, Stephen F. *North/South CT: Barter and Reciprocal Trade with Developing Countries*. Londres, *The economist Intelligence*, 1984.

LELARGE, Alain. *Le troc*. Paris, ADETEX, 1985.

LAFER, Celso. *Da Reciprocidade no Direito Internacional Econômico - O Convênio do Café de 1976*. Tese apresentada ao concurso para Livre-Docente de Direito Internacional Público do Departamento de Direito Internacional da Faculdade de Direito da Universidade de São Paulo, 1977.

LEWIS, W. Arthur. *A Ordem Econômica Internacional*. São Paulo, Vértice, 1986.

MARCOVITCH, J. *Ciência e Tecnologia: Perspectivas e Soluções*. São Paulo, FUNDAP, 1988.

——. (org.). *Cooperação Internacional: Estratégia e Gestão*. São Paulo, EDUSP, 1994.

MARESCEAU, Marc (org.). *The Political and Legal Framework of Trade Relations Between the European Community and Eastern Europe*. Dordrecht, *Martinus Nijhoff Publ.*, 1989.

MARZORATI, Osvaldo. *Derecho de los Negocios Internacionales*. Buenos Aires, *Astrea*, 1993.

MENEZES, J. E. da S. *The Brazilian Aerospace Industry: a Case Study of the Technological Impact of Offset Agreements in a Recipient Country*. Dissertação de mestrado apresentada perante a *Naval Postgraduate School, Monterey/CA, USA*, dezembro de 1989.

MERCADANTE, Araminta A. (org.) *Acordo Geral sobre Tarifas Aduaneiras e Comércio (GATT)*. São Paulo, IDRI, 1988.

MINISTÉRIO DAS RELAÇÕES EXTERIORES. *Countertrade - Comércio com reciprocidade*. Brasília, fevereiro de 1984.

MOATTI, Laurence. *Les échanges compensés internationaux*. Paris, *A. Pedone*, 1994.

MOORE, F. *Technological Change and Industrial Development*. Washington, *World Bank*, 1983.

NAÇÕES UNIDAS. *Relatório sobre a Cúpula Mundial para o Desenvolvimento Social*. São Paulo, Fundação Konrad-Adenauer-Stiftung, 1995.

OUTTER-JEGER, I. *The Development Impact of Barter in Developing Countries*. Paris, O.C.D.E., 1979.

PAULIN, L. Alfredo. *Contribuição ao Estudo dos Contratos Internacionais de Know-how*. Tese apresentada para a obtenção do grau de doutor perante o Departamento de Direito Internacional da Faculdade de Direito da Universidade de São Paulo, 1994.

PRESTOWITZ, Clyde V., MORSE, Ronald A. e TONELSON, Alan. *Powernomics - Economics and Strategy After the Cold War*. Lanham, *Madison Books*, 1991.

QUIRK, P.K. *Address to the US Chamber of Commerce Conference on Barter and CT*. Washington, IMF, 1983.

RASMUSSEN, V. W. *Countertrade: uma Nova Teoria Monetária no Comércio Internacional*. São Paulo, Aduaneiras, 1983.

RIEHL, Heinz e RODRIGUEZ, Rita M . *Câmbio e Mercados Financeiros*. São Paulo, McGraw-Hill, 1988.

RODAS, João Grandino. *Contratos Internacionais*. São Paulo, Revista dos Tribunais, 1985.

SEMINÁRIO SOBRE *COUNTERTRADE* . *Resumo dos Trabalhos*. Rio de Janeiro, FUNCEX, 1984.

STARR, Robert. *East-West Business Transactions*. New York, Praeger, 1974.

STRENGER, Irineu. *Contratos Internacionais do Comércio*. São Paulo, Revista dos Tribunais, 1986.

TALLON, Denis (coord.) . *La détermination du prix dans les contrats (étude de droit comparé)*. Paris, A. Pedone, 1989.

TEYSSIÉ, Bernard. *Les groupes de contrats*. Paris, Lib Générale de Droit et de Jurisprudence, 1975.

TOWNSEND, Brian D. *The Financing of Countertrade*. Londres, Butterworths, 1986.

TREBILCOCK, Michael e HOWSE, Robert. *The Regulation of International Trade*. New York, Routledge, 1995.

UNITED NATIONS CENTRE ON TRANSNATIONAL CORPORATIONS. *Debt Equity Convertions*. New York, United Nations Publ. , 1990.

VASSEUR, Michel. *Droit et économie bancaires*. 4ème édition, Fascicule II, Paris, Les Cours de Droit, 1988.

VERZARIU, Pompiliu. *Countertrade, barter and offsets*. New York, McGraw-Hill, 1985.

VIDIGAL, Geraldo Camargo. *Teoria Geral do Direito Econômico*. São Paulo, Revista dos Tribunais, 1977.

VOGT, D. U.. *US Government International Barter*. Congressional Research Service, Washington, The Library of the Congress, 1983.

WELT, Leo G. B. *Countertrade*. London, Euromoney Publ., s.d.

——. *Trade without money, barter and CT*. New York Law & business Inc., s.d.

ZWASS, Adam. *Money, Banking and Credit in the Soviet Union and Eastern Europe*. New York, Praeger, 1974.

Artigos

ASIEDU-AKROFI, Derek . *"Debt-for-Nature-Swaps"*, in THE INTERNATIONAL LAWYER, volume 25, nº 3, 1991.

BALSAM-HERZOG, Elisabeth . *"Les échanges en compensation dans le commerce Est-Ouest"*, in PROBLEMES ECONOMIQUES, outubro de 1984.

BANKS, Gary. *"Economia y politica del intercambio compensado"* in INTEGRACIÓN LATINOAMERICANA, vol. 10, nº 103, julho de 1985.

BAPTISTA, Luiz Olavo . *"Aspectos Gerais do Intercâmbio Compensado ou Contra-Comércio"*, in REVISTA DE DIREITO MERCANTIL, nº 69, 1988.

——. *"O Risco nas Transações Internacionais: Problemática Jurídica e Instrumentos de Defesa"*, REVISTA DE DIREITO PÚBLICO, nº 66, 1983.

BRANDÃO, Carlos A. A crise econômica mundial e seu ajustamento: reflexos sobre o comércio internacional", in *DIAGNÓSTICOS APEC*, nº 10, 1984.

BUSINESS INTERNATIONAL. *"Bartering in Americ Central"*, in *BUSINESS LATIN AMERICA*, março de 1984.

——. *"Checklist for coping with worldwide CT problems"*, Genebra, 1985.

——. *"Countertrade out-look: ITC and BI surveys show the fix will continue"*, feb. 1986.

——. Eastern Europe. *"New ways to sell, finance and CT"*, Genebra, 1984.

——. Latin America. *"Brazil Cases CT Deals"*, New York, jul. 8 1983.

CACEX. *"Barter/Clearing"*, in *INFORMAÇÃO SEMANAL*, 8. out.1984.

——. Countertrade: "O novo sistema de trocas", in *INFORMAÇÃO SEMANAL*, 2.jul.1986.

CAPATINA, Octavian. *"Considérations sur les opérations de contre-achat dans les relations de commerce extérieur de la Roumanie"*, in *DROIT ET PRATIQUE DU COMMERCE INTERNATIONAL*, tomo 8, nº 2, 1982.

CAREY, Sarah e MCLEAN, Sheila. *"The United States, Countertrade and Third world Trade"*, in *JOURNAL OF WORLD TRADE LAW*, vol. 20, 1985.

CHASE TRADE INFORMATION. *"International Trade financing: conventional and non-conventional pratices"*, New York, 1981.

COIMBRA, José Carlos. "As negociações comerciais brasileiras com vistas à obtenção de superávit/Barter e CT em função da legislação brasileira e das normas internacionais", in *SEM. FORMAS ALTERNATIVAS DE NEGOCIAÇÃO DE EXPORTAÇÕES BRASILEIRAS*, Belo Horizonte, Fundação Don Cabral/CEDEX, 1984.

COMÉRCIO EXTERIOR. *"Countertrade:* Os prós e contras da regulamentação do contracomércio", Brasília, jan./fev. 1987.

CORBELLINI, Aristides. "Operações de troca no mercado internacional", in *DIAGNÓSTICOS APEC*, nº 10, 1984.

CORDEN, W. M. *"El resurgimiento del proteccionismo"*, in *REVISTA DEL INSTITUTO DE ESTUDIOS ECONÓMICOS*, nº 3, 1984.

COSTA, José Augusto F. e NUSDEO, Ana Maria O. "As cláusulas de força maior e de *hardship* nos contratos internacionais", *REVISTA DE DIREITO MERCANTIL*, nº 97, São Paulo, jan-mar.95.

COSTET, Louis. *"Les contrats de réalisation d'ensemble industriel"*, in *DROIT ET PRATIQUE DU COMMERCE INTERNATIONAL*, Tomo 7, nº 4, 1981.

CREDIT SUISSE. *"Barter, Compensation and Cooperation"*, 1980.

DE MIRAMON, Jacques. *"Un système de troc modernisé : les échanges compensés"*, in *L'OBSERVATEUR DE L'O.C.D.E.*, Paris, janeiro de 1982.

DEMARINES, R. J. *"Analysis of recent trends in US Countertrade"*, in *US INTERNATIONAL TRADE COMMISSION*, Washington, 1982.

DURAND-BARTHEZ, Pascal. *"Le troc dans le commerce international et les opérations de 'Switch'"*, in DROIT ET PRATIQUE DU COMMERCE INTERNATIONAL, tomo 8, nº 2, 1982.

"The ECONOMICS and Politics of CT", in THE WORLD ECONOMY, Londres, junho de 1983.

FARIA, Luiz Fernando M. "Estrutura e funcionamento dos acordos bilaterais de compensação", *in SEM. SOBRE COMÉRCIO COM O LESTE EUROPEU*, Brasília, COLESTE, 1985.

FINANÇAS E DESENVOLVIMENTO. "Contra-comércio: Comércio sem dinheiro?", *in Finanças e Desenvolvimento*, nº 3, Rio de Janeiro, dezembro de 1983.

FITZGERALD, Bruce. *"Countertrade Reconsidered"* in FINANCE & DEVELOPMENT, junho de 1987.

FONTAINE, Marcel. *"Aspects juridiques des contrats de compensation"*, in DROIT ET PRATIQUE DU COMMERCE INTERNATIONAL, Tomo 7, nº 2, junho de 1981.

—— (coord.). *"Etude du Groupe de travail 'Contrats Internationaux': Les clauses d'offre concurrente du client le plus favorisé et la clause de premier refus dans les contrats internationaux"*, in DROIT ET PRATIQUE DU COMMERCE INTERNATIONAL, tomo 4, nº 2, 1978.

——. *"Les contrats de contre-achat"*, in DROIT ET PRATIQUE DU COMMERCE INTERNATIONAL, tomo 8, nº 2, 1982.

GALLEGOS, Carlos M. *"Intercambio compensado: teoria y pratica en Americalatina"*, in INTEGRACIÓN LATINOAMERICANA, julho de 1985.

G.A.T.T.: *Consultive Group of Eighteen. Countertrade*, Genebra, março de 1984. [documento de distribuição restrita].

——. *"Provisions and tax incentives for non-traditional exports"*, in DEVELOPMENT FINANCING, jul/dez 1979.

GIFFEN, James. "Problemas do comércio entre os países dos dois sistemas", *in REVISTA INTERNACIONAL*, nº 4, Praga, 1989.

GREBLER, Eduardo. "O Contrato de Venda Internacional de Mercadorias",[inclusive tradução da Convenção das Nações Unidas sobre Contratos de Compra e Venda Internacional de Mercadorias], *in Revista de Direito Mercantil*, nº 88, out.dez-1992.

GRIFFIN JR, John C. *"CT as a third world strategy to development"*, in THIRD WORLD QUATERLY, janeiro de 1986.

GRIFFIN, Joseph P. *"Antitrust law issues in CT"*, in JOURNAL OF WORLD TRADE LAW, 1985.

GUYOT, Cedric. *"Countertrade Contracts in International Business"*, in THE INTERNATIONAL LAWYER, vol. 20, nº 2, 1986.

HEROLD, Karl G. e KNOLL, David D. *"Negotiating and Drafting International Distribution, Agency and Representative Agreements"*, in THE INTERNATIONAL LAWYER, volume 21, nº 4, 1987.

IGLESIAS, Enrique V. *"La crisis economica internacional y las perspectivas de America Latina"*, in ESTUDIOS INTERNACIONALES, 16.abr.1983.

INDUSTRY WEEK. *"Bartering"*, Cleveland, 28. mar.1977.

KOHONA, Palitha T. B. *"The environment: an oportunity for North/South cooperation"*, in THIRD WORLD LEGAL STUDIES, 1993.

KOSTECKI, Michel. *"Should One Countertrade?"*, in JOURNAL OF WORLD TRADE LAW, nº 21, ano 1987.

LIEBMAN, Howard M. *"The G.A.T.T. and CT requirement"*, in JOURNAL OF WORLD TRADE LAW, vol. 18, 1984.

LOBO E SILVA Fº, Roberto L. *"Ciência e Tecnologia: Os Problemas da Criação de Capacidade no Terceiro Mundo"*, in REVISTA DE ESTUDOS AVANÇADOS nº 20, 1994.

LOCHNER, Scott J. *"Countertrade and International Barter"*, in THE INTERNATIONAL LAWYER, vol. 19, nº 3, 1985.

MAKTOUF, Lofti. *"Some Reflections on Debt-for-Equity Conversions"*, in THE INTERNATIONAL LAWYER, vol. 23, nº 4, 1989.

MENEZES, Albene M. F. *"Alemanha e Brasil: o comércio de compensação nos anos 30"*, in ANAIS DO SIMPÓSIO "O CONE SUL NO CONTEXTO INTERNACIONAL", Brasília, maio de 1995.

MEZGHANI, Ali. *"La signification du prix dans les contrats clé-en-main"*, in JDI, nº 2, 1990.

MIRAMON, J. de. *"Advantages and disadvantages of CT"*, in JOURNAL OF COMPARATIVE BUSINESS AND CAPITAL MARKET LAW, North Holland, 1983.

MONTEAGUDO, Manuel. *"The Debt Problem: The Baker Plan and the Brady Iniciative"*, in THE INTERNATIONAL LAWYER, vol. 28, nº 1, 1994.

MORAES, Carlos R. V. e CARVALHO JR, Mario C. *"As Opções do CT"*, in INFORMATIVO COMÉRCIO EXTERIOR, Rio de Janeiro, setembro de 1983.

MONTSERRAT Fº, José. *"Globalização, Interesse Público e Direito Internacional"*, in REVISTA DE ESTUDOS AVANÇADOS, nº 25, 1995.

OKOROAFO, Sam . *"Determinants of LDC Mandated CT"*, in International Market Review, winter 1989.

POST, Marilyn. *"The Debt-for-Nature Swap: A Long-Term Investment for the Economic Stability of Less Developed Countries"*, in THE INTERNATIONAL LAWYER, vol. 24, nº 4, 1990.

PREVISANI, Albert. *"Coopération industrielle et compensation"*, in DROIT ET PRATIQUE DU COMMERCE INTERNATIONAL, tomo 8, nº 2, 1982.

ROESSLER, Frieder. *"Countertrade and the G.A.T.T. legal system"*, in JOURNAL OF WORLD TRADE LAW, vol. 19, 1984.

ROSENBLUM, K. *"First interstate tries barter (as repayment of foreign loans)"*, in EUROMONEY, apr. 1987.

ROTHEY, Patrick. *"Les contrats de buy-back"*, in DROIT ET PRATIQUE DU COMMERCE INTERNATIONAL, tomo 8, nº 2, 1982.

SCHOELLER, Wolfgang. *"Subdesenvolvimento e troca desigual no mercado mundial"*, in ESTUDOS CEBRAP, São Paulo, 1977.

TRADE FINANCE REPORT. *"Giant Traders grab the best of barter"*, feb. 1984.

YOFFIE, David B. *"Barter: looking beyond the short-term payoffs and long-term threat"*, in INTERNATIONAL MANAGEMENT, agosto de 1984.

Relatórios, guias e estatísticas

ACECO. *Le guide pratique de la compensation*. Paris, ACECO, 1983.

——. *Les compensations en Afrique*. Paris, ACECO, 1984.

——. *Les procédures de compensation commerciale au Mexique et en Amérique Latine*. Paris, ACECO, 1984.

BANCO MUNDIAL. *Global Economic Prospects and the Developing Countries*. Washington, IBRD Publ., 1995.

CENTRE FRANÇAIS DU COMMERCE EXTÉRIEUR. *Comment faire bon usage des sociétés de commerce extérieur*. Paris, 1980.

DEPARTAMENT OF TRADE AND INDUSTRY. *Countertrade: Some Guidance for Exporters*. Londres, 1983.

EUROMONEY. *Trade Finance Report*. Londres, Euromoney Publ.

INTERNATIONAL MONETARY FUND. *Exchange Arrangements and Exchange Restrictions Annual Report*. Washington, IMF Publ., 1983.

——. *Exchange Arrangements and Exchange Restrictions Annual Report*. Washington, IMF Publ., 1985.

——. *Exchange Rates and Exchange Restrictions*. Washington, IMF Publ., 1981.

KRITZER, Albert H. (edit.). *International Contrat Manual*. Deventer, Kluwer Law & Taxation Publ., 1991.

MANUFACTURERS HANOVER BANK. *Countertrade: Latin America*. New York, Manufactures Hanover Bank, 1983.

UNCITRAL. *Legal Guide on International Countertrade Transactions*. New York, United Nations Publ., 1993.

UNCTAD. *Review of trends and policies in trade between countries having different economic and social sistem*. Genebra, United Nations Publ., 1983.

UNITED NATIONS CENTRE ON TRANSNATIONAL CORPORATIONS. *Debt Equity Conversions: a guide for decision-makers*. New York, United Nations Publ., 1990.

——. *Features and Issues in Turnkey Contracts in Developing Countries*. New York, United Nations Publ., 1981.

US DEPARTMENT OF COMMERCE. *International CT: a guide for managers and executives*. Washington, US Department of Commerce, nov.1984.

——. *East-West Countertrade Practices*. Washington, Department of Commerce, 1978.

US DEPARTMENT OF THE TREASURY. *Report on a survey on offset and coproduction requirements*. Washington, US Department of Treasury, 1983.

VERZARIU, Pompiliu. *CT Practices in East Europe, Soviet Union and China*. Washington, US Department of Commerce, 1978.

——. *East-West CT practices: an introdutory guide for business*. Washington, US Department of Commerce, 1978.

—— (org.). *International Countertrade: A guide for managers and executives*. Washington, US Department of Commerce, 1984.

WELT, Leo G. B. *Countertrade - business practice for today's world market*. New York, AmA Publ. Division, 1982.

Obras citadas e recomendadas[600]

ASCARELLI, Tullio. *Problemas das Sociedades Anônimas*. 2ª edição, São Paulo, Saraiva, 1969.

BANCO MUNDIAL. *Relatório sobre o Desenvolvimento Mundial 1995 - O Trabalhador e o Processo de Integração Mundial*.

——. *Relatório sobre o Desenvolvimento Mundial 1994 - Infra-estrutura para o Desenvolvimento*.

——. *Relatório sobre o Desenvolvimento Mundial 1992 - Desenvolvimento e Meio Ambiente*.

——. *Relatório sobre o Desenvolvimento Mundial 1991 - O Desafio do Desenvolvimento*.

——. *Relatório sobre o Desenvolvimento Mundial 1989 - Sistemas Financeiros e Desenvolvimento*.

——. *Relatório sobre o Desenvolvimento Mundial 1988 - A gestão da Economia Mundial: Oportunidades e Riscos; Finanças Públicas no Desenvolvimento*.

BAPTISTA, Luiz Olavo. *Aspectos Jurídicos das Transferências Eletrônicas Internacionais de Fundos*. Tese apresentada ao Concurso para Livre Docente de Direito Internacional Privado na Faculdade de Direito da Universidade de São Paulo, 28 de março de 1986.

—— e Durand-Barthez, Pascal. *Les associations d'entreprises dans le commerce international*. Paris, FEDUCI, 1986.

——. "Arbitragem e 'Joint-Venture' Internacionais", in *Arbitragem Comercial*, Rio de Janeiro, Freitas Bastos, 1986.

——. "A cláusula-ouro e a cláusula de moeda estrangeira nos contratos de direito brasileiro", in *Revista Trimestral de Jurisprudência dos Estados*, vol. 89.

——. "Contratos de Agência e Representação na Prática Internacional", in *Revista de Direito Público*, nº 62, 1982.

——. "Notas sobre Homologação de Laudos Arbitrais Estrangeiro no Direito Brasileiro", in *Revista dos Tribunais*, nº 556, 1982.

BARAN, Paul. *A Economia Política do Desenvolvimento*. São Paulo, Abril Cultural, 1984.

BATISTA JR., Paulo Nogueira. *Da Crise Internacional à Moratória Brasileira*. Rio de Janeiro, Paz e Terra, 1988.

---

[600] Obras gerais e de referência, artigos, livros, teses e manuais não diretamente relacionados com o tema deste estudo.

BRESSER PEREIRA, Luiz Carlos e THORSTENSEN, Vera. "Do MERCOSUL à Integração Americana", in *Política Externa*, vol. I, nº 3, 1993.

BRILMAN, Jean. *Ganhar a Competição Mundial*. Lisboa, Dom Quixote, 1993.

CAHALI, Yussef Said (coord.). *Contratos Nominados*. São Paulo, Saraiva, 1995.

CARDOSO, Fernando H. *Política e Desenvolvimento em Sociedades Dependentes*. Rio de Janeiro, Zahar, 1971.

CASELLA, Paulo Borba. *MERCOSUL: Exigências e Perspectivas de Integração e Consolidação de Espaço Econômico Integrado*. Tese apresentada para o concurso para Professor Titular de Direito do Internacional Público do Departamento de Direito Internacional da Faculdade de Direito da Universidade de São Paulo, novembro de 1995.

CASTROS, Cláudio de Moura e FEONOVA, Marina. "Recursos Humanos na Rússia", in *Política Externa*, nº 4, vol. 2, 1994.

COLLOQUE DE LA SOCIETÉ FRANÇAISE POUR LE DROIT INTERNATIONAL (1980 - Mans). Paris, *A. Pedone*, 1980.

CORDANI, Umberto G. "As Ciências da Terra e a Mundialização das Sociedades", in *Revista Estudos Avançados*, nº 25, 1995.

COSTA, Lígia Maura. *O Crédito Documentário*. São Paulo, Saraiva, 1994.

COVELLO, Sérgio Carlos. *Contratos Bancários*. 2ª edição, São Paulo, Saraiva, 1991.

CRAHAY, Paul. *Les contrats internationaux d'agence et de concession de vente*. Paris, Lib. Générale de Droit et de Jurisprudence, 1991.

DEBBS, Richard. "Globalization of Financial Markets", in *International Business Law*, 1987.

DELEUZE, Jean-Marie. *Le Contrat de Transfert de Processus Technologique*. 2ème éd., Paris, Masson, 1979.

DIAKOV, V. e KOVALEV, S. *História da Antiguidade*. vol. 1, Lisboa, Estampa, 1976.

DINIZ, Maria Helena. *Compêndio de Introdução à Ciência do Direito*. 7ª edição, São Paulo, Saraiva, 1995.

DORNBUSCH, Rudiger e FISCHER, Stanley. *Macroeconomia*. São Paulo, McGraw-Hill, 1982.

Druker, Peter F.. "As Mudanças na Economia Mundial", in *Política Externa*, vol. I, nº 3, 1993.

———. "Blocos de Comércio Internacional", in *Política Externa*, vol. I, nº 2, 1992.

ENGELS, Frederick. *The Origin of the Family, Private Property and the State*, in *Engels: Selected Writings*. Londres, Pelican Books, 1967.

ENNECCERUS, Ludwig, KIPP, Theodor e WOLFF, Martin. *Tratado de Derecho Civil*. Tomo II - *Derecho de Obligaciones*, vol..1 e 2, Barcelona, Bosch, 1933.

FAORO, Raymundo. *Os Donos do Poder*. 5ª edição, Porto Alegre, Globo, 1979.

FLAIBAM, Evadren. "Cláusulas de Confidencialidade", *Atualidades Jurídicas*, nº 32, São Paulo, Câmara de Comércio França-Brasil, 1992.

FONTAINE, Marcel. "*Les lettres d'intention*", in *Droit et pratique du commerce international*, Tomo 3, nº 2, 1977.

FOUCAULT, Michel. *As Palavras e as Coisas*. Lisboa, Portugália, [s.d.]

FRAN MARTINS. *Contratos e Obrigações Comerciais*. 5ª edição, Rio de Janeiro, Forense, 1977.

FUNDAÇÃO GETÚLIO VARGAS. *Brasil: O Desafio da Abertura Econômica*. Rio de Janeiro, F.G.V., 1992.

FURTADO, Celso. *Teoria e Política do Desenvolvimento Econômico*. São Paulo, Abril Cultural, 1983.

GAMARRA, Jorge. *Cláusula en Moneda Extrajera, Voluntad de las Partes y Teoría de la Imprevisión*. Montevidéu, Fundación de Cultura Universitaria, 1985.

GORENDER, Jacob. "Estratégias do Estado Nacional diante do Processo de Globalização", in *Revista de Estudos Avançados*, nº 25, 1995.

GRAMSCI, Antonio. *Maquiavel, a Política e o Estado Moderno*. 4ª edição, Rio de Janeiro, Civilização Brasileira, 1980.

GRAU, Eros. *A Nova Ordem Econômica na Constituição de 1988*. São Paulo, Revista dos Tribunais, 1990.

HUCK, Hermes Marcelo. *Sentença Estrangeira e Lex Mercatoria*. São Paulo, Saraiva, 1994.

HUNTINGTON, Samuel P. "Choque das Civilizações", in POLÍTICA EXTERNA, nº 4, vol. 2, 1994.

HUYSSER, Edmond. *Théorie et pratique du dumping*. Neuchâtel, Ides et Calendes, 1971.

INSTITUTO DE PLANEJAMENTO ECONÔMICO E SOCIAL. *O Brasil e o Banco Mundial: um diagnóstico das relações econômicas 1949-1989*. Brasília, IPEA, 1990.

JACKSON, John H. "*State Trading and Nonmarket Economies*", in *The International Lawyer*, vol. 23, nº 4, 1989.

KALECKI, Michel. *Crescimento e Ciclo das Economias Capitalistas*. 2ª edição, São Paulo, Hucitec, 1987.

———. *Teoria da Dinâmica Econômica*. São Paulo, Nova Cultural, 1985.

KAOUNIDES, L. *Industrial Applications of New and Advanced Materials*. UNIDO, 1989.

KENNEDY, Paul. *Ascensão e Queda das Grandes Potências*. Rio de Janeiro, Campus, 1989.

KINDLEBERGER, Charles. *The World in Depression*. Berkeley, University of California Press, 1973.

KOLOLCHYK, B. "*Bank Guarantees and Letters of Credit*", *Journal of International Business Law*, vol. 11, 1989.

KRASNER, Stephen. "*State Power and the Structure of International Trade*", in *World Politics*, vol. 28, 1976.

KUCINSKI, Bernardo e BRANDFORD, Sue. *A Ditadura da Dívida*. 2ª edição, São Paulo, Brasiliense, 1987.

LEÃES, Luiz Gastão Paes de Barros. *Direito Comercial: textos e pretextos*. São Paulo, Bushatzky, 1976.

LALIVE, Pierre. *"Dépreciation monètaire et contrats en droit international privé"*, in *Onzième journée juridiques*, Genebra, Librairie de l'Université, 1972.

LESGUILLONS, Henry (org.). *Garantias Bancárias*. São Paulo, Saraiva, 1985.

LOBO, Paulo Luiz Neto. *O Contrato - Exigências e Concepções Atuais*. São Paulo, Saraiva, 1985.

MacFARLANE, L.J. *Teoria Política Moderna*. Brasília, Editora da Universidade de Brasília, 1981.

MAGALHÃES, José Carlos de e BAPTISTA, Luiz Olavo. *Arbitragem Comercial*. Rio de Janeiro, Biblioteca Jurídica Freitas Bastos, 1986.

MANTEGA, Guido. *A Economia Política Brasileira*. 4ª edição, São Paulo, Petrópolis, Polis/Vozes, 1987.

MARTINS, Ricardo J. *Operações com Moeda Estrangeira*. São Paulo, Aduaneiras, 1988.

MAURIN, Pierre. *"Risques, responsabilités et assurance dans la vente des biens d'équipement"*, in *Droit et Pratique du Commerce International*, Tomo 6, nº 3, 1980.

McCULLOUGH, Burton V. *Letters of Credit*. New York, Matthew Bender & Co., 1994.

McKENNA, Regis. *Estratégias de Marketing em Tempos de Crise*. Rio de Janeiro, Campus, 1989.

MERCADANTE, Araminta A. *Contribuição ao Estudo da Arbitragem*. Dissertação de Mestrado apresentada ao Departamento de Direito Internacional da Faculdade de Direito da Universidade de São Paulo, [s.d].

MILLER, Morris. *Debt and the Enviroment: converging crises*. New York, United Nations Publ., 1991.

MORIN, Gérard. *"Le devoir de coopération dans les contrats internationaux. Droit et pratique"*, in *Droit et Pratique du Commerce International*, Tomo 6, nº 1, 1980.

NAÇÕES UNIDAS. *Effets des sociétés multinationales sur les developpement et sur les relations internationales*. New York, United Nations Publ., 1974.

——. *Joint-venture as a form of international economic co-operation*. New York, United Nations Publ., 1988.

NAISBITT, J. *Global Paradox*. New York, Avon Books, 1995.

NUSDEO, Fábio. *Fundamentos para uma Codificação do Direito Econômico*. São Paulo, Revista dos Tribunais, 1995.

OLIVECRONA, Karl. *El Derecho como Hecho*. Buenos Aires, R. Depalma, 1959.

PEIXOTO, Nelson Brissac. *A Sedução da Barbárie*. São Paulo, Brasiliense, 1982.

PEREIRA, Aloysio Ferraz (org.). *Textos de Filosofia Geral e de Filosofia do Direito*. São Paulo, Revista dos Tribunais, 1980.

PICOD, Yves. *Le devoir de loyauté dans l'exécution du contrat*. Paris, Lib. Générale de Droit et de Jurisprudence, 1989.

POLO, Marco. *Livro das Maravilhas*. 3ª edição, Porto Alegre, L&PM, 1985.

PONTES DE MIRANDA, F. *Tratado de Direito Privado*. 3ª edição, Rio de Janeiro, Borsoi, 1972.

POULLET, Yves. "Les garanties contractuelles dans le commerce international", in *Droit et pratique du commerce international*, Tomo 5, nº4, 1979.

PUCCI, Adriana. *A Arbitragem Comercial nos Países do MERCOSUL*. Dissertação de mestrado (em fase de finalização), para ser apresentada perante o Programa de Pós-Graduação em Integração da América Latina (PROLAM).

RAJSKI, Jerzy. "Basic Principles of International Trade Law of Certain European Socialist States and of East-West Trade Relations", in *Droit et Pratique du Commerce International*, Tomo 4, nº 1, 1978.

RATTNER, Henrique. "Globalização: em direção ao um mundo só?", in *Revista de Estudos Avançados*, nº 25, 1995.

REALE, Miguel. *Estudos de Filosofia e Ciência do Direito*. São Paulo, Saraiva, 1978.

——. *O Direito como Experiência*. São Paulo, Saraiva, 1968.

REMOND-GOUILLOUD, Martine. *Droit maritime*. 2ème éd., Paris, A. Pedone, 1993.

ROBERTSON, Dennis. *A Moeda*. 2ª edição, Rio de Janeiro, Zahar, 1963.

SACHS, Ignacy. "Em Busca de Novas Estratégias de Desenvolvimento", *Revista de Estudos Avançados*, nº 25, 1995.

SAVATIER, René. *La théorie des obligations*. 3ème éd., Paris, Précis Dalloz, 1974.

SAVY, Robert. *Direito Público Econômico*. Lisboa, Notícias, 1977.

SCHUMPETER, Joseph. *Teoria do Desenvolvimento Econômico*. Rio de Janeiro, Fundo de Cultura, 1961.

SERVAIS, Olivier e MATRAY, Didier. "L'harmonisation des contrats d'agence", in *Droit et Pratique du Commerce International*, Tomo 7, nºˢ 3 e 4.

SHERWOOD, Robert M. *Propriedade Intelectual e Desenvolvimento Econômico*. São Paulo, EDUSP, 1992.

SILBER, Simão Davi. "Perspectivas econômicas das empresas no MERCOSUL", in *MERCOSUL: A Estratégia Legal dos Negócios*, São Paulo, Maltese, 1994.

SIMPÓSIO NACIONAL DE PESQUISA DE ADMINISTRAÇÃO EM CIÊNCIA E TECNOLOGIA (XVI). Resumo dos Trabalhos. Rio de Janeiro, outubro de 1991.

SOARES, Guido. "Arbitragens Comerciais Internacionais no Brasil", in *REVISTA DOS TRIBUNAIS*, nº 641, 1989.

STRENGER, Irineu. "Aplicação de Normas de Ordem Pública nos Laudos Arbitrais", in *Revista dos Tribunais*, nº 606, 1986.

STUART MILL, John. *Princípios de Economia Política*. 2 volumes, São Paulo, Abril Cultural, 1983.

SUZIGAN, Wilson. "Experiência Histórica de Política Industrial no Brasil", in *Revista de Economia Política* volume 16, nº1, jan-mar de 1996.

SWEEZY, Paul. *Teoria do Desenvolvimento Capitalista*. São Paulo, Abril Cultural, 1983.

TORRES-LANDA R., J. "Report on the New Rules for the Operation of Debt-Equity Swaps in Mexico", in *The International Lawyer*, vol. 25, nº 3, 1991.

TOYNBEE, Arnold J. *Um Estudo da História*. Brasília, Editora da UnB e São Paulo, Martins Fontes, 1987.

UNCTAD. *Joint-ventures as a channel for the transfer of technology*. New York, United Nations Publ., 1990.

UREBA, Alberto Alonso. "Naturaleza y Régimen del Crédito Documentario", in *Contratos Bancários*, Madri, Civitas, 1992.

VAKHRUCHEV, V. *O Neocolonialismo e os seus métodos*. Lisboa, Prelo, 1975.

VARANDA, Aquiles Augusto. *A Disciplina do 'Dumping' no Acordo Geral de Tarifas Aduaneiras e Comércio: tipificação de um delito num tratado internacional?* Tese de doutoramento apresentada perante o Departamento de Direito Internacional da Faculdade de Direito da Universidade de São Paulo, 1987.

VERÇOSA, Haroldo Malheiros Duclerc. "O *Forfaiting*", in *Revista de Direito Mercantil*, nº 88.

VON IHERING, Rudolf. *A Luta pelo Direito*. 15ª edição, Rio de Janeiro, Forense, 1995.

WACHTEL, Howard M. *Os Mandarins do Dinheiro*. Rio de Janeiro, Nova Fronteira, 1988.

ZAVALA, Daniel. *Les prêts de la Banque Mondiale aux services publics industriels et commerciaux*. Paris, A. Pedone, 1982.

Anexos

1. *Barter*

BARTER AGREEMENT

Agreement made as of ___ by and between A Inc., a ___ Corporation having an adress at ___ (hereinafter called "A") and B Company, a ___ Corporation having an office at ___ (hereinafter called "B").

WITNESSETH

In consideration of the mutual covenants and promises hereinafter set forth, the parties hereto agree as follows:

1. **Materials to be exchanged**

a) B shall deliver to A, F.O.B. X, A's total annual requirements, not to exceed ___ barrels of naphta, meeting the following specifications (hereinafter referred to as "B's naphta":

- [...]

b) A shall deliver to F.O.B. Y, such quantities of naphta meeting the following specifications (hereinafter referred to as "A's naphta"):

- [...]

as shall approximately equal the quantities of naphta delivered by B to A pursuant to subparagraph (a) of this Section 1. Deliveries of A's naphta shall be made in approximately equal quarterly amounts unless the parties agree in writing on a different delivery schedule.

c) A's naphta and B's naphta are hereinafter collectively referred to as "Product".

2. **Term**

The term of this Agreement shall commence on January 1, 1982 and continue until terminated on December 31, 1982, or on any anniversary thereof, by either party upon at least ninety (90) days prior written notice to the other party.

3. **Exchange basis**

For each barrel of A's naphta delivered to B by A hereunder, B shall deliver one barrel of B's naphta to A.

4. **Exchange notices**

Prompty after each shipment is made hereunder, the delivering party shall notify the receiving party in writing of the quantity of Product contained in such shipment.

5. **Taxes**

Any and all taxes, excises and/or other governmental charges (except taxes on or measured by net income) with respect to the production or sale of any Product delivered hereunder shall be for the account of the receiving party, and the receiving party shall reimburse the delivering party, upon receipt of proper invoice therefor, for the amount of all such taxes, excises and/or other charges that the delivering party may be required to pay and does pay, except where the law otherwise provides.

6. Title and Risk of Loss

Title to, and risk of loss of, Product delivered hereunder shall pass at the F.O.B. point specified in Section 1 hereof.

7. Force majeure

Neither party shall be liable for its failure hereunder due to any occurence beyond its reasonable control, including acts of God, fires, floods, wars, sabotage, accidents, labor disputes or shortages, governmental laws, ordinances, rules and regulations, whether valid or invalid (including, but nor limited to, priorities, requisitions, allocations, and price adjustment, and price adjustment restrictions), inability to obtain material, equipment or transportation, and any other similar or different occurrence. The party whose performance is prevented by any such occurrence shall notify the other party thereof in writing as soon as it is reasonably possible after the commencement of such occurence, setting forth the full particulars in connection therewith, shall remedy such occurence with all reasonable dispatch, and shall promptly give written notice to the other party of the cessation of such occurence.

Any delivery of Product omitted at the time or times required for such delivery hereunder due to either party's failure to perform its obligations hereunder due to any such occurence shall be omitted from this Agreement and the term of this Agreement shall not be extended. If, due to any such occurence, either party is unable to make any delivery or deliveries at the time or times required under this Agreement, such party shall have the right to allocate its available supply among its customers and its departments and divisions in a fair and equitable manner. In no event shall either party be obligated to purchase Product from others in order to enable it to deliver Product to the other party hereunder.

8. Imbalances

If at the expiration of any calendar year there should be an imbalance in deliveries hereunder which results from failure of either party to deliver the quantity of Product required to be delivered by it hereunder up to said date and which has not been previously settled hereunder, the party then owing Product to the other party the quantity of such Product equal to the amount of the imbalance, provided however:

a) if and to the extent such imbalance was caused by an occurence provided for in Section 7, the owing party shall settle such imbalance by making payment to the other party as hereinafter provided in this Section 8;

or

b) if and to the extent such imbalance was nor caused by such occurence and is equal to or less than one thousand (1,000) barrels, the owing party may, at its option, settle such imbalance by making payment to the other party as hereinafter provided, in lieu of delivering the quantities of Product needed to correct such balance. Payment for settling any imbalance hereunder shall be made within forty five (45) days after the expiration of the period to which such imbalance relates, in an amount determined by multiplying the number of units of the quantity of Product received by said owing party which constitutes such imbalance, by the market price (as determined by B's or C's published price, whichever is lower) for each such Project in effect on the last year of the period to which such imbalance relates.

9. Claims

Receipt by either party of any Product delivered hereunder shall be an unqualified acceptance of, and a waiver by such party of any and all claims with respect to such Product, unless such party gives the other party written notice of claim within thirty (30) days after:

a) the date such Product arrives at the F.O.B. point specified in Section 1 hereof, or

b) the earliest date on which the basis for such claim becomes reasonably discoverable by the receiving party, whichever date is the later.

Each party assumes all risk and liability for the results obtained by the use, in manufacturing processes of such party or in combination with other substances, of any Product which is delivered to it hereunder and which meets the specifications for such Product contained in or referred to in this Agreement. No claim of any kind, whether or not as to Product delivered, and whether or not based on negligence, shall be greater in amount than the value of such Product determined at the market price for such Product of the party against whom such claim is made in effect at the time such claim is made. in no event shall either party be liable for special, indirect or consequential damages, whether or not caused by or resulting from the negligence of such party.

10. Warranties

Each party warrants that Product delivered by it hereunder meets the specifications for such Product hereunder. there are no express warranties other than specified herein. NO WARRANTIES, INCLUDING BUT NOT LIMITED TO WARRANTY OR MERCHANTABILITY, SHALL BE IMPLIED.

11. Default

Subject to the provisions of Section 7 hereof, if either party hereto shall fail to perform or fulfill, at the time and in the manner herein provided any obligation or condition required to be performed or fulfilled by such party hereunder, and if such party fails to remedy any such failure within sixty (60) days after written notice thereof has been given to it by the other party, the other party shall have the right to terminate this Agreement by giving written notice of termination of the defaulting party.

12. Miscellaneous

No modification of, addition to, or waiver of any kind of the terms of this Agreement:

a) shall be binding upon either party unless in writing and signed by an authorized representative of such party, or

b) shall be effected by the acknowledgement or acceptance of purchase orders or other forms containig additional or different terms or conditions, whether or not signed by an authorized representative of such party.

No waiver by either party of any breach by the other party of any of the terms of this Agreement shall be construed as a waiver of any subsequent breach, whether of the same or of a different term of this Agreement. Any assignment of this Agreement by either Party without the written consent of the other party shall be void. The validity, interpretation and performance of this Agreement shall be governed by the law of ___. The rights and remedies of the parties set forth in this Agreement shall not be exclusive and are in addition to all other rights and remedies of the parties hereto. This Agreement sets forth the entire agreement between the parties hereto with respect to the subject matter of this Agreement and supersedes all prior understandings, negotiations and dealing between the partis hereto with respect to such subject matter.

Headings used in this Agreements are inserted for convenience of reference only and shall not affect the interpretation of the various sections.

IN WITNESS WHEREOF the parties have caused this Agreement to be executed as of the date first above written

A	B
by:	by:
Title:	Title:

Modelo apresentado *in Droit et Pratique du Commerce International*, Tomo 8, nº 2, 1982.

2. Barter com utilização de conta bloqueada

Il a été conevu:

entre: le gouvernement de la République Démocratique du Bongola, représenté par Monsieur de Ministre de l'Education nationale, désigné ci-après le maître d'ouvrage;

et: la société TRAVEX, France, réprésentée par le Directeur Général, Monsieur PUCHON, désignée ci-après l'entrepreneur;

ce qui suit:

ARTICLE 1 - Objet du contrat

1.1 - L'entrepreneur réalisera pour le compte du maître d'ouvrage, les travaux de construction d'une école dans la commune de Boualé, aux conditions et modalités techniques décrites dans l'article 2 et l'annexe I du présent contrat.

1.2. - Le maître d'ouvrage, pour permettre le paiement à l'entrepreneur des travaux réalisés par ce dernier, mettra à sa disposicion du pétrole brut et/ou du fuel lourd, aux conditions décrites dans l'article 3 du présent contrat.

1.3 - Le pétrole brut et/ou le fuel lourd livrés par le maître d'ouvrage, seront payés au compte "Travex/Bongola" ouvert conjointement par l'entrepreneur et le maître d'ouvrage, à la Banque des Echanges Compensés, à Londres, selon les modalités décrites dans les articles 3.3 et 3.4 du présent contrat.

1.4 - Les travaux réalisés par l'entrepreneur lui seront payés aux conditions prévues par les articles 2.3, 2.4 et 2.5 par des virements successifs en sa faveur dont le montants seront débités du compte précité.

ARTICLE 2 - Les travaux : école de Boualé

2.1 - Descriptif

Les travaux seront exécutés conformément au dossier technique remis par l'entrepreneur au maître d'ouvrage le 7/5/85, dont copie figure en annexe I du présent contrat.

2.2 - Délais de réalisation

Les délais de réalisation des travaux seront de 18 mois à compter de la date d'entrée en vigueur telle que définie à l'article 2.5, ci-après.

2.3 - Prix des travaux

Le montant des travaux tels que définis ci-dessus est fixé à 7 500 000 US$. Ce prix est ferme et non révisable à condition que l'entrée en vigueur du présent contrat ait lieu avant le ___. Il sera augmenté de 0.5% par mois jusqu'à la date de signature du contrat, toutes fractions de mois valant un mois entier.

2.4 - Facturation

Après le versement des acomptes par le maître d'ouvrage, aux conditions prévues par l'article 2.5 ci après, l'entrepreneur émettra des situations d'avancement de travaux trimestrielles selon l'échéancier suivant:

T versement d'acomptes 30% du montant des travaux
T+ 3 mois 15% du montant des travaux
T + 6 mois 15% du montant des travaux
T+ 9 mois 10% du montant des travaux
T+ 12 mois 10% du montant des travaux

T+ 15 mois 10% du montant des travaux
T+ 18 mois 10% du montant des travaux
Total 100% du montant des travaux
tel que défini par l'article 2.3 ci-dessus.

Chacune des situations de travaux sera présentée au maître d'ouvrage et approuvée par lui. L'approbation des situations sera considerée comme acquise si li maître d'ouvrage n'émet aucune observation dans un délai de 30 jours suivant la remise des situations par l'entrepreneur.

2.5 - Entrée en vigueur

Le présent contrat entrera en vigueur et l'entrepreneur sera tenu de débuter les travaux lorsque les conditions suivantes seront simultanément remplies:

- le maître dóuvrage aura mis à la disposition de l'entrepreneur les terrains où les travaux doivent être exécutés, l'eau et l'électricité nécessaires à la réalisations des travaux tels que décrits dans l'annexe jointe au contrat.

- l'entrepreneur aura reçu des administrations compétentes une lettre de garantie, d'exonération des taxes, droits, douanes, taxes portuaires ainsi que la lettre de priorité pour déchargements sous palans.

- l'entrepreneur aura reçu un acompte de 30% du prix définitif des travaux (article 2.3). Pour cela l'entrepreneur émettra dès signature du présent contrat, un mémoire d'acompte à la commande, transmis au maître d'ouvrage, pour approbation par ce dernier.

Le maître d'ouvrage transmettra à la BEC , au plus tard dans un délai de 15 jours suivant la date d'embarquement de la première livraison de pétrole brut ou fuel lourd conformément à l'article 3 ci-après, un ordre de virement du compte "Travex/Bongola" au bénéfice de Travex, d'un montant de 30% du prix définitif des travaux, avec instructions données à la BEC : d'effectuer le virement dès que le compte "Travex/Bongola" sera créditeur d'un montant au moins équivalent ; d'inviter l'entrepreneur dès réception de l'ordre, à déléguer un représentant chargé de le cosigner. La date d'entrée en vigueur du contrat ne pourra pas être postérieure de plus de 60 jours à sa date de signature.

2.6 - Réception provisoire ____
2.7 - Réception définitive (dans le 30 jours suivant la fin des travaux)
2.8 - Paiement des travaux

Le maître d'ouvrage dispose d'un délai de 15 jours, suivant la remise de chaque situation de travaux par l'entrepreneur pour transmettre à la BEC, un ordre de virement au bénéfice de l'entrepreneur, du montant de la situation de travaux concernée, débité du compte Travex/Bongola.

ARTICLE 3 - Livraisons de pétrole et fuel lourd

3.1 - Descriptif

Le maître d'ouvrage livrera à l'entrepreneur ou à tout acheteur mandaté par ce dernier, par l'intermédiaire de son entreprise Pétrola, soit du pétrole brut répondant aux spécifications suivantes:

_____

soit du fuel lourd 3500 répondant aux spécifications suivantes:

_____

3.2 - Quantités

Chaque livraison de pétrole brut portera sur au moins 60 000t.

Chaque livraison de fuel lourd 3500 portera sur au moins 40 000t. Les quantités totales de pétrole brut et/ou de fuel lourd livrées par le maître d'ouvrage seront telles que les facturations totales émises par Pétrola au titre de ses livraisons seront supérieures ou égales au prix des travaux réalisés par l'entrepreneur, tel que calculé à l'article 2.3 du présent contrat.

3.3 - Prix

- Pétrole brut "light Bonga"

Le prix facturé par Pétrola au titre des livraisons effectuées dans le cadre du présent contrat sera déterminé en U.S dollars en se référant comme suit aux cotations du Platts Oilgramm (télex). On prendra la moyenne du haut et du bas des cargaisons CIF Méditerranée base Italie, la moyenne des cinq cotations avant et des cinq cotations après embarquement (incluant la date de connaissance s'il y a lieu) de FORCADOS. Un rabais de 2,5 dollars U.S. par baril sera appliqué au chiffre obtenu pour tenir compte de la qualité du Light BONGA, inférieure à celle du Forcados. Aux résultants ainsi obtenus, il sera appliqué une majoration de 2%, puis une décote destinée à couvrir les frais de transport et d'assurance à la charge de l'entrepreneur ou de l ácheteur qu'il aura mandaté. La décote pour frais de transport et assurance est fixée à 21 dollars U.S. par tonne métrique à la date de signature du présent contrat. A compter de cette date, cette décote sera indexée sur les cours AFRA et réajustée lors de chaque livraison.

- Fuel lourd 3500

Le prix de réglement des cargaisons sera détérminé en U.S. dollars en se référant comme suit aux cotations du Platts Oilgramm (télex). On prendra la moyenne du haut et du bas, des cargaisons CIF Méditerranée base Italie, la moyenne des moyennes des cinq cotations avant et des cinq cotations après (incluant s'il y a lieu la date de connaissement). Le chiffre ainsi obtenu sera majoré de 2%, puis minoré d'une décote destinée à couvrir les frais de transports et d'assurance à la charge de l'entrepreneur où de l'acheteur qu'il aura mandaté. La découte pour frais de transports et assurance est fixée à 21 dollars U.S. par tonne métrique à la date de signature du présent contrat. A compter de cette date, cette décote sera indexée sur les cours AFRA et réajustée lors de chaque livraison.

3.4 - Conditions de paiement

Les livraisons de pétrole et/ou de fuel lourd effectuées par Pétrola pour le maître d'ouvrage seront payables par crédit documentaire irrévocable payable à 30 jours de connaissance ouvert par la BEC d'ordre de l'entrepreneur ou de n'importe quel acheteur mandaté par lui, au bénéfice de Pétrola, notifié par la Banque Nationale de Bongola. Les documents à présenter par Pétrola pour utilisation du crédit, seront définis au fur et à mesure des commandes. Chaque lettre d'ouverture de crédit indiquera que le paiement du crédit ne sera effectué que sur instructions irrévocables de la Banque Nationale de Bongola, qui les tiendra elle-même de Pétrola, à la BEC, d'en verser le montant utilisé au compte "Traves/Bongola" ouvert à la BEC, Londres.

3.5 - Cadence de livraisons

La première livraison, *L1*, devra être effectué au plus tard 30 jours après la date de signature du présent contrat, pour une valeur d'au moins 30% du prix des travaux à réaliser par l'entrepreneur, calculé selon les dispositions de l'article 2.3 ci-dessus.

Les autres livraisons seront échelonnées a partir de la date T d'entrée en vigueur du contrat, selon l'échéancier suivant:

2e livraison $L2$ au plus tard en T + 2 mois, telle que $L1 + L2$ supérieur ou égal à 45% du prix des travaux

$L3$ au plus tard en T + 5 mois, telle que $L1 + L2 + L3$ supérieur ou égal à 60% du prix des travaux

$L4$ au plus tard en T + 8 mois, telle que $L1 + L2 + L3 + L4$ supérieur ou égal à 70% du prix des travaux

$L5$ au plus tard en T + 11 mois, telle que $L1 + L2 + L3 + L4 + L5$ supérieur ou égal à 80% du prix des travaux

$L6$ au plus tard en T + 14 mois, telle que $L1 + L2 + L3 + L4 + L5 + L6$ supérieur ou égal à 90% du prix des travaux

$L7$ au plus tard en T + 17 mois, telle que $L1 + L2 + L3 + L4 + L5 + L6 + L7$ supérieur ou égal à 100% du prix des travaux

La cadence effective des livraisons pourra être plus rapide que celle définie par l'échéancier ci-dessus. Elle ne pourra en aucun cas être plus lente. L'entrepreneur prendra toutes dispositions pour que les lettres de crédit permettant le paiement de ces livraisons soient ouvertes dans des délais permettant au maître d'ouvrage de respecter l'échéancier ci-dessus.

3.6 - Autres conditions

Les conditions traditionelles de vente de Pétrola seront appliquées à condition qu'elles ne soient pas en contradiction avec les dispositions du présent contrat, qui serait dans ce cas seul applicable.

ARTICLE 4 - Divers
4.1 - Droit applicable
4.2 - Arbitrage
4.3 - Force majeure

Fait à _____

le _____

Signatures _____

Modelo apresentado por ALAIN LELARGE, *op. cit.*

3. Acordo de compensação

A - MEMORANDUM OF UNDERSTANDING
Further to the discussion held between the Representatives of Coppermine Ltd. (hereinafter called CML), Welltrade Corporation (hereinafter called WT) and authorized Representatives of the foreign Companies called Metal Distribution (hereinafter called MD) as buyer of copper and Société Tirebien as seller of tractors (hereinafter called TB) to the country E in respect of Bilateral Transaction.
AND WHEREAS
A) MD has entered into a contract on __(date) with CML (hereinafter called copper Contract) for purchase at the value of about US$___ of copper, the copper Contract and its side letter forms an integral part of this MOU.

B) WT has entered into and/or will enter into contracts with TB for the purchase of tractors (hereinafter called Tractors Contract) for a total value of about US$__. A signed copy of the Tractors Contract is annexed hereto and form an integral part of this MOU. If the value of exports by TB exceeds this targed figure, it is so understood that a corresponding increase in the purchase of copper will take place to accommodate additional funding necessities.

C) A Banking and Payment arrangement (hereinafter called BPA) is to be concluded between Banque Centrale (hereinafter called BC) and Banque Française (hereinafter called BF) for utilization of X percent of copper Contract for implementation of the Tractors Contract through an appropriate payment system; the BPA validity should be equal to this MOU.

IT IS HEREBY UNDERSTOOD:

1) Latest 10 (ten) banking days prior to the date of each copper shipment, MD shall instruct BF to open an irrevocable, transferable, L/C in favour of CML; such copper L/C must be confirmed, advised and negotiated by BC. Payment of such copper L/C (for FOB shipment) will be within 30 days from B/L date or 10 days from date of discharge (for CIF contract) and L/C text shall be as per CML standart text and the BPA requirement.

2) The letter of credit (L/C) to be opened in favour of TB by WT under terms of the Tractors Contract, shall be opened through BC, or any other Commercial Bank Authorized by BC and payable at the counters of BF. The reimbursement of such L/C's will be effected within the BF.

3) Latest 10 (ten) banking days before the date of each shipment, MD shall open the copper L/C under the terms of the copper contract in favour of CML. Upon negotiation of the shipping documents for each shipment of copper, X percent of the proceeds hereof shall be transferred to the special account (hereinafter called The Account) in the name of BC to be opened at the BF in accordance with BPA, and the remaining X percent of the value transferred to BC Account in accordance with its instructions.

4) The L/C's for shipment of tractors under the Tractors contract shall be opened latest 10 (ten) banking days before the date of each shipment throught BC in accordance with the Buyer instructions. BF, upon negotiation of the related shipping documents, shall reimburse itself on The Account. Whenever the balance of The Account is not sufficient for the encashment of the relevant shipping documents under the Tractors contract L/C's, The Account shall be debited for the shortfall which shall be refunded to TB together with accrued interest, calculated on BPA basis, out of the proceeds of the next encashment of the shipping documents for any delivery under the copper contract.

5) Any interest earned on the credit balance of The Account shall be sole property of BC and transferred at an interval of 15 (fifteen) days to the account(s) nominated by BC in accordance with instructions of BC to BF.

6) If any balance remains in The Account after the encashment of the documents related to the last shipment of goods, under the Tractors contract, which may occur after the termination of this MOU, respecting the limitation established in item C in the BPA, the credit balance shall become the sole property of BC, according to the BPA.

7) Whenever the copper contract and the Tractors contract are amended, altered, and/or new provisions are added thereto either as result of an agreement reached between the parties concerned or in due consideration of judgements and ruling of the competent Courts, in accordance with the Articles of the MOU, the parties concerned shall take the necessary actions to amend this MOU accordingly and formally inform the Bilateral Trade Commitee (hereinafter called BTC) of the same.

8) If any amount deposited in the Account remains uncommitted for any countertrade contract for purchase by WT on expiration of this MOU then TB is entitled to request the extension of MOU period for a maximum of six months.

9) Upon expiration of this extended period, money deposited in The Account and still remaining uncommitted for contracts already concluded between TB and WT, may be withdrawn by BC without any obligation or reference to TB or any other party/parties involved directly or indirectly.

10) According to this MOU, WT is obliged to buy tractors from TB under its Tractors Contract. If WT does not implement Tractors Contract or does not open related L/C's to implement Tractors Contract or does not open related L/C's to fulfil the utilization of the proceeds mentioned in item C, or fail to perform its obligation under the concerned contracts, then MD will also automatically have the option to release itself from its obligations under copper Contract.

11) According to this MOU, MD has obligations under the copper Contract to buy copper from CML. If MD fails to perform its obligations under the copper Contract, then WT will also automatically have the option either to release itself from its obligations under the Tractors Contract or may insist that TB must perform its contractual obligations under the Tractors Contract, in which case WT shall take the necessary action to provide the necessary funds for payment under the Tractors Contract. In which case the BPA shall be amended by BC upon receipt of a written notification from BTC accordingly.

12) This MOU will be submitted to the BTC for ratification by the appropriate authorities without which CML and WT shall be under no obligation whatsoever to perform their duties under the Copper Contract and/or the Tractors Contract respectively and in such case both contracts will be considered null and void by all parties to this MOU.

13) Aiming the best performance of this MOU, BTC and concerned parties shall meet quarterly or when necessary.

14) Whenever allowed under the existing regulations, the parties in this MOU, subject to the consent of the other side, shall have the right to exempt each other from submission of performance and/or Bid Bonds.

15) The parties concerned will endeavour to settle amicably all disputes that may arise under this MOU and/or Copper/Tractors Contracts.

16) This MOU is valid for a period of 6 months and its extension is subject to the approval of BTC.

Signed on _____ the year _____ in _____ by:
COPPERMINE LTD (CML)METAL DISTRIBUTION (MD)
as buyer of copper
Bilateral Transaction Committe (BTC)SOCIETE TIREBIEN (TB)
on behalf of the buyer   as seller of tractors
WELLTRADE CORPORATION (WT)

B - BANKING AND PAYMENT ARRANGEMENT (bpa)
BETWEEN CENTRAL BANK OF COUNTRY (BC)
AND FRENCH BANK (BF)

The above mentioned banks: BC and BF having taken congnizance of the Memorandum of Understanding (MOU) signed on ___ by

The Secretary of Bilateral Transaction Commitee (BTC) on behalf of Buyer WELLTRADE CORPORATION (WT)

and

The Seller TB which is party to the Tractors Contract (hereinafter called "the T Contract") on one hand.

and

according to the Contracts to be signed between the Buyer of cooper

and the seller of copper which is party to the copper Contracts (hereinafter called "the copper Contract")

have met to establish the appropriate Banking and Payment Arrangement for implementation of the "MOU" irrespective of any provision in the contracts and/or "MOU" which may appear to be contrary to this BPA.

THEREFORE BC AND BF HAVE AGREED AS FOLLOWS:

ARTICLE 1:

A. Subject to the terms and conditions hereof, BF upon request of BC which is given hereby, agrees to open in the books of its BF London Branch, a Special Account in US Dollars in the name of BC (hereinafter called "the BC Special Account nº___"). The funds in the BC Special Account, subject to the terms and conditions of this BPA, shall be used for transactions related to the L/C's to be opened by order and for account of Buyer of copper contract under the terms of the copper and the L/C's to be opened by order and for account of the Buyers under the terms of the Tractors Contract. The funds remitted to the Special Account nº ___ shall be used only for payment to the Seller TB under the L/C's opened by order of the buyers tractors in favour of the Seller TB.

B. The BC Special Account nº___ shall be exempt from all banking charges for its administration.

C. With mutual agreement the balance of the BC Special Account nº___ as well as all the transactions and commitments provided hereunder may wholly or partially be transferred to another branch, bank or country.

ARTICLE 2:

All documentary credits ("L/C's") to be opened under the Contracts must be subject to the Uniform Customs and Practices for Documentary Credits (Revision 19__ ICC Publication nº ___) ("UCP"), unless mutually agreed otherwise and stated expressly in the terms of the L/C's.

A. Commissions to be paid by BF (on behalf of the Buyer of copper) to the BC US Dollar Account with G BANK, London, for copper contract L/C's are as hereinafter:

Confirmation commission _____ x%
Payment commission _____ x%
Advising commission _____ x%
Amendment commission _____ x%
Telex and correspondance _____ x%

B. Commissions to be paid to BF concerning the Tractors Contract are as hereinafter:

Payment commission _____ x%
Advising commission _____ x%
Amendment commission _____ x%
Telex and correspondance _____ x%

Such charges shall be borne either by BC or the Seller of tractors as may be the case under the "Tractors Contract".

ARTICLE 3:

A. The balance of the BC Special Account nº___ shall bear overnight deposit and/or fixed term deposit interest as outlined herein.

The interest rate for overnight deposits will be the overnight US Dollars offered rate quoted by H. BANK LONDON at 11:00 a.m. London time on the same Business Day plus ___ per annum. Should for any reason the H. BANK rate not be available, then Article 3E shall apply. The interest will be accrued and compounded on a daily basis, save that interest accruing in respect of a fixed term deposit shall be credited to the BC Special Account nº___ only at maturity of such fixed term deposit.

B. The accrued interest on the overnight deposits will be paid to G. BANK, London, for the account of BC unless otherwise instructed, on the first and the fifteenth day of each month.

C. BF London Branch shall immediately advise BC by telex of the amount paid, i.e. the accrued interest less any commissions and fees due to BF and interest due to Seller of tractors as mentioned in articles 2A and B, 3G, 5B, 5C and 5D as applicable.

D. The balance of the BC Special Account nº___ is available for BC for investment in the form of fixed term deposits. The interest rate for fixed term deposits will be the US Dollar offered rate for the same deposit duration as quoted by H. Bank, London, at eleven a.m. (the "Deal Date"). Should for any reason the H. Bank rate not be available, the Article 3E shall apply : the instructions for term deposit(s) must be received by BF London Branch by eleven a.m. London time on the Deal Date(s). The value date of the term deposit will be two business days later. The rate applied for such placement will be advised by BF London Branch, to BC on the same day by telex. At maturity the interest for such investments shall be credited to the BC Special Account nº ___ and will be transferred as per Article 3B and 3C. If instructions for term deposits are not received in compliance with the above mentioned procedures, all available funds in the BC Special Account nº ___ will bear overnight deposit interest as mentioned above.

E. If for any reason, either an overnight rate or fixed term deposit rate is nor available from H. Bank London, relevant rate for the same period quoted by I. Bank London shall apply and if also not available then, BF London Branch will immediately enter into negociations with BC in order to determine an interest rate agreeable to both parties.

F. It is understood that BC will endeavour to invest in fixed terms deposits in a way that enough funds will be available in the BC Special Account nº ___ at the time for the presentation of documents under the tractors L/C's.

G. Banking commissions and fees mentioned in Article 2B if any and possible payment of interest to seller of contract mentioned in Article 5A and 5B will be settled through the interest accrued on the BC Special Account nº ___ and will be deducted by BF London Branch from the interest credited to BC Special Account nº___ whenever such funds ares available for this purpose. In case at maturity of those BPA there are any commissions or fees due to BF, BC will pay them to BF upon first request.

H. BF London Branch will telex BC weekly statements on the BC Special Account nº___ on the last business day of each week, stating the movements in the account, the balance of the account and the interest rates applied.

I. If any payment or transfer of funds required to be made pursuant to this BPA shall fall due on a non-Business day, the effective date for such payment shall be the next succeeding Business day. However in the case of copper L/C's, the payment date shall be in accordance with UCP. For the purpose of this BPA, a "Business day" shall be a day upon which banks are open for business in New York and London.

ARTICLE 4:

A. After receipt of instructions from Buyer of copper, in a form satisfactory to BF, but not otherwise, BF shall open irrevocable, divisible and transferable copper L/C's in favour of CML to be confirmed and advised by BC to CML up to an aggregate ammount of approximatively US Dollars ___, according to the copper Contract. All copper L/C's shall be payable at the counters of BC.

B. Each copper L/C shall bear the words: "After receipt of a tested telex from BC to BF, stating that the documents (or the telex invoice) received by BC from CML have been found in compliance with the terms and conditions of the copper L/C's, informing the due date of the payment thereof and also that the said documents have been dispatched to the Head Office of BC, BF, under the authorization of BC given herein, hereby irrevocably undertakes to credit the BC Special Account nº ___ with X percent of the US Dollars value of the shipping documents and Y percent of the value of the shipping documents to the account of BC with G. Bank, London".

C. BF shall pay (on behalf of MD) to BC the commissions and fees related to the said copper L/C's as per Article 2 by remittance to G. Bank, London, for the credit of the BC Dollar Account unless otherwise instructed.

D. Each copper L/C shall bear the words "if a payment date for the copper L/C's falls on a non-business day in New York and London, the payment of the full value of the documents shall be made value the immediately preceeding day or the first business day after. In the latter case, interest will be paid on the value of the documents at the London interbank overnight Offered Rate for US Dollars quoted at 11:00 a.m. London time on the business day before the non-business day(s) by H. Bank London for the duration of the non-business days".

ARTICLE 5:

A. After receipt of instructions from the buyers of country E in a form satisfactory to BC, but not otherwise, BC shall open for account of the buyers irrevocable tractors L/C's only denominated in US Dollars to be advised through BF Paris, in favour of seller of tractors for the value of the tractors under the Tractors Contract up to a maximum aggregate amount of ___ US Dollars. BC and any other opening bank in country E shall be under no obligation to open the said tractors L/C's in any other currency but US Dollars and BF is not authorized to convert the balance of BC Account nº ___ into any other currency for making any payment under this BPA. Each tractors L/C shall be payable at the counters of BF Paris after examining and finding the documents to be in conformity with the terms and conditions of such tractors L/C and shall bear the words "Upon receipt of strictly conforming documents, BF is authorized to debit the BC Special Account nº ___ in accordance with the Banking and Payment Arrangement dated ___, under separate advice to us".

In case the shipment of tractors will be effected before sufficient funds are available in the BC Special Account nº ___ to pay in full a set of documents, seller of the tractors should present such conforming documents to BC. BF shall pay to seller of tractors only the amount of US Dollars up to the amount of principal standing to the credit of the BC Special Account nº ___.

B. BC hereby undertakes to pay seller of tractors interest for the period from receipt of conforming documents by BF until the BC Special Account nº ___ has sufficient funds to cover the balance of the amount due in respect of such documents. Such interest shall be calculated at the overnight bid rate US Dollar deposits indicated by H. Bank London at 11:00 a.m., London time, each day from the date upon which the documents would have been paid had there been sufficient funds in the BC Special Account nº ___ documents. If sufficient interest is not generated by the date of expiry of this BPA and if the principal amount of all L/C's are paid in full and only the interest is left outstanding, then this amount will be provided by BC on first demand after expiry of this BPA to BF.

C. It is hereby agreed which shall be also mentioned in the text of each tractors L/C that "if there is no lifting to cover the shortfall in the BC Special Account nº ___ it is hereby agreed that except for payment of commissions as specified in the Banking and Payment Agreement, the opening bank will be under no obligation whatsoever to provide funds in addition to the funds generated in the BC Special Account nº ___.

D. BF is hereby authorized to debit the value of each set of documents under each tractors L/C to the BC Special Account nº___ on the date when the documents are found to be conforming with the relative terms and conditions of the tractors and conditions of the tractors L/C.

E. The parties agree that the tractors L/C's may also be opened by any commercial bank authorized by BC. In such cases BC shall accordingly authorized BF London Branch by tested telex to honour reimbursement claim by BF for the relative documents by debiting the BC Special Account nº ___. Such tested telex is to provided details of the tractors L/C's to be advised by BF and must bear the quotations in article above. BF shall pay such documents provided they comply with the tractors L/C terms and conditions and shall inform BC by telex of the US Dollars value of documents, the date of debiting the BC Special Account nº___ and the amount paid to the beneficary. All other conditions, including the treatment of banking commissions and fees, shall be those stated in this BPA.

F. All tractors L/C's opened under this BPA by any commercial bank authorized by BC shall be advised through BF. Documents presented for the payment under such tractors L/C's shall be payable at the counters of BF after examining and finding the documents to be in conformity with the terms and conditions of the tractors L/C's.

ARTICLE 6:

If tractors L/C expires and no extension of the validity of the said tractors L/C is made within 1 (one) month from the expiry of the L/C, then BF shall inform BC by tested telex of inutilized US Dollar amount of the expired tractors L/C, which amount shall then be at the free disposal of BC withdrawal from the BC Special Account nº___. In this case, the total value of the tractors L/C, under this BPA, shall be reduced to the same extent.

ARTICLE 7:

This BPA expires simultaneously with the expiry of the MOU signed on ___. However, the provisions of this BPA shall remain valid wherever applicable in respect of any rights or obligations arising from any outstanding L/C opened under this BPA prior to expiry date mentioned above. After the date of expiry of this BPA, BF shall inform BC by tested telex of the value of all outstanding tractors L/C's (outstanding tractors L/C's shall be those tractors L/C's which prior to the expiry of this BPA have been opened by BC or by any commercial bank authorized by BC and advised by BF under which a balance remains available for drawing). BC may then instruct BF by tested telex to determine the amounts remaining available for drawing under all outstanding tractors L/C's in accordance with article 5A and to pay away according to surplus to the balance required to enable payment of the outstanding tractors L/C's. Any balance in the BC Special Account nº___ after expiry date of this BPA will continue to be maintained in US Dollars and to accrue interest as per Article 3 above. When all outstanding tractors and copper L/C's have been settled, any remaining balance, less any commissions and fees due to BF shall be at the free disposal of BC. Such funds shall be immediately transferred to the BC Dollars Account with G. Bank London Branch or any other bank designated by BC and BF will confirm the transfer by tested telex. Thereafter, the BC Special Account nº ___ shall automatically be closed.

ARTICLE 8:
A. BF hereby declares that to the best of its knowledge, there are at present no income or withholding taxes or any other kind of taxes or charges applicable under the law of England to the balance and/or interest payable on the BC Special Account nº ___. BF further declares that at the date of signing of the present BPA there are to the best of its knowledge, no exchange control regulations in England which would prevent of impede full and immediate transfer of funds (and interest accrued) on the BC Special Account nº___.
B. In the event that any income or withholding taxes or any kind of taxes or charges (collectively called "Charges") are levied on the balance and/or the accrued interest in the BC Special Account nº___. Then BF, in conformity with the letter of undertaking provided by seller of tractors to BF, shall request seller of tractors to pay such additional Charges and BF will unconditionally pay BC, irrespective of seller of tractors position with regard to their undertaking, the full amount which BC would have received had payment not been subjected to the said Charges.

ARTICLE 9:
BF and BC confirm by signing this BPA that they have the power to enter into and have taken all necessary corporate or other action to authorize the execution and performance of this BPA.

In addition to the aforesaid, BF confirms that this BPA is valid and binding and enforceable in strict compliance with the laws of England and BC confirms that this BPA is valid and binding and enforceable in strict compliance with the laws of country E.

ARTICLE 10:
If at any time due to unforseen difficulties and problems, any provision of this BPA becomes unenforceable, either party may propose the necessary changes and the other party will consider the proposal. Subject of the mutual acceptance by the two parties, the proposed amendments and/or alterations will be made to this BPA. However, the unenforceability of any provision hereof, shall not, per se, make the other provisions of this BPA invalid or unenforceable.

ARTICLE 11:
BF undertakes to use best efforts to cooperate with BC in order to avoid any third party attachment to the BC Special Account nº ___ and to take all reasonable legal steps within its power to assist BC in the protection of BC's interest should the BC Special Account nº ___ be subjected to any attachment by order of a Judicial Authority of England.

ARTICLE 12:
In case of any dispute from implementation of the BPA the matter should be brought to the attention of the highest authorities of the two banks for settlement.

Signed on _____ in two copies, both original, in English language.

For and on behalf of BF For and on behalf of Central Bank of Country E (BC)

*

* *

Modelo apresentado pela ACECO, *op. cit.* nota.

4. Protocolo de acordo de recompra

THIS PROTOCOL, made in the City of ___, this ___ day of ___, 19__, by and between:
A) ____, hereinafter called "X", and
B) ____, hereinafter called "Y";
WITNESSETH:
WHEREAS, both parties have entered simultaneously in two 'SALE OF GOODS AGREEMENT' with are both dated as of ___, 19__; and
WHEREAS, both agreements have the purpose of setting up a "COMPENSATION ARRANGEMENT" within the COUNTERTRADE framework;
NOW, THEREFORE, THE PARTIES SIGN THIS PROTOCOL WHICH GOVERNS THE COMPENSATION ARRANGEMENT.

1. The SALE OF GOODS AGREEMENT through which X shall sell the specified EQUIPMENT/TECHNOLOGY to Y is hereby linked to the SALE OF GOODS AGREEMENT through which X promises to purchase the products which shall be produced by Y with the EQUIPMENT/TECHNOLOGY purchased from X.

2. The default to comply with the obligations set up in the primary SALE OF GOODS AGREEMENT, unless otherwise agreed by the parties, shall lead to the cancellation of the secondary SALE OF GOODS AGREEMENT which provides for the counterpurchase of (product).

3. The (product) which shall be supplied to X must be the final product resulting from the functioning of the EQUIPMENT/TECHNOLOGY supplied to Y. Usually, the relation between the EQUIPMENT/TECHNOLOGY and the products to be counterpurchased must be unquestionable (parties may agree otherwise).

4. Both SALE OF GOODS AGREEMENTS are absolutely independent documents which bind both parties and are linked for exclusive legal purpose by this protocol.

IN WITNESS WHEREOF, THE PARTIES SIGN THE PRESENT AGREEMENT IN ORIGINAL COPIES OF EQUAL CONTENT AND FORM FOR ONE SOLE EFFECT.

*

* *

Modelo apresentado pela FUNCEX, *op. cit.* nota.

5. Protocolo de *counterpurchase*

THIS PROTOCOL, made in the City of ___, this ___ day of ___, 19__, by and between:
   A) ___, hereinafter called "X", and
   B) ___, hereinafter called "Y";
WITNESSETH:
   WHEREAS, both parties have entered simultaneously in two 'SALE OF GOODS AGREEMENT' with are both dated as of ___, 19__; and
   WHEREAS, both agreements reflect a "COUNTERPURCHASE ARRANGEMENT";
   NOW, THEREFORE, THE PARTIES SIGN THIS PROTOCOL WHICH SETS UP THE FRAMEWORK FOR THE COUNTERPURCHASE ARRANGEMENT.
   1. The SALE OF GOODS AGREEMENT through which X shall sell PRODUCT 1 to Y is hereby linked to the SALE OF GOODS AGREEMENT through which X promises to counterpurchase any of the listed products in the secondary SALE OF GOODS AGREEMENT from Y.
   2. The default to comply with the obligations set forth in the primary SALE OF GOODS AGREEMENT, unless otherwise agreed by the parties, shall deem the Counterpurchase Agreement null and void.
   3. The quantity of the counterpurchase of the secondary SALE OF GOODS AGREEMENT represents ___% of the total purchase in the primary SALE OF GOODS AGREEMENT.
   4. Both primary and secondary SALE OF GOODS AGREEMENTS are absolutely independent documents which bind both parties and are related for exclusive legal purpose by this protocol.
   IN WITNESS WHEREOF, THE PARTIES SIGN THE PRESENT AGREEMENT IN ORIGINAL COPIES OF EQUAL CONTENT AND FORM FOR ONE SOLE EFFECT.

*

* *

Modelo apresentado pela FUNCEX, *op. cit.* nota.

6. Acordo de compensação

contrat cadre de ventes/achats
Entre:
. La Société Industrielle A - Tunis - denommée ci-après la SA
et
. SP - France - denommée ci-après la SP

Le présent Contrat Cadre est conclu parallèlement au Contrat pour la fourniture par SP à la SA d'une installation pour la production d'acide phosphorique concentré et super-concentré à _____%. Il a pour objet de définir les conditions de coopération et les rôles respectifs des signataires.

ARTICLE 1
SP s'engage à participer au développement d'exportations de Tunisie, dans les termes du présent Contrat Cadre de Ventes/Achats en coopération avec la SA.

ARTICLE 2
Le montant estimé de Ventes/Achats dans le cadre du présent contrat est de US$ 150 millions.

ARTICLE 3
Les transactions suivantes seront considérées comme réalisation de ce Contrat Cadre de Ventes/Achats:

3.1 Les achats par SP ou pour toute Société mandatée ou introduite par SP de produits phosphatés en provenance de Tunisie comme:
Acide Phosphorique 52-54% de P^2O^5
Acide Super-Phosphorique
DAP 18-46-0
T.S.P. etc.,

3.2 Les achats par SP ou par toute Société mandatée ou introduite par SP de phosphates tunisiens, les quantités proposées à la vente dans le cadre du présent Contrat de Ventes/Achats sont d'environ 330 000 tonnes an.

3.3 Les achats par SP ou par toute Société mandatée ou introduite par SP de produits industriels, équipements ou prestations de service qui pourraient être proposés par des entreprises de Tunisie.

3.4 Les achats par SP ou par toute Société mandatée ou introduite par SP de produits alimentaires dans les limites indiqués ci-après:
Huile d'olives 10.000 tonnes an
Agrumes 10.000 tonnes an
Dates 5.000 tonnes an
Vins 150.000 HL an
Poulpes 3.000 tonnes an
Crevettes 1.000 tonnes an

3.5 Les achats par SP ou par toute Société mandatée ou introduite par SP de produits de l'industrie textile comme:
Pantalons en denim indigo
Chemises Homme
Anoraks, Blousons, Parkas
Vêtements de Jogging

Vêtements de Travail
Vêtements de Sécurité
Vêtements de pluie
Vêtements pour enfants
Lingerie Féminine
Bonnetterie
Linge de Maison
Couvertures, etc...

ARTICLE 4

Le choix annuel des produits et des quantités sera porté à la connaissance de la SA par SP ou par toute Société mandatée ou introduite par SP en tenant compte, chaque année de réalisation, des situations particulières des marchés.

ARTICLE 5

Chaque Vente/Achat sera réalisée sur les bases des prix Marché International considéré et en tenant compte des habitudes particulières de la profession.

ARTICLE 6

Pour permettre la remunération de l'activité commerciale relative à l'exécution du présent contrat de Ventes/Achats, une comission de __% du montant FOB de chaque transaction sera versée par le Vendeur concerné à l'Acheteur des produits correspondants.

ARTICLE 7

La réalisation du présent Contrat Cadre de Ventes/Achats pourra s'effectuer sur une période de ___ ans à compter de sa mise en vigueur.

ARTICLE 8

Pour la bonne réalisation de ce Contrat Cadre de Ventes/Achats:

8.1 Les deux parties devront s'informer mutuellement sur leurs possibilités respectives de Ventes/Achats.

8.2 Les deux parties désigneront chacune pour sa part, les collaborateurs devant étudier les modalités pratiques d'application du présent contrat de Ventes/Achats.

8.3 Les prix, qualités, quantités, dénominations exactes, conditionnements, délais de réponse et de livraison, etc., des produits de Tunisie et toute autre condition nécessaire à la réalisation du présent Contrat Cadre de Ventes/Achats devront être concurrentiels pour susciter l'intérêt des Acheteurs. Cette compétitivité est sous la responsabilité de la partie Tunisienne.

ARTICLE 9

En fonction des besoins et d'un commun accord les parties signataires pourront modifier par écrit les termes du présent Contrat.

ARTICLE 10

Si la SA ou SP et/ou toute autre Société mandatée ou introduite par l'une ou l'autre des parties est mise dans l'impossibilité de remplir des engagements dans le cadre du présent Contrat, pour cause de force majeure, incluant interdiction ou restriction d'importations décidées par un Pays importateur, les montants qui aurient pu être réalises pendant un période d'impossibilité seront pris en compte dans le bilan de réalisation du présent Contrat Cadre de Ventes/Achats.

ARTICLE 11
les parties signataires seront conviennent de déployer tout leurs efforts pour régler à l'amiable tout litige éventuel du présent Contrat Cadre de Ventes/Achats et ce sans recourir à la décision d'un Tribunal. Si un accord n'intervient pas, toutes les contestations seront tranchées définitivement suivant le Règlement de Conciliation et D'Arbitrage de la Chambre de Commerce Internationale. L'Arbitrage aura lieu à Lausanne et les Prescriptions du Code Suisse des Obligations seront appliquées.

ARTICLE 12
Le présent Contrat Cadre de Ventes/Achats même signé n'entrera en vigueur qu'à la mise en vigueur du Contrat mentionné en préambule du présent Contrat Cadre de Ventes/Achats et après confirmation écrite de la SA.

Tunis, le _____

*
* *

Modelo apresentado POR LAURENCE MOATTI, *op. cit.* nota.

7. *Counterpurchase*

CONTRAT DE CONTRE-ACHAT
Entre
/la société/l'organisme de commerce extérieur/_____/Alpha
1 rue Alpha, 00100 Alphaville, Alphaland
(ci-après dénommé(e) "Alpha")
et
/la société/l'organisme de commerce extérieur/_____/Bêta
1 rue Bêta, 00200 Bêtaville, Bêtaland
(ci-après dénommé "Bêta")
ATTENDU QUE,
 En vertu d'un contrat de vente daté du ___ (ci-après dénommé "le contrat de vente"), Alpha a vendu à Bêta, et Bêta a acheté à Alpha, aux clauses et conditions énoncées dans le contrat de vente, le matériel spécifié dans ledit contrat (ci-après dénommé "le matériel");
 En contrepartie du contrat de vente, et conformément aux clauses et conditions énoncées dans le présent contrat, Bêta accepte de vendre/ou de faire vendre à Alpha, et Alpha accepte d'acheter à Bêta/ou au Bêtaland(*) les produits/services/technologies spécifiés dans le présent contrat.
 Les parties au présent contrat conviennent de ce qui suit:
ARTICLE 1 - ENGAGEMENT DE CONTRE-ACHAT
 1.1 Alpha accepte par les présentes d'acheter à Bêta/ou au Bêtaland, conformément aux clauses et conditions énoncées dans le présent contrat, des produits qui font partie du (ou des) groupe(s) de produits/services/technologie spécifiés à l'Article 2 du présent contrat (ci-après dénommés "les produits/services/technologie).
 1.2 Bêta accepte par les présentes, conformément aux clauses et conditions énoncées dans le présent contrat, de vendre ou de faire vendre lesdits produits à Alpha, et de considérer que l'achat desdite produits par Alpha constitue la contrepartie prévue dans le présent contrat.
ARTICLE 2 - LES PRODUITS
 2.1 En éxecution de son obligation de contre-achat, Alpha peut acheter
* - As palavras separadas por "/" são variantes. Suprimir as que não convêm.
 A - tout produit énuméré à l'annexe __ au présent contrat/.
 B - tout produit vendu par Bêta. Les produits vendus actuellement par Bêta sont énumérés à l'annexe __ au présent contrat./
 C - tout produits vendu soit par Bêta soit par les sociétés/organismes de commerce extérieur énumeré(es) à l'anexxe __ au présent contrat./
 D - tout produit fabriqué au Bêtaland.
 2.2 Bêta garantit que, autant qu'il le sache/ne garantit pas que tous les produits énumerés dans ladite annexe __/des produits en quantités suffisantes sont en cours de fabrication au Bêtaland au moment de la signature du présent contrat et seront disponibles à l'achat aux dates spécifiées à l'article 10 du présent contrat.

2.3A Bêta garantit par les présentes que les produits spécifiés au paragraphe 2.1 ci-dessus ont été agrées par les autorités compétentes comme produits appropriés pour un achat de contrepartie dans le cadre du présent contrat./
2.3B Bêta garantit par les présentes qu'il n'est pas nécessaire d'obtenir d'autorisation des autorités compétentes pour utiliser les produits spécifiés au paragraphe 2.1 comme produits de contrepartie dans le cadre du présent contrat./
2.3C Alpha comprend et admet que, si par leur genre et leur nature, les produits spécifiés au paragraphe 2.1 ci-dessus se prêtent, autant que le sache Bêta, à un achat de contrepartie dans le cadre du présent contrat, aucune autorisation officielle, nécessaire pour que cette qualité leur soit reconnu, n'a cependant encore été demandé par Bêta. Bêta s'engage à déposer la (ou les) demande(s) nécessaire(s) dans um délai de __ jours/semaines/mois à compter de la date de la signature du présent contrat, et à faire savoir Alpha où est toute demande tous les __ jours/semaines/mois, jusqu'à ce que toutes les demandes aient été acceptées ou rejetées.

ARTICLE 3 - CONFORMITE DES PRODUITS

3.1 La quantité, la qualité et la description des produits qui doivent être livrés doivent être conformes aux stipulations des contrats d'achat séparés (ci-après dénommés "les contrat d'exécution") qui doivent être conclus dans le cadre du présent contrat, et ces produits doivent être conditionnés ou emballés de la manière prescrite dans le contrat d'exécution pertinent.

3.2 Au moins que les parties à un contrat d'exécution n'en soient convenues autrement, les produits ne sont conformes au contrat d'exécution que si:

a) ils sont propes aux usages auxquels serviraient habituellement des marchandises du même type;

b) ils sont propes à tout sage particulier qui a été porté expressément ou implicitement à la connaissance du vendeur des produits (ci-après denommé "le vendeur effectif") au moment de la conclusion du contrat d'exécution, sauf s'il apparaît qu'Alpha/ou son cessionnaire (tel qu'il est défini au par {le montant et la monnaie}), en sa qualité d'acheteur desdits produits (ci-après dénommé "l'acheteur effectif") ne s'en est pas remis à la compétence et à l'appréciation dudit vendeur effectif ou qu'il n'était pas raisonnable de sa part de le faire;

c) ils possèdent les qualités d'une marchandise que le vendeur effectif a présentée à l'acheteur effectif concerné comme échantillon ou modèle;

d) ils sont conditionnés ou emballés selon le mode habituel pour les marchandises du même type ou, à défaut, d'une manière propre à les conserver et à les protéger.

3.3 Le vendeur effectif des produits n'est pas responsable en vertu du paragraphe 3.2 d'un défaut de conformité que l'acheteur effectif concerné connaissait ou ne pouvait ignorer au moment de la conclusion du contrat d'achat.

ARTICLE 4 - VALEUR TOTALE DE L'ENGAGEMENT DE COMPENSATION

4.1 Pendant la durée de validité du présent contrat, Alpha achètera des produits répresentant une valeur de ____{le montant et la monnaie} / qui ne sera pas inférieure à ___ % du prix total F.O.B. __{insérer ici la règle d'interprétation applicable pour les conditions de livraison} du matériel spécifié à l'article __ du contrat de vente.

4.2 La valeur de chacun des contrats d'exécution qui sera déduite de l'engagement de contre-achat d'Alpha en vertu du présent contrat sera la F.O.B. __ {insérer ici la règle d'interpretation applicable pour les conditions de livraison} du contrat d'exécution considéré.

4.3 La valeur de chacun des contrats d'exécution, si elle est exprimée dans une monnaie autre que celle dans laquelle l'engagement de contre-achat d'Alpha est libellé ci-dessus, sera déduite du montant de l'engagement d'Alpha au taux de change fixé par la Banque centrale de __{pays} à la date de la délivrance de la facture établie pour ledit contrat d'exécution.

ARTICLE 5 - LE PRIX DES PRODUITS

5.1A Les prix des produits offerts en vertu du présent contrat correspondront au prix habituellement pratiqué dans le territoire (défini au par. 7.1 ci-dessous) au moment de la conclusion du contrat d'exécution considéré, pour les mêmes produits vendus dans des circonstances comparables; / à la valeur loyale et marchande/moyenne des produits dans le territoire (défini au par. 7.1 ci-dessous), dans des conditions concurrentielles de livraison et de paiement; / aux prix de produits concurrents répondant à des spécifications et à des normes de qualité analogues, pour l'essentiel, à celles des produits, dans le territoire de revente (défini au par. 7.1 ci-dessous) dans des conditions concurrentielles de livraison et de paiement; / au cours du produit à la bourse de _____ à la date à laquelle le contrat d'exécution considéré a été conclu./

5.1B Les prix des produits seront fixés d'un commun accord dans chaque cas par le vendeur effecitif et l'acheteur effectif concernés./

5.1C Alpha et les cessionaire(s) bénéficieront de la clause du client le plus favorisé dans le territoire en ce qui concerne les produits.

5.2 Le prix des produits seront fixés et payés en __ {monnaie}.

ARTICLE 6 - CESSION

6.1A Alpha n'est autorisée à céder l'obligation de contre-achat qui lui incombe en vertu du présent contrat, que ce soit en totalité ou en partie, à un tiers, quel qu'il soit sans le consentement exprès donné par écrit de Bêta {lorsqu'il y a lieu, remplacer "Bêta" par le nom de l'organisme gouvernemental approprié du Bêtaland}. Ce consentement ne doit pas être refusé sans raison valable.

6.1B Alpha peur céder tout ou partie de l'obligation de contre-achat qui lui incombe en vertu du présent contrat à un tiers.

6.2 Au cas où Alpha transférerait une partie de l'obligation de contre-achat qui lui incombe en vertu du présent contrat à un tiers (ci-après denommé "le cessionaire").

A (**) Tous les droits et obligations découlant pour Alpha du présent contrat en ce qui concerne la partie cédée prendront fin au moment où le contrat de cession entre Alpha et le cessionaire entrera en vigueur, et les droits et obligations correspondants reviendront audit cessionaire; sous réserve qu'aux termes dudit accord le cessionaire assume toutes les obligations incumbant à Alpha en vertu du présent contrat pour ce qui est de la partie de l'obligation ainsi cédée./

B (**) Alpha demeurera responsable conjointemente/solidairement et conjointement avec le cessionaire de l'exécution de toutes les obligations convenues dans le présent contrat.

6.3 (**) Alpha accepte d'inclure dans son accord avec tout cessionaire des dispositions appropriées prévoyant que le cessionaire s'engage à être lié par le présent contrat en ce qui concerne la partie cédée de l'obligation de contre-achat comme si le présent contrat avait été initialement conclu avec le cessionaire. En échange dudit engagement, Bêta accepte d'être liée par le présent contrat à l'égard du cessionaire concerné, pour ce qui est de la partie cédée de l'obligation de contre-achat, comme si le présent contrat avait été initialement conclu avec le cessionaire.

** Estas disposições só se aplicam se as partes concordam com a transferência de obrigações.

6.4 Au cas où Alpha céderait une partie de l'obligation de contre-achat qui lui incombe en vertu du présent contrat à un cessionaire, la cession devra être notifiée à Bêta. Si Bêta ne reçoit pas la notification dans un délai raisonnable après la cession, Alpha sera responsable du préjudice pouvant en résulter.

ARTICLE 7 - REVENTE DES PRODUITS

7.1 Alpha/ou ces cessionaires auront le droit de revendre les produits dans le territoire convenu ci-dessous au paragraphe 7.2 (ci-après dénommé "le territoire").

7.2A Le territoire comprend tous les pays du monde.

7.2B Le territoire comprend les pays énumérés à l'annexe __ pour chacun des produits ou groupes qui y sont mentionnés.

7.2C Alphaland

7.3 Les produits ne seront pas revendus en dehors du territoire sans le consentement écrit de Bêta (*Estas disposições não se aplicam se as partes escolheram a variante 7.2A*).

7.4 Les parties au présent contrat conviennent que les restrictions énoncées aux paragraphes 7.2 et 7.3 ci-dessus seront interprétées comme des engagements pris par Alpha/ou le cessionaire de s'abstenir de mettre activement les produits sur le marché en dehors du territoire (*Estas disposições não se aplicam se as partes escolheram a variante 7.2A e Alphaland ou qualquer país constante do Anexo façam parte da C.E.E.*).

ARTICLE 8 - CONCLUSION DE CONTRATS D'EXECUTION

8.1A De temps à autre pendant la période de validité du présent contrat, Bêta soumettra/ou invitera à soumettre à Alpha des offres de vente (ci-après dénommé "offres de Bêta") pour les produits devant être livrés dans le cadre du présent contrat./

8.1B Afin de remplir son engagement de contre-achat en vertu du présent contrat, Alpha lancera des appels d'offres de vente pour les produits du Bêtaland (ci-après dénommés "appels d'offres d'Alpha"), étant entendu que, dans ces appels d'offres, Alpha demandera qu'il oit précisé dans chaque offre qu'elle concerne les obligations découlant du présent contrat pour Alpha et Bêta, respectivement.

8.2A Il est convenu avec Bêta que

i) chaque offre de Bêta contiendra des indications détaillés concernant les quantités dans lesquelles les produits sont disponibles, les prix et les dates de livraison proposé;

ii) il sera précisé dans chaque offre de Bêta qu'elle se rapporte aux obligations découlant du présent contrat pour Alpha et Bêta, respectivement;

iii) les offres de Bêta auront force obligatoire pour le soumissionnaire pendant un délai d'au moins ___ jours/semaines/mois à compter de la date à laquelle elles auront été faites; et que

iv. les livraisons proposées dans les offres de Bêta représenteront une valeur d'au moins {le montant et la monnaie} par livraison.

8.2B A la demande d'Alpha, Bêta fournira à Alpha au Bêtaland toute l'assistance raisonnable/moyennant remboursement des frais /sans frais pour lui permettre d'entrer en rapport avec les vendeurs effectifs éventuels des produits.

8.3A Nonobstant les dispositions des paragraphes 8.1 et 8.2 ci-dessus, Alpha peut, indépendamment de Bêta, lancer des apples d'offres de vente (ci-après dénommés "appels d'offres d'Alpha") pour les produits du Bêtaland, étant entendu que dans ces appels d'offres Alpha demandera qu'il soit précisé dans chaque offre qu'elle concerne les obligations découlant du présent contrat pour Alpha et Bêta, respectivement.

8.4A Au cas où Alpha céderait une partie quelconque de l'obligation de contre-achat qui lui incombe en vertu du présent contrat, les parties audit contrat d'un commun accord si les offres de Bêta doivent continuer d'être adressées à Alpha ou si la totalité ou une partie de ces offres doit être adressées à un cessionnaire désigné par Alpha. Faute d'accord sur ce point, les offres de Bêta seront réputées être faites dans les règles si elles sont adressées à Alpha.

ARTICLE 9 REFERENCE AU PRESENT CONTRAT

Chaque contrat d'exécution qui peut être conclu par Alpha/ou son cessionnaire conformément aux disposition du présent contrat doit faire expressément référence au présent contrat et indiquer que ledit contrat d'exécution est conclu en application du présent contrat. Alpha accepte d'inclure dans son accord avec tout cessionnaire des dispositions appropriées à cet effet.

ARTICLE 10 - CALENDRIER D'EXECUTION

10.1A Bêta de soumettre/ou de faire soumettre à Alpha, avant les dates énoncées plus loin dans le présent paragraphe, des offres de Bêta correspondant au moins aux valeurs cumulatives indiquées ci-dessous, le montant total desdites offres de Bêta/

10.1B Alpha accepte le lancer avant les dates énoncées dans le présent paragraphe des appels d'offres d'Alpha correspondant au moins aux valeurs cumulatives indiquées ci-dessous le montant total desdits appels d'offres d'Alpha/

/étant supérieur de ___ % à la valeur totale de l'engagement de contre-achat d'Alpha convenue au paragraphe 4.1 ci-dessus:

DatesValeurs cumulatives

1. ....
2. ....
3. ....total:...........

10.2 Les parties au présent contrat conviennent que, avant les dates énoncées plus loin dans le présent paragraphe, des contrats d'exécution correspondant au moins aux valeurs cumulatives indiquées ci-dessous seront conclus en exécution de l'engagement de contre-achat pris par Alpha dans le présent contrat, la valeur totale des contrats d'exécution conclus étant égale à la valeur

totale de l'engagement de contre-achat d'Alpha convenue au paragraphe 4.1 ci-dessus:
<u>DatesValeurs cumulatives</u>
1. ....
2. ....
3. ....total:..........

ARTICLE 11 - PAIEMENT DES PRODUITS

11.1 Les produits seront payés dans la monnaie convenue au paragraphe 5.2 ci-dessus, et de la manière indiquée au paragraphe 11.2 ci-dessous.

11.2 Le paiement de chaque livraison de produits sera effectué contre remise des documents originaux énumérés au paragraphe 11.3 ci dessous/
/ par virement bancaire direct au compte en banque au Bêtaland du vendeur effectif des produits considerées;
/ au moyen d'une lettre de crédit irrévocable et transférable, autorisant les expéditions partielles et les transbordements, qui sera établie pour un montant indiqué dans le contrat d'exécution consideré, au plus tard ___ jours après la signature dudit contrat, en faveur du vendeur effectif concerné, et qui devra être confirmée par la banque du Bêtaland désignée par ledit vendeur effectif, ladite lettre de crédit devant être valable pendant une période de __ jours/semaines/mois après la date de livraison convenue des produits considérés;

11.3 Les produits/la lettre de crédit sera/seront payable(s) contre remise des documents suivantes: ....

11.4 L'acheteur effectif des produits prendra à sa charge tous les frais de change et tous les frais bancaires ainsi que toutes autres frais,/y compris les frais de confirmation du crédit/à l'exclusion des frais perçus par la banque du Bêtaland pour virer les fonds au compte du vendeur.

ARTICLE 12 - CONTROLE DE L'EXECUTION

12.1 Alpha tiendra le compte de tous les appels d'offres d'Alpha qu'elle a faits ou fait faire, et Bêta tiendra le compte de toutes les offres de Bêta qu'elle a soumises ou fait soumettre, dans le cadre du présent contrat. Alpha et Bêta tiendront le compte de tous les contrats d'exécution conclus dans le cadre du présent contrat. Chacun de ces comptes (ci-après denommés "les comptes témoins") sera présenté sous la forme indiqué à l'annexe __ au présent contrat.

12.2 Afin de s'acquitter des obligations stipulées au paragraphes 12.1 ci-dessus, dans les cas où elle n'achètera pas elle-même les produits, Alpha demandera à l'acheteur ou aux acheteurs effectifs concernés de fournir les renseignements nécessaires. Aux mêmes fins, Bêta demandera au vendeur ou aux vendeurs effectifs concernés de fournir les renseignements correspondants.

12.3 Les comptes témoins tenus par Alpha et Bêta seront comparés et approuvés par les parties au moyen d'échanges de lettres trimestriels pendant la durée de validité du présent contrat, le premier échange devant avoir lieu au plus tard le _____.

12.4 Alpha et Bêta conviennent par les présentes que les comptes témoins, une fois comparés et approuvés conformément au paragraphe 12.3 ci-dessus, constitueront la preuve définitive et irréfutable de l'exécution des obligations qui leur incombent en vertu du présent contrat.

ARTICLE 13 - RESPONSABILITE

13.1 Si l'engagement de contre-achat d'Alpha convenu dans le présent contrat n'a pas été intégralement exécuté de la manière prescrite et à la dernière date mentionné au paragraphe 10.2 ci-dessus, Alpha, à la demande écrite de Bêta, remettra à Bêta à titre de pénalité convenue __% de la valeur des produits restant à acheter en application du paragraphe 4.1 du présent contrat.

13.2 Nonobstant les dispositions du paragraphe 13.1 ci-dessus, Alpha ne sera pas tenue d'effectuer le paiement mentionné dans ledit paragraphe dans la mesure où le défaut d'exécution de l'engagement d'achat de contrepartie d'Alpha est dû au fait que le (ou les) vendeur(s) effectif(s) concerné(s) n'a (n'ont) pas soumis les offres de Bêta pour des produits de la qualité, du prix et du valeur cumulative spécifié aux Articles 3, 5 et 10, respectivement, du présent contrat, ou au fait que les vendeurs effectifs concernés n'ont pas livré des produits de la qualité, du prix ou de la valeur cumulative spécifiés aux Articles 3, 5 et 10, respectivement, du présent contrat.

13.3 Si l'inexécution de l'engagement de contre-achat d'Alpha est due aux raison énoncées au paragraphe 13.2, Bêta, à la demande écrite d'Alpha, remettra à Alpha à titre de pénalité convenue ___% de la valeur des produits restant à acheter en application du paragraphe 4.1.

13.4 Pour garantir la bonne exécution de ses obligations en vertu du présent Article 13, Alpha fournira à Bêta une garantie bancaire acceptable pour Bêta, pour la somme de {le montant et la monnaie}. La garantie bancaire aura, pour l'essentiel, la forme et contenu indiqué à l'annexe __ au présent contrat.

13.5 Pour garantir la bonne exécution de ses obligations en vertu du présent Article 13, Bêta fournira à Alpha une garantie bancaire acceptable pour Alpha, pour la somme de {le montant et la monnaie}. La garantie bancaire aura, pour l'essentiel, la forme et contenu indiqué à l'annexe __ au présent contrat.

13.6 Le paiement par la partie concernée des pénalités convenues énoncées aux paragraphes 13.1 et 13.2 ci-dessus éteindra entièrement et définitivement toutes les créances que l'autre partie pourra avoir à l'égard de la première nommée du fait du manquement de celle-ci aux obligations stipulées dans le présent contrat.

ARTICLE 14 - EXONERATION

14.1 Une partie n'est pas tenue pour responsable de l'inexécution de l'une quelconque de ses obligations si elle apporte la preuve que cette inexécution est due à un empêchement indépendant de sa volonté et qu'on ne pouvait raisonnablement attendre d'elle qu'elle le prenne en considération au moment de la conclusion du contrat, qu'elle le prévienne ou le surmonte ou qu'elle en prévienne ou surmonte les conséquences.

14.2 La partie affectée par l'empêchement pourra se prévaloir de l'exonération prévue par le présent Article 14 durant la période pendant laquelle elle n'est pas en mesure, en raison de cet empêchement, de s'acquitter des obligations qui lui incombent en vertu du présent contrat. Si l'effect de l'empêchement persiste pendant plus de ___ mois, chacune des parties aura le droit de résilier le présent contrat après avoir avisé l'autre partie par écrit/et aucune des deux parties ne sera tenue de dédommager l'autre des frais encourus ou des pertes subies de ce fait.

14.3 Le partie défaillante doit avertir l'autre partie de l'empêchement et de ses effects sur effects sur sa capacité d'exécuter ses obligations. Si la notification n'arrive pas à destination dans un délai raisonnable a partir du moment où la partie défaillante a eu ou auriat dû avoir connaissance de l'empêchement, celle-ci sera tenue de payer des dommages et intérêts du fait de la non-réception de cette notification.

14.4 Une partie ne peut pas se prévaloir d'une défaillance de l'autre partie si cette défaillance est imputable à un acte ou à une omission de sa part.

ARTICLE - EFFET DE LA RESILIATION DU CONTRAT DE VENTE OU DES CONTRATS D'EXECUTION

15.1A Si le contrat de vente est ultérieurement résilié/sans qu'Alpha soit fautive/pour une raison quelconque/Alpha aura, outre les recours convenus dans le contrat de vente, la faculté de résilier le présent contrat, faculté qui devra être exercée sans retard excessif après la résiliation du contrat de vente. Si le contrat de vente n'est résilié que partiellement, Alpha pourra exercer cette faculté en ce qui concerne une partie correspondante de l'engagement de contre-achat convenu dans le présent contrat.

15.1B Alpha demeurera liée par l'obligation de contre-achat convenu dans le présent contrat, quels que soient les motifs de résiliation du contrat de vente.

15.2 Aux fins du présent contrat, l'obligation de contre-achat d'Alpha convenue dans le présent contrat, ou une partie appropriée de cette obligation, selon le cas, /

A /sera réputéee avoir été exécutée même si un contrat d'exécution est ultérieurement résilié/sans qu'Alpha soit fautive/pour une raison quelconque,/

B /ne sera pas réputée avoir été exécutée si un contrat d'exécution est ultérieurement résilié, quels que soient les motifs de la résiliation. Dans ce cas, Alpha sera tenue de conclure un nouveau contrat d'exécution correspondant à la valeur du contrat d'exécution résilié, et ces nouveaux contrats d'exécution devront être exécutés conformément aux dispositions du présent contrat.

ARTICLE 16 - ENGAGEMENTS ANTERIEURS, DATE D'ENTREE EN VIGUEUR, AMENDEMENTS ET LANGUE FAISANT FOI

16.1 Sauf disposition contraire expresse dans le présent contrat, celui-ci remplace et annule tous les autres engagements qui peuvent avoir été pris ou toutes les autres déclarations qui peuvent avoir été faites par Alpha et Bêta soit oralement, soit par écrit, avant la date de la signature du présent contrat.

16.2 Le présent contrat n'entrera en vigueur que lorsque le contrat de vente prenda lui-même effet/et/lorsque le présent contrat aura été signé par les deux parties/et/lorsque qu'il aura été approuvé par les autorités et/ou les établissememnts financiers/compétant(e)s de Bêtaland/et/ou d'Alphaland. /Bêta notifiera immédiatement à Alpha/et/Alpha notifiera immédiatement à Bêta/par télégramme ou télex/cette approbation, et la date de cette notification/la dernière de ces notifications/déterminera la date à laquelle le présent contrat entrera en vigueur. Si l'approbation/les approbations necessaire(s) n'est pas (ne sont pas) obtenue(s) dans les ___ jours/mois suivant la signature du présent contrat, celui-ci sera considéré comme nul, non avenu et sans effet.

16.3 Les amendements au présent contrat ne prendront effet que s'ils sont présentés par écrit et signés par des représentants des parties à ce dûment autorisés, et s'ils sont approuvés par les autorités/et/ou/les établissements financiers compétent(e)s/de Bêtaland/et/d'Alphaland.

16.4 Le texte {la langue} du présent contrat fait foi.

ARTICLE 17 - LEGISLATION APPLICABLE ET TEXTES FAISANT FOI

Le présent contrat est régi à tous égards par la législation de {le pays}, conformément à laquelle il sera interprété.

ARTICLE 18 - REGLEMENT DE DIFFERENDS

18.1 Tous les conflits ou différends qui pourront surgir entre les parties du fait ou au aujet de l'application du présent contrat et qui ne pourront pas être réglés à l'amiable seront soumis à l'arbitrage de {nombre} arbitre(s) qui appliqueront les règles de {règles applicables}.

18.2 La sentence arbitrale sera sans appel at aura force exécutoire pour les parties.

18.3 Les arbitres devront parler couramment le {langue} et la procédure d'arbitrage se déroulera dans cette langue.

18.4 L'arbitrage aura lieu à {le lieu et le pays}.

{local e data}

Pour Alpha   Pour Bêta

---

*

*   *

Modelo apresentado pela COMISSÃO DAS NAÇÕES UNIDAS PARA A EUROPA, *op. cit.*

8. *Counterpurchase*

a - Contrat nº 217515 A
au Contrat nº 217515 du 13 mai 1977
signé entre la Société F en tant que Vendeur et O.C.E., en tant qu'Acheteur.

1. Conformément au Contrat nº 217515 du 13 mai 1977, F s'engage dans le délai de 5 ans, à acheter ou à faire acheter par d'autres Sociétés, pour être revendus en France ou hors de France, sans restrictions des machines ou équipements ou autres marchandises des listes d'exportation des Sociétés d'exportation (du pays de O.C.E.) au choix de F., pour un montant total de 6.000.000 FF.

Ces produits seront payés en francs français ou autres devises convertibles aux Sociétés d'exportation.

2. Le Contrat d'achat de machines et équipements sera signé directement entre F ou autres Sociétés 1/3 A chargées de la compensation autorisées par F et les Sociétés d'exportation.

Les obligations d'achat par années de machines et équipements seront remplies comme suit au plus tard:

AnnéeValeur
19791.200.000 FF.
19801.200.000 FF.
19811.200.000 FF.
19821.200.000 FF.
19831.200.000 FF.

Ces chiffres ne peuvent être que d'un commun accord, le montant total, prévu ci-dessus, restant inchangé dans tous le cas.

En cas d'un tel accord, la caution bancaire et les pénalités prévues dans le présent contrat seront respectivement modifiées pour chaque année concernée.

3. Les prix et toutes autres conditions d'achat de machines et équipements seront convenus sur la base des prix et conditions internationaux.

4. Les contrats, signés par F ou par les autres sociétés autorisées avec les Sociétés d'exportation mentionnées ci-dessus, doivent contenir une clause indiquant qu'ils sont signés sur la base du Contrat nº 217515 signé entre O.C.E., en tant qu'Acheteur, et F, en tant que Vendeur, le 13 mai 1977.

5. On considera que F a rempli ses obligations selon le présent Contrat d'achat de machines et équipements si, à la fin de l'année respective, tous les montants fixés pour cette année ont été reçus par la Banque du Commerce Extérieur. F informera régulièrement et en temps dû O.C.E. de l'exécution de ces obligations, c'est-à-dire des contrats signés avec les Sociétés d'exportation et pour les paiements effectués conformément à ces contrats par l'intermédiaire de la Banque du Commerce Extérieur.

6. Si F ne remplit pas ses obligations pour achat de machines et équipements et n'effectue pas les paiements comme prévu à l'article 5 du présent contrat, F sera obligé a payer à O.C.E. des pénalités s'élevant à 10% et calculées sur les montants non payées et dus jusqu'à la fin de l'année respective. les pénalités, s'il y en a, seront payées à O.C.E. dans un délai d'un mois après l'année, lorsque les obligations découlant du présent contrat n'auront pas été remplies. A la fin de chaque année, O.C.E. émettra une facture au nom de F couvrant les montants des pénalitées dues.

7. Un mois après l'entrée en vigueur du présent contrat et au plus tard à la date de paiement par O.C.E. à F de l'acompte selon l'article 3.01 du Contrat n° 217515 du 13 mai 1977, F remettra à O.C.E. une caution bancaire, émise par une banque de premier ordre, correspondant de la Banque du Commerce Extérieur, en conformité avec le texte de l'Annexe n° 1 au présent Contrat. Le montant de cette caution bancaire sera de 600.000 FF.

8. Si les Sociétés d'exportation mentionnées ne peuvent pas fournir comme prévu à l'article 1 ci-dessus à F les machines et équipements conformément aux conditions du présent contrat, les parties se metront d'accord sur la possibilité de transférer, en conformité avec la situation du marché, l'achat de ces machines et équipements à l'année ou aux années suivantes jusqu'à la dernière année prévue pour achat. Au cours de l'année ou des années où F ne remplirait pas ses obligations d'achat à cause des raisons visées dans l'article présent, F serait libéré de ces obligations de payer des pénalités pour l'année ou les années respectives. les sociétés d'exportation doivent confirmer par écrit à O.C.E. qu'elles n'ont pas rempli leurs obligations comme défini au présent article, ou F doit présenter à O.C.E. une décision arbitrale confirmant la faute des Sociétés d'exportation en conformité avec le présent article. Le paiement des pénalités est suspendu dans l'attente de la décision arbitrale.

9. En cas de différend, la clause d'arbitrage du Contrat n° 217515 du 13 mai 1977 entre F, en tant que Vendeur, et O.C.E. en tant qu'Acheteur, sera valable. La clause de force majeure du même contrat sera aussi valable pour autant qu'elle soit applicable.

10. Le présent contrat entrera automatiquement en vigueur à la date d'entrée en vigueur du Contrat n° 217515 mentionné à l'article 9 ci-dessus et après confirmation des deux parties dans un délai de deux semaines.

11. Le présent contrat est signé en 6 exemplaires dont 3 exemplaires pour chacune des parties.

_____, le 15 août 1977.

B - PROTOCOLE D'ACCORD

ENTRE
La Société 1/3 A (adresse), représentée par M _____
ET
La Société F (adresse), représentée par M _____
IL A ETE CONVENU CE QUI SUIT:

Article 1

La Société F devant conclure avec la firme O.C.E. un contrat pour la vente d'équipements industriels et de prestations concernant un atelier d'acide, la Société 1/3A s'engage à signer et à accomplir parallèlement un contrat séparé de compensation avec la firme O.C.E.

Article 2

Le contrat de compensation annexé au présent accord fait partie intégrante de cet accord.

Le montant de la partie compensée concerne la contrevaleur de 100% (cent pour cent) du montant des équipements livrés, à l'exception de ___.

Article 3
Pour mener à bien les obligations de 1/3A, F tiendra à la disposition de 1/3A une somme égale à 10% (dix pour cent) du montant du contrat d'achat signé par 1/3A pour couvrir les frais de l'opération de compensation et/ou les pénalités prévues au contrat de compensation signé avec O.C.E.

Article 4
Cette somme sera versée par F à 1/3A de la façon suivante:
4.1 - pour les premiers 50% (cinquante pour cent) selon l'échéancier ci-après; au cours de la première année:
- 10% (dix pour cent) le sixième mois après l éntrée en vigueur du contrat conclu entre F et O.C.E.;
- 10% (dix pour cent) au début de la seconde année;
- 10% (dix pour cent) au début de la troisième année;
- 10% (dix pour cent) au début de la quatrième année;
- 10% (dix pour cent) au début de la cinquième année;
4.2 - pour les 50% (cinquante pour cent) restant:
d'une part,
sur justificatifs au fur et à mesure de l'exécution du contrat de compensation opéré par 1/3A;
d'autre part,
le solde en tout état de cause à la fin de la période autorisée pour l'exécution du contrat de compensation.

Article 5
1/3A sera le seul interlocuteur vis-à-vis de O.C.E. et de F pour toutes les opérations relatives à l'exécution du contrat de compensation et dans le cadre du présent protocole d'accord.

1/3A tiendra F en dehors de toutes réclamations, pénalités et contraintes financières éventuelles de la part de O.C.E. découlant du contrat de compensation signé avec O.C.E. et à ce titre prend à sa charge toutes les obligations y relatives.

Article 6
6.1 - Etant donné l'importance du montant du contrat de vente d'équipements F-O.C.E., il est possible que O.C.E. requière la cosignature de la Société R à ce contrat; ceci ne produira pas d'altération des obligations réciproques arrêtées dans le cadre du présent protocole d'accord entre F et 1/3A.
6.2 - R sera tenue étrangère aux accords et obligations relatifs à la compensation.

Article 7
En cas de différend survenant entre les parties dans l'application des obligations relatives au présent protocole d'accord, les parties sont convenues de porter le différand n'ayant pu être réglé à l'amiable devant l'instance du Tribunal de la Chambre de Commerce internationale qui jugera *ex aequo et bono*.

Article 8
Ce protocole entre en vigueur en même temps que le contrat pour la vente d'équipements industriels et de prestations signé entre F et O.C.E.

Article 9
L'Annexe I au présent protocole d'accord est constituée par le contrat de compensation signé avec O.C.E. le ____.
Article 10
La Société R (adresse), intervient pour acceptation des engagements pris par les parties aux présentes à son égard dans l'article 6 ci-dessus.
Fait à ____ en deux exemplaires originaux.

*
* *

Modelo apresentado por Marcel Fontaine, *op. cit.* nota.

9. Buy-Back

BUY-BACK CONTRACT
Between
Alpha ___
of 1, Alpha Street, 00100 Alphatown, Alphaland
(hereinafter "Alpha")
and
Beta ___
of 1, Beta Street, 00100 Betatown, Betaland
(hereinafter "Beta")
WHEREAS
Under a primary contract dated ___ (hereinafter the "primary contract") and the Technical Assistance Contract dated ___ (hereinafter the "Technical Assistance Contract") Alpha has sold to Beta, and Beta has purchased from Alpha, under the terms and conditions set forth in the Primary Contract/and the Technical Assistance Contract. the machinery/and/equipment/and/patents/and/know-how/and/technical assistance/specified therein (hereinafter the "Equipments/Technology"), to manufacture _____ (hereinafter "the Products) in Betaland.

By way of buy-back, and under the terms and conditions set forth in this Contract, Beta agrees to sell to Alpha, and Alpha agrees to purchase from Beta, Products as specified herein.

NOW, THEREFORE, the parties to this Contract agree as follows:

ARTICLE 1 - THE BUY-BACK COMMITMENT

1.1 Alpha hereby agrees to buy (or cause the purchase) from Beta, under the terms and conditions set forth in this Contract, Products manufactured by Beta using the Equipment/Technology sold by Alpha, and take delivery of the said Products.

1.2 Beta hereby agrees to sell to Alpha (or to his assignee (as defined below in Article 6)), under the terms and conditions set forth in this Contract, such Products, and to accept the purchase by Alpha of such Products as buy-back within the framework of this Contract.

ARTICLE 2 - THE PRODUCTS

2.1 The assortment of Products to be sold and purchased under this Contract is agreed upon the parties in accordance with the provision of Article 10 below.

2.2 Beta hereby warrants that sufficient Products of the agreed assortment will be available at the times specified in Article 10 of this Contract.

ARTICLE 3 - CONFORMITY OF THE PRODUCTS

3.1 The products to be delivered shall correspond to the specifications and quality agreed upon in the Primary Contract, and must be of the quantity and assortment required by the individual purchase contracts (hereinafter "Implementing Contract(s)") to be concluded within the framework of this Contract between Beta /or his Assignee (as defined below in Article 6)/ in his capacity of seller of the Products (hereinafter "the Implementing Seller"), and Alpha/or his Assignee (as defined below in Article 6)/ in his capacity of buyer of the Products (hereinafter "the Implementing Buyer").

3.2 The products must be contained or packaged in the manner required by the respective Implementing Contract.

ARTICLE 4 - TOTAL VALUE OF THE BUY-BACK COMMITMENT

4.1 During the term of this Contract Alpha shall purchase from Beta Products for the value of {amount and currency}/not less than __% of the total {relevant term of delivery, e.g., FOB, CIF, etc} price of the Primary Contract as specified in Article X of the Contract/plus not less than __% of the total price of the technical assistance invoiced in accordance with Article X of the Technical Assistance Contract.

4.2 The value of the Implementing Contracts to be applied against Alpha's buy-back commitment under this Contract shall be {relevant term of delivery, e.g., FOB, CIF, etc} value of the respective Implementing Contract.

4.3 The value of each of the Implementing Contracts, if invoiced in a currency other than the currency in which Alpha's buy-back commitment is set forth hereabove, shall be applied against Alpha's commitment at the exchange rate quoted by Central Bank of {country} at the date of the invoice issued in respect of such Implementing Contract.

ARTICLE 5 - THE PRICE OF THE PRODUCTS

5.1A The prices of the Products offered under this Contract shall correspond to/

/ the price generally charged at the time of the conclusion of the respective Implementing Contract for such products under comparable circumstances in the trade concerned.

/ the fair/average/market value of the Products in the Territory (as defined below in para. 7.1) under competitive terms of delivery and payment.

/ the prices of competing products, of essentially similar specifications and quality standarts than those of the Products, in the Territory (as defined below in para. 7.1) under competitive terms of delivery and payment.

/ the quotation of the Product at the {name of agreed commodity exchange} on the date when the respective Implementing Contract is concluded.

5.1B The prices of Products shall be agreed upon from case-to-case by the respective Implementing Seller and Implementing Buyer of the Products.

5.1C Alpha/and the Assignee/ shall be granted most-favoured-customer conditions in the Territory with egard to the Products.

5.2 The prices of the Products shall be quoted and paid in {currency}.

ARTICLE 6 - ASSIGNMENT

6.1A Alpha shall not be entitled to assign its buy-back undertaking under this Contract, either as a whole, or any part of it, to any other entity/without the express written consent of Beta.

Such consent shall not be unreasonably withheld.

6.1B Alpha may assign the whole, or a part, of its buy-back undertaking under this Contract, to any third party.

6.2 In the event that Alpha (hereinafter "the Assignor") shall assign any part of its buy-back commitment under this Contract to a third party (hereinafter "the Assignee") /

A / all the rights and obligations of the Assignor under this Contract with regard to the assigned part shall terminate at the time when the assignment contract between the Assignor and the Assignee becomes effective, and the respective rights and obligations shall be vested in the said Assignee; provided that in the said agreement the Assignee assumes all the obligations of the Assignor agreed upon in this Contract with regard to the part so assigned.

B / the Assignor shall remain responsible, /jointly/jointly and severally/ with the Assignee, for the fulfilment of all of its obligations agreed upon in this Contract.

6.3 Alpha agrees to include in its agreement with any Assignee appropriate provisions whereby the Assignee commits itself to be bound by this Contract with regard to the assigned part of the buy-back commitment, as if this Contract had originally been executed by the Assignee. In consideration for the said commitment, Beta agrees to be bound by this Contract against the respective Assignee, with regard to the assigned part of the buy-back commitment, as if this Contract had originally been executed with the Assignee.

6.4 In the event that a party shall assign any part of its buy-back obligations under this Contract to an Assignee, it must give notice to the other party of the assignment. If notice is not received by the other party within a reasonable time after the assignment, the party will be liable for the damages resulting from such non-receipt.

ARTICLE 7 - RE-SALE OF THE PRODUCTS

7.1 Alpha/or its Assignee shall have the right to re-sell the Products in the territory agreed upon below in paragraph 7.2 (hereinafter "the Territory").

7.2A The territory shall include all countries in the world.

7.2B The territory shall include the countries set forth in Appendix __ with respect to each of the Products ou products groups mentioned therein.

7.2C Alphaland

7.3 The Products shall not be re-sold outside the Territory without the written consent of Beta (*não se aplica se for escolhida a alternativa A*).

7.4 It is agreed by the parties hereto that the restrictions set forth in paragraphs 7.2 and 7.3 above shall be construed as undertakings from the part of Alpha/or the Assignee/ to refrain from actively putting the Products in the market outside the Territory.

ARTICLE 8 - REFERENCE

Each Implementing Contractas may be entered into by a /party or its Assignee/ in accordance with the terms of this Contract, must explicitly refer to this Contract and state that the said Implementing Contract is made in fulfilment hereof. The parties agree to include in their agreement with any Assignee appropriate provisions to that effect.

ARTICLE 9 - TERMS OF DELIVERY

Unless otherwise agreed in the individual Implementing Contract, the terms of delivery of the Products will be {relevant term of delivery, e.g., FOB, CIF, etc}.

ARTICLE 10 - TIME SCHEDULES FOR PERFORMANCE

10.1 Deliveries of the products by Beta will commence ___ days/months after the completion of the performance test and acceptance of the Equipment/Technology under the Primary Contract /and the Technical Assistance Contract.

10.2 It is presently estimated that the buy-back commitment agreed upon in Article 4 above will be fulfilled according to the following schedule:

YearsValue

19_____

19_____

19_____

etcTotal_____

10.3 Actual quantities and assortments of Products to be delivered will be negotiated and agreed upon in the individual Implementing Contracts to be concluded not later than ___ days/months before the begginning of each year/quarter/month with regard to the said year/quarter/month.

10.4 When actual quantities and assortment are agreed upon. Alpha's remaining buy-back commitment/and/ Alpha's own needs for Products/and/prevailing market conditions in the Territory for the various assortments of the Products/ will be taken into consideration. It is agreed, however, that, until the total buy-back commitment has been fulfilled, the value of Products to be sold by Beta and bought by Alpha each calendar year will be at least ___/ and not more than ___.

10.5 Sufficient Implementing Contracts to cover the whole of Alpha's buy-back obligation as agreed under paragraph 4.1 above, must be concluded by {date}.

ARTICLE 11 - LACK OF CONFORMITY

11.1 Alpha must examine the Products delivered to him within as short period as is practicable in the circumstances.

11.2 Alpha loses the right to rely on a lack of conformity of the Products if it does not give notice to Beta specifying the nature of the lack of conformity within {time period} after it has discovered or ought to have discovered it.

11.3 Further rights and obligations of the parties with regard to the lack of conformity of the Products will be governed by the provision of the law applicable to this Contract./ by the provision of the Guarantee Conditions attached to this Contract as Appendix __, and by the provisions of the law applicable to this Contract.

ARTICLE 12 - PAYMENT OF THE PRODUCTS

12.1 The products shall be paid for in currency agreed upon in paragraph 5.2 above, in the manner set forth in paragraph 12.2 below.

12.2 Each dellivery of the Products shall be paid against the original documents set forth in paragraph 12.3 below/

A / through direct bank transfer to the bank account in Betaland of the Implementing Seller of the respective Products.

B / through an irrevocable and transferable Letter of Credit, allowing partial and trans-shipments, to be opened in the amount of the respective Implementing Contract at the latest __ days after the signing of the said Contract, in the respective Implementing Seller's favour, and to be confirmed by the Bank in Betaland designated by the said Implement Seller, such Letter of Credit to be valid for a period of __ days/weeks/months after the agreed date of delivery of the respective Products.

12.3 The Products/Letter of Credit shall be payable against the following documents: _____

12.4 The Implement Buyer shall bear all exchange and bank charges as well as any other costs, /including the confirmation charges of Letters of Credit / but excluding the charges of the Bank of Betaland/ for transferring the funds to the Implementing Seller's account.

ARTICLE 13 - MONITORING THE PERFORMANCE

13.1 Both Alpha and Beta shall keep records on all Implementing Contracts concluded within the framework of this Contract. Each such record (hereinafter "the Evidence Account") shall be in the form set forth in Appendix __ to this Contract.

13.2 The Evidence Accounts maintened by Alpha and Beta shall be compared and agreed by the parties through exchanges of letters on a quarterly basis during the term of this Contract, the first occasion being no later than ____.

13.3 Alpha and Beta hereby agree that the Evidence Accounts, compared and agreed in accordance with paragraph 13.2 above, shall constitute final and conclusive evidence as to the performance of their obligations under this Contract.

ARTICLE 14 - LIABILITY

14.1 In the event that Alpha's buy-back commitment, agreed upon in this Contract, has not been fully performed by the date mentioned in paragraph 10.5 above, Alpha shall, upon written demand by Beta, remit to Beta as agreed and liquidated damages __% of the value of the Products yet to be purchased under paragraph 4.1 hereof.

14.2 Notwithstanding the provision of paragraph 14.1 above, Alpha shall not be obligated to make any payment mentioned therein insofar as the lack of performance of Alpha's buy-back commitment is due to the failure of the Implementing Seller to deliver Products of the quality, price or cumulative value, specified in Articles 3, 5 and 10, respectively, of this Contract.

14.3 If the lack of performance of Alpha's buy-back commitment is due to the reasons set forth in paragraph 14.2, Beta shall, upon written demand by Alpha, remit to Alpha as agreed and liquidated damages __% of the value of the Products yet to be purchased under paragraph 4.1.

14.4 As guarantee for the due performance of its obligations under this Article 14 Alpha shall issue to Beta, for the sum of ____. The bank guarantee shall be essentially of the form and contents as set forth in Appendix __ attached to this Contract.

14.5 As a guarantee for the due performance of its obligation under this Article 14 Beta shall issue to Alpha, for the sum of ____. The bank guarantee shall be essentially of the form and contents as set forth in Appendix __ attached to this Contract.

14.6 The payment by the respective party of the agreed and liquidated damages, set forth in paragraphs 14.1 and 14.3 above, shall be in full and final settlement of all claims that the other party may have against the first party arising out of or in connection with the breach by the first party of his obligations under this Contract.

ARTICLE 15 - RELIEF

15.1 A party is not liable for a failure to perform any of his obligations if he proves that the failure was due to an impediment beyond his control and that it could not reasonably be expected to take the impediment into account at the time of the conclusion of the contract or to have avoided or overcome the impediment or its consequences.

15.2 Exemption under this Article 15 shall be available to the affected party for the period during which the impediment prevents it from fulfilling his obligations under this Contract. If the effect of the impediment lasts for more than ___ month, each party shall be entitled to terminate this Contract upon written notice to the other, and neither party shall be liable to the other for any expenses or losses thereby incurred.

15.3 The party who fails to perform must give notice to the other party of the impediment and its effects on his ability to perform. If the notice is not received by the other party within a reasonable time after the party who fails to perform knew or ought to have known of the impediment, he is liable for damages resulting from such non-receipt.

15.4 A party may not rely on a failure of the other party to perform, to the extent that such failure was caused by the first party's act or omission.

ARTICLE 16 - THE EFFECT OF THE TERMINATION OF THE PRIMARY CONTRACT OF THE IMPLEMENTING CONTRACTS

16.1 In the event that the Primary Contract should subsequently be terminated without the Equipment/Technology having been transferred and accept, this Contract shall become automatically null and void and with no effect.

16.2 For the purpose of this Contract, Alpha's buy-back commitment, agreed upon herein, or a respective part thereof, as the case may be, /

A / shall be deemed fulfilled even if any Implementing Contract should later be terminated/through no fault on the part of Alpha/for whatever reason.

B / shall not be deemed fulfilled insofar as any Implementing Contract should later be terminated, irrespective of the grounds for which the Implementing Contract was terminated. In this case Alpha shall be obligated to conclude fresh Implementing Contracts corresponding to the value of the terminated Implementing Contracts such fresh Implementing Contracts to be then carried out in accordance with the provisions of this Contract.

ARTICLE 17 - PRIOR COMMITMENTS, EFFECTIVE DATE, AMENDMENTS, AND GOVERNING LANGUAGES

17.1 Except as otherwise expressly provided in this Contract, this Contract supersedes and invalides all other commitments or representations which may have been made by Alpha and Beta either orally or in writting prior to the date of signature of this Contract.

17.2 This contract shall come into effect only /upon the entering into force of the Primary Contract/and/upon the signing of this contract by both parties/and/upon the approval of this Contract by the competent authorities and/or/ financial institutions in Betaland/ and/or Alphaland. Beta shall immediately notify Alpha /and/ Alpha shall immediately notify Beta /by cable or telex of such approval, and the date of/such notifications/the latest of such notifications/shall be the date on which this Contract comes into effect. unless the approvals are obtained within __ days/months from the signing of this Contract, it shall be considered null and void and with no effect.

17.3 Amendments to this Contract will be effective only if they are made in writing and signed by legally authorized representatives of the parties,/ and if approved by the competent authorities /and/or financial institutions in Beta-land/and/Alphaland.

17.4 The {language} text of this Contract is the governing text.

ARTICLE 18 - APPLICABLE LAW

This Contract shall for all purposes be governed by, and construed in accordance with, the law of {country}.

ARTICLE 19 - SETTLEMENT OF DISPUTES

19.1 All disputes or differences which may arise between the parties out of or in connection with this Contract, and which cannot be settled amicably shall be subject to arbitration by {number} arbitrators under the rules of {applicable rules}.

19.2 The award of the arbitrator(s) shall be final and binding on the parties.

19.3 The arbitration proceeding shall be conducted in the ____ language.

19.4 The place of arbitration shall be {place and country}.

_____, {date}

ALPHA	BETA
by: _____	by: _____

*

*   *

Modelo apresentado pela COMISSÃO DAS NAÇÕES UNIDAS PARA A EUROPA, *op. cit.*

10. *Lease purchase*

Datedn°

entered into pursuant to a Lease Purchase Master Agreement dated ___
BETWEEN
('the Owner')
('the Hirer')

1. THE LEASING OF THE GOODS

The Owner agrees to let the Hirer agrees to take on lease the Goods described in the Schedule hereto on the terms set out and referred to herein and further agrees that all terms of the Lease Purchase Master Agreement ('the Master Agreement') between the Owner and the Hirer referred to above shall apply to and form part of this Lease Purchase Contract, including the Hirer's right to purchase the Goods.

2. PERIOD OF LEASING

Primary period: ___ years

3. PURCHASE COST

a) The Total Purchase Cost of the Goods is ___ (excluding VAT)
b) VAT (payable to the Owner on signature of the LP Contract) is ___

4. RENTAL

The rental during the Primary Period is ___ payable quarterly in advance the first rental being payable on ___ and the last on ___.

Rental is payable by cheque to the account of the Owner at ___, so that the rental is received by the Owner in cleared funds on or before the due date for payment thereof.

5. ACCEPTANCE

Acceptance will be assumed on signature of this Lease Purchase Contract.

6. OPTION TO PURCHASE

The Hirer has the right to purchase the Goods:-
(a) on the terms stated in Clause 16 of the Master Agreement;
or
(b) for 10 upon the expiry of Primary period or thereafter.

7. THE DISCOUNT RATE applicable to Clause 16 of the Master Agreement shall be ___%.

8. STATUTORY REGULATIONS

The Hirer undertakes and warrants to the Owner that the Goods are not within the scope of or covered by the Control of Hire Purchase Order 1977 (as amended, replaced, extended or re-enacted), or any similar legislation or regulatory controls.

THE SCHEDULE

The Goods

SIGNED BY (name) _____
for and on behalf of _____
SIGNED BY (name) _____
for and on behalf of _____

(TO BE LINKED TO A SEPARATE BUT PARALLEL COUNTERTRADE CONTRACT)

*

* *

Modelo apresentado por BRIAN D. TOWNSEND, *op. cit.*

11. *Offset*

MEMORANDUM OF AGREEMENT FOR OFFSET PROGRAM
Between : the Company Radom as the supplier
and: The purchasing Country Euroland represented by the National Radar Equipment Company (NREC) as the purchaser
Concerning offset program in connection with Purchase Contract between Radom and NREC (hereinafter called the Contract)
This Memorandum of agreement is made between the offset Procurement Agency and the Company Radom.
Whereas, the purchase department intends to purchase from the Company Radom Contract nº ____ (Supply Contract) and,
Whereas, the purchase department has requested the Company Radom to offer an Industrial Cooperation and Offset Program in support of the Company Radom sale of "Visiora" Radar System.
Whereas, the Company Radom has had access to the General Guideline for the Country Offset Program, Ref. nº ____ published by the Ministry of Foreign Trade.

1. Obligations
Now, therefore, the offset Procurement Agency and the Company Radom have agreed as follows:
1.1. The Company Radom agrees to provide its best efforts to achieve an offset to the offset procurement agency in accordance with the attached offset proposal.
Total amount of the contract and the overall value/percentage of offset ("Offset Commitment") will be as follows:
   A. Total Contract ValueF.F. _____
   B. Total Offset Value/PercentageF.F. _____%
   1. Direct Offset Value/PercentageF.F. _____%
   2. Indirect Offset Value/PercentageF.F. _____%
The direct offset value is a provisional one, based on the details of the offset proposal. But the total offset percentage which is __% of contract will not be changed.
2.1. The period for the Company Radom to accomplish this Offset Commitment shall be within a 3 years period for Direct Offset and a 5 years period for Indirect Offset Execution Period from the effective date of the Supply Contract.
For this purpose an amount of Indirect Offset will be deemed to have been executed during such period should the related letter of credit have been issued, although shipment thereunder may not have occured, during such period.

3.1. Direct Offset
The Company Radom agrees to provide Euroland manufacturers with technology, know-how, technical assistance and training necessary for the execution of the Direct Offset obligation.
Quality objectives
Part of the industrial collaboration will be performed in accordance with appendix of this memorandum.

4.1. Indirect Offset

The eligible products to be exported are those listed in the related section of the attached offset proposal as well as other products with prior approval by the offset procurement agency.

Such products shall be internationally competitive with respect to price, delivery, quantity, quality and other major terms and should not be subject to anu sourcing or destination restriction.

5.1. Purchaser's approval (indirect offset)

Orders or other transactions may be achieved directly by the supplier, supplier's vendors and any other Company as a result of the supplier's efforts.

The orders or transactions placed by the supplier, other than those provided for in the appendix, forming part of the offset program, shall be subject to a written approval by the purchaser.

Third party involvement, other than those specified in the appendix, will be subject to written prior approval from the purchase.

Reported transactions will be subject to a written decision within a maximum of 30 days from the purchaser's receipt of a registered mail.

2. Offset Administration

The purchaser's Offset Collaboration group (OC group) will be responsible for the offset program.

The OC group shall make the evaluation of various proposals and transfer them as offset amounts. The OC group shall also transfer sales-promotion and marketing activities of local products and exchange of technology and know-how, into economical terms.

When the supplier's offset obligations, according to Paragraph 1 are terminated, this fact shall be documented in a "Offset Administration Report".

3 - Following-up

3.1. Offset records

The supplier shall maintain records of offset program activities and permit such verification as the OC group may reasonably require to substantiate the offset credits claimed.

3.2 Reports

The supplier shall submit every six months a written report of his efforts and activities under his obligations, including:

- achievements to date and offset credits being claimed
- ongoing activities
- any problems being encountered
- any area which might be improved by the provision of local industry assistance funding
- a plan indicating what major activities are planned for the coming six months period
- issues subject to the purchaser's approval

4. Classified informations

The purchaser undertakes to comply with the security grading related to any classified information passed by the supplier to the OC group and/or to local industry, data and information which will be supplied for the performance of the offset program by the supplier will not be disclosed to third party. They will be used only by the local officials, companies and sub-contractors involved in the offset program.

5. Prolongations

If the supplier should not be able to fulfil his offset obligation within the agreed time-scale, the supplier shall accept that the OC group determines the amount of offset remaining, that a further time period for the fulfilment of offset obligations shall be set and that a value of remaining offset obligation shall be escalated according to agreement between the OC group and the supplier.

6. Changes

During the period of the offset plan, if there is a substantial change in relevant circumstances the parties will meet with a view to agreeing upon any appropriate amendments.

7. Excess credit

In the event that the supplier achieves the offset program in excess of the amount established in clause 1, the purchase agrees, without establishing a precedent, to allow such excess to be credited against obligations resulting from acquisitions by the purchaser from the supplier. In the event that the purchaser from the supplier or from his partners, equipment other than the subject of the Contract, then at the supplier's request and subject to the purchaser's concurrence such excess may be allowed to be credited against the offset obligation arising from the purchase.

8. Management plan

Within his department the supplier will establish a specific organization responsible for the management of this offset program to ensure that it will be realized as planned. The supplier has the responsability in performing this offset commitment which may not be assigned or otherwise transferred by either party without the prior written consent of the other.

9. Purchaser's obligation

The purchaser agrees that it shall assist the supplier in identifying potential suppliers of products and in providing him information and assistance in placing orders or services.

10. Offset plan

Three months after the Contract, the offset plan will be finalized with the OC group in accordance with the broad outlines given in Appendix ___.

11. Competitiveness

The local companies in the OC group program will be required to be competitive as to international performance, quality, price and delivery schedule. They shall comply with the specifications defined by the supplier, sub-contractors, vendors and associated partners.

12. Offset credit evaluation criteria

Credit will accrue only for transactions that are proved to be new business or incremental value for ongoing business relationship.

Credit against the offset program will be evaluated as follows:

12.1. Investment

Credit will accrue whenever a direct investment in the country is made. The amount of credit shall be mutually agreed upon.

Credit will also accrue for any other indirect or joint with a local entity approved, at a value to be mutually agreed upon.

12.2 Credit will accrue for purchase of research and development services from a local company or institution. The credit amount shall be the total value of the order. Higher level of credit can be considered by the purchaser due to the high priority of such an activity.

12.3 Transfer of technology and know-how

Credit will accrue as the result of the transfer of technology and know-how of any kind to a local industry or institution. The offset amount to be credited shall be mutually agreed before the activity begins.

12.4 Coproduction

The amount of credit shall be the total value of orders and of local tooling fabrication.

12.5 Indirect offset

The total value of the purchases by the supplier or his partners of industrial goods and the sales made possible by the marketing or distribution of local industrial products by the supplier or his associated partners shall be credited as an offset.

13. Offset plan broad outlines

The time-scale outlines are listed hereafter:

Direct offset (within 3 years):

Year 1:____

Year 2: ____

Year 3: ____

Indirect offset:

It is expected that the complete offset obligations will be fulfilled within 5 years after the Purchase contract.

14. Arbitration - Applicable law - Domiciliation

15. Notifications

16. Effective date

17. Signature

*

*   *

Modelo apresentado pela ACECO, *op. cit.*

12. *Offset*

ACCORD ENTRE LA RÉPUBLIQUE DE VÉLUZIE ET LA S.C.A.
ADDITIONNEL AU CONTRAT D'ACHAT DE DEUX AVIONS
Entre :
La RÉPUBLIQUE VÉLUZIENNE
représentée par ___ en qualité de ___
ci-après premier contractant.
et
SCA Société de Construction Aéronautique
représentée par ___ en qualité de ___
ci-après deuxième contractant.
Il est convenu de l'accord additionnel au contrat d'achat nº ___ conclu entre les 2 parties (contrat principal)

Clause 1 (Objet)

1) Le présent accord a pour objet principal la revalorisation technologique des activités de l'industrie véluzienne, spécialement de l'industrie de défense.

2) Aux termes du présent accord, le deuxième contractant s'engage devant le premier contractant à:

a) concéder au "Bureau Général de Matériel Aéronautique" (BGMA) le statut de réparateur autorisé des avions type ___ et ___, en ce qui concerne les moteurs, les avioniques et les composants principaux et à donner la formation nécessaire pour l'obtention des certificats;

b) passer au BGMA des contrats de fabrication de composants;

c) entraîner le personnel du BGMA.

3) Les opérations suivantes pourront encore, au travers d'un accord préalable entre les deux parties contractantes, être comptabilisées au titre de la Clause 2 du présent accord, dès lors qu'elles sont accomplies ou promues par la 2e partie contractante.

a) investissement direct étranger en République Véluzienne;

b) transfert de technologie en faveur des industries Véluzienne;

c) formation professionnelle de cadres véluziens;

d) obtention de financement pour des contrats réalisés par des entreprises véluziennes dans des pays à risques moyens ou élevés.

e) couverture du risques des exportations d'entreprises véluziennes vers des pays à risques moyens ou élevés.

f) sous-traitance de contrats, par des entreprises véluziennes hors de Véluzie;

g) autres opérations que les 2 parties contractantes considèrent comme étant objet du présent accord.

Clause 2 (Valeur)

La valeur totale des engagements acceptés décrits par les termes de la Clause 1 est de ____, équivalent à 100% du contrat principal.

Clause 3 (Délai d'exécution)

1) La valeur totale des engagements prévus dans la clause antérieure sera réalisée dans un délai de 4 ans à compter de la date d'entrée en vigueur du présent accord.

2) La concrétisation de la valeur totale prévue dans la Clause 2 sera réalisée dans un délai de 4 ans à compter de la date d'entrée en vigueur du présent accord.

3) La concrétisation de la valeur totale prévue dans la Clause 2 sera répartie en accord avec le tableau suivant, les valeurs en pourcentage minimum indiquées dans celui-ci devant être atteintes obligatoirement.

Périodes	Valeur minimum (% du total)	Valeur accumulées (% du total)
1er et 2e années	30	30
3e année	15	45
4e année	15	60
5e année	15	75
6e année	15	90
7e année	10	100

3) Le second contractant pourra dépasser, pour chaque période, les objectifs fixés. Dans ce cas les montants en excès seront portés au crédit de la période suivante.

Clause 4 (comptabilisation)

1) Afin de comptabiliser la valeur totale prévue dans la Clause 2, la réalisation des engagements à assumer selon les termes du présent accord sera comptabilisée ou créditée selon les dispositions des articles suivants.

2) La comptabilisation des opérations définies dans la Clause 1 sera faite selon la disposition des alinéas suivants:

a) en ce qui concerne la valeur, en dollars américains,

b) s'agissant d'opérations effectuées dans une autre monnaie, il devra être utilisé, afin de conversion, le taux de change d'achat, fourni par la Banque de Véluzie à la date de réalisation,

c) en cas de fournitures, celles-ci seront comptabilisées selon leur valeur FOB. Si cette valeur n'est pas connue, la comptabilisation sera faite en appliquant le coefficient 0.9 à leur valeur CIF.

3) En ce qui concerne les opérations mentionnées à l'article 2 de la Clause 1, la comptabilisation sera faite:

a) pour celles prévues à l'alinéa a) pour le valeur de _____;

b) pour celles prévues à l'alinéa b) pour le montant de la facture affecté d'un coefficient de pondération de 0.6, équivalent à la partie de la valeur ajoutée nationale (VAN) incorporée dans les composants fabriqués;

c) pour celles prévues à l'alinéa c) le montant à comptabiliser sera fonction du coût homme/heure.

4) En ce qui concerne les opérations mentionnées à l'article 3 de la clause 1, la comptabilisation sera faite:

a) selon les montants concernés, affectés d'un coefficient de pondération qui sera défini cas par cas;

b) s'agissant de fournitures ou d'exportations de biens ou de services, le coefficient de pondération à attribuer ne devra pas excéder la VAN incorporée dans ces opérations;

c) en ce qui concerne l'alinéa g), s'agissant de réparations à effectuer par le BGMA comme suite aux qualifications accordées au titre de la Clause 1 - article 2, alinéa a), le coefficient de pondération sera de 0.7.

5) S'il s'agit d'opérations traditionnelles, seront comptabilisés, au titre du présent accord, les montants concernant la croissance ramenés à la valeur excédant la moyenne des exportations des 3 années antérieures à leurs réalisations.

Clause 5 (Contrôle)

1) La preuve de l'accomplissement des obligations décrites par les article 2 et 3 de la Clause 1 sera confiée par la seconde partie contractante à l'appréciation du Centre du Commerce Extérieure Véluzien CCEV, à travers la présentation des documents décrits dans les articles suivants.

2) Pour les opérations décrites dans l'article 2 de la Clause 1, un document faisant preuve émis par les services concernés de la Force Aérienne devra être présenté.

3) Pour les opérations décrites dans l'alinéa a) de l'article 3 de la Clause 1:

a) un document faisant preuve de la réalisation de l'investissement en Véluzie;

b) un document faisant preuve de l'entrée correspondante de devises émis par l'entité bancaire responsable de l'opération de change.

4) Pour les opérations décrites dans l'alinéa b) de l'article 3 de la Clause 1:

a) copie du contrat;

b) document faisant preuve de l'enregistrement du contrat à la Banque de Véluzie.

5) Pour les opérations décrites dans les alinéas c), d), e), f) et g) de l'article 3 de la Clause 1:

a) les documents à presenter seront définis au cas par cas au moment où les opérations concernées feront l'objet de discussions préalables entre les parties contractantes et en fonction des caracteristiques de ces opérations;

b) chaque fois que dans le cadre de l'alinéa g) de l'article 2 de la Clause 1, il s'agit de réparations à effectuer au BGMA, la disposition de l'article 2 de cette clause s'appliquera.

6) Chaque fois qu'il s'agira de fournitures ou d'exportations:

a) les factures émises par les fournisseurs mentionnant entre autres, le nom et l'adresse de l'acheteur final;

b) pour chaque opération, déclaration du fournisseur, envoyée au Centre du Commerce Extérieur Véluzien CCEV, attestant que cette opération constituait une nouvelle opportunité d'affaires, avec un nouveau client, réalisée grâce à la deuxième partie contractante et qu'il autorise le CCEV à verifier, uniquement par contrôle, la véracité de ces déclarations, à travers la consultation de ses documents;

c) document prouvant l'entrée de devises, certifié par l'entité bancaire responsable de l'opération.

Clause 6 (Exécution de l'accord)
1) Les parties assument entièrement et librement ce qui est stipulé dans le présent accord, qu'ils reconnaissent comme juste et comme l'ayant signé de bonne foi.
2) En outre, le premier contractant acepte et reconnait l'engagement de ___ lequel assumera intégralement, en cas de faute du deuxième contractant, l'exécution du présent accord.
3) Lors de la signature du présent accord, une lettre de l'___ sera remise au premier contractant, signée par ses responsables et officiellement reconnus comme tels, dans laquelle ils assument, au nom de l'_____, et au bénéfice du premier contractant, l'aval donné.

Clause 7 (Force Majeure)
1) Aucune partie contractante ne pourra être considérée responsable pour la non exécution d'une quelconque obligation résultant du présent accord et ce en prouvant que cette non exécution se trouve être due à un empêchement indépendant de sa volonté, qu'un tel empêchement ou ses effets ne pouvaient être raisonablement prévus, et qu'il ne se trouvait pas en situation de pouvoir les éviter ou les surmonter.
2) Pourront être considérées, à titre d'exemple, comme force majeure, les situations entraînant une perturbation de l'exécution du présent accord, tels que la déclaration officielle de guerre par les Gouvernments Véluzien ou Français, lock-out, grèves, perturbations de l'ordre public, calamités naturelles ou restrictions gouvernamentales qui affectent l'importation ou l'exportation de biens, services et capitaux.
3) Dans la mesure ou des raisons de force majeure affectent les dates et les périodes d'exécution des obligations découlant du présent accord, sans compromettre intégralement son objet, son accomplissement sera ajourné ou prorogé pour un période identique à la durée de la force majeure.
4) L'une ou l'autre des parties contractantes, selon le cas, informera l'autre, par écrit, dès qu'elle aura connaissance du fait qu'une raison de force majeure compromet ou menace de compromettre la bonne exécution du présent accord.

Clause 8 (Interprétation et Modifications)
1) Le présent accord se trouve rédigé en deux versions: l'une en langue vélussienne, l'autre en langue française, la version en langue véluzienne étant le texte original et faisant foi uniquement.
2) Le présent accord ne pourra être modifié, en tout ou partie, que par document écrit et signé par les 2 contractants.
3) Au cas où une ou plusieurs clauses se révèleraient contraires à une quelconque loi ou règlement, l'accord sera maintenu en vigueur en ce qui concerne les autres clauses demeurant valides.

Clause 9 (loi applicable)
Le présent accord est régi par la loi véluzienne.

Clause 10 (Résolution de Litiges)
Les conflits naissant de l'interpretation ou de l'exécution du présent accord, seront soumis au tribunal de la région de Véluzie Ville.

Clause 11 (Echange d'Informations et Communications)
Tout échange d'informations et les communications concernant le présent accord devront être adressés par un contractant par courrier recommandé, télex ou téléfax a:
    a) Centre du Commerce Extérieur Véluzien (CCEV)
    b) Société de Construction Aéronautique (SCA)
Clause 12 (Durée)
1) Le présent accord entrera en vigueur à la date d'entrée en vigueur du contrat principal.

2) L'accomplissement des obligations que doit assumer le deuxième contractant, selon les termes du présent accord, cessera d'être exigible si le contrat est déclaré nul, invalidé, annulé ou si pour quelque raison que ce soit, cessent ses effets. Toute-fois, si cette cessation n'a pas d'effets rétroactifs, le 2e contractant sera obligé d'accomplir ses obligations à hauter des paiements définitivement reçus selon les termes du contrat principal.

    Fait à _____
    Le _____
en 2 exemplaires signés par les parties.
La République de VéluzieSCA Société de Construction Aéronautique
représentée par _____ représentée par _____

Modelo apresentado pela ACECO, *op. cit.*

13. Acordo de cooperação industrial e comercial

ACCORD GENERALE DE COOPERATION INDUSTRIELLE ET COMMERCIALE

La Société ___
ci-après dénommée "___", représentée par M ___
et _____

- le développement constant des relations économiques et politiques entre ___ et ___ résultant des liens amicaux traditionnels;
- l'intérêt exprimé par les parties de voir s'établir une coopération économique, industrielle et commerciale à long terme sur base de l'égalité et de l'intérêt mutuel;
- l'intérêt de la Partie ___ d'accroître les exportations de produits de tout ordre en vue de faciliter l'importation de matériel d'équipement en ___;
- que la Partie ___ en tant qu'entrepreneur général pour la construction d'usines complètes, peut assister la Partie ___ dans ces efforts d'exportation, d'études, de biens d'équipements et des services pour la construction des dites usines en pays tiers;
- que la Partie ___ peut également favoriser l'exportation des autres biens ___ tels que matières premières, produits chimiques, produits agricoles, produits divers, y compris des produits de l'industrie mécanique, etc;
- que le Partie ___ est désireuse de coopérer à la réalisation en ___ des projets industriels;

les deux Parties ont convenu de ce qui suit:

ARTICLE 1. - **Champ d'application de la Coopération**

Les Parties rechercheront une coopération dans les domaines suivants:
- Construction en commun de projets industriels;
- Etudes et constructions en commun de projets industriels dans le pays tiers;
- Achats de biens d'équipements, de produits et de services d'origine.

D'un commun accord les projets de coopération peuvent être élargis.

ARTICLE 2. - **Formes de Coopération**

La coopération dans les domaines ci-dessus peut prendre les formes suivantes, conformément à la législation des pays respectifs:
- travaux conjoints dans le domaine des études et de la recherche, de l'engineering et des travaux de bureaux d'étude;
- étude conjointe ou livraisons en commun d'installations complètes, d'équipements individuels, de machines et autres produits;
- échange mutuel de documentation technique, formation de spécialistes, assistance technique ou élaboration en commun d'offres pour des sociétés et entreprises tierces;
- échange mutuel de nouveautés en matière d'étude, de technologie et de réalisations;
- construction, livraison et équipement, assistance technique et exploitation en commun des ouvrages industriels, y compris dans les pays tiers;

- coopération scientifique et technique, y compris pour l'adaptation des types et standarts, dans le but d'assurer l'interchangeabilité des sous-ensembles, pièces et éléments séparés;
- coopération dans le domaine commercial et de service, y compris la création de sociétés mixtes et d'activités conjointes dans le pays tiers.

Dans le but de conclure des contrats spécifiques et tenant compte de la coopération, les firmes et organisations intéressés, d'un commun accord, peuvent recourir à d'autres formes de coopération s'avérant plus adaptées à chaque cas individuel.

ARTICLE 3. - **Programmes de Coopération**

Les domaines d'activité spécifiques faisant l óbjet d'une coopération, la forme que prendra cette dernière ainsi que les entreprises des deux Parties contractantes prenant part à une telle coopération seront indiqués séparément dans un programme indicatif à long terme.

Chaque Partie se charge, dans les 3 mois au plus qui suivent la signature du présent Accord général, d'établir un tel programme qui fera partie intégrante du présent Accord.

Chaque année, la réalisation du programme de coopération sera passé en revue, au Comité de Coordination, les projets et la nature de la coopération seront actualisés, complétés et modifiés, si cela s'avère nécessaire.

ARTICLE 4. - **Contrats de Coopération**

Aux fins de concrétiser les activités et les objectifs fixés dans le présent Accord, les Parties contractantes conviennent que la Société ___ et ___ concluront des contrats pour chaque projet, sur tous les produits et autres, relevant de leurs droits et obligations respectifs.

Les contrats de coopération stipuleront: le sujet de la coopération, les droits et obligations des Parties contractantes, les garanties pour leur décharge, le délai de validité, la qualité du rendement et la livraison des pièces de rechange, ainsi que les prix et autres aspects financiers, la compétence et autres détails précis de ces transactions.

ARTICLE 5. - **Ouverture d'un Compte d'Ecritures**

Les Parties conviennent de l'ouverture d'un compte d'écritures enregistrant la valeur des achats effectués par ___ et par ___ en raison de contrats déterminés, indiqués à l'article 4. Le but de ce compte est de balancer les achats et ventes mutuels, aussi complètement que possible en volume, mais sans relations exacte quant au moment de leur réalisation, dans les délais de validité de cet Accord.

Les détails techniques de la comptabilité feront l óbjet d'un accord connexe qui sera conclu entre une banque ou autre de premier ordre, correspondant de la Banque ___ et cette dernière.

La procédure que la firme ___ et ___ ont l intention de mettre sur pied avec les banques comprendra:

a) enregistrement de tous les paiements effectués par les deux Parties aux termes de l'arrangement relatif à la fourniture de marchandises suivant les contrats individuels et ceus pour la réalisation conjointe de projets dans les pays tiers dans la cadre des activités ___ et ___ liées au présent Accord;

b) la compte sera libellé en francs;

c) les sommes tirées et les redevances sur le compte pour les transactions effectuées en devises autres, seront exprimées par la convertion de ces dernières en francs ___ payables à ___ ou à la Partie ___, suivant le cours du jour du payment conformément à la publication officielle de la Banque.

Les obligations réciproques des Parties seront effectués dès l'entrée en vigueur du présent Accord et l'égalité des échanges sera recherchée durant une période de 10 ans.

En cas de fournitures non effectuées pour des merchandises, des activités et des services suivant des contrats concrets passés à la base du présent Accord, les enregistrements sur les comptes statistiques équilibrés s'effectueront avec les modalités de l'arrangement bancaire technique.

ARTICLE 6. - **Comité Mixte de Coordination**

En vue de permettre la réalisation du programme découlant du présent Accord et de faciliter la conclusion et la réalisation de contrats particuliers de coopération entre les entreprises respectives et la firme ___, un Comité Mixte de Coordination sera mis sur pied comprenant un nombre égal de représentants des deux Parties contractantes. Ce Comité se réunira une fois l'an alternativement à ___ et à ___ et chaque fois que les parties en décideront par écrit. la première réunion du Comité se tiendra dans les 3 mois de la signature du présent Accord. Les Parties échangeront une liste de noms et titres des membres du Comité de Coordination.

Les objectifs du Comité de Coordination sont les suivants:

a) analyser l'état de la coopération, les difficultés rencontrées lorsde sa réalisation, ainsi que faire des suggestions et proposer des mesures pour éliminer les difficultés en question;

b) établir des programmes couvrant l'étendue et les formes de la coopération;

c) examiner les perspectives et propositions de coopération en vue d'étendre celle-ci, élaborer les propositions retenues, établir des groupes de travail sur les problèmes spécifiques;

d) faire part des progrès réalisés dans le commerce et des difficultés rencontrées et faire des propositions sur accord des Parties, pour la décharge des obligations contractuelles assumées, lesquelles s'avèrent un obstacle à la réalisation des objectifs mentionnés dans l'Arrangement;

e) donner des informations sur les perspectives de marché;

f) surveiller la réalisation des engagements faisant l'objet de contrats particuliers;

g) soumettre des propositions visant à améliorer éventuellement le présent Accord, ainsi que d'établir le programme indicatif;

h) examiner l'état du compte d'écritures et suggérer des mesures adéquates pour en assurrer un fonctionnement harmonieux et mutuellement accepté.

Les résultats des discussions au cours des sessions et au sein du Comité de Coordinations seront reflétés dans des Protocoles.

ARTICLE 7. - **Préférences**

L'une et l'autre des Parties déclarent être disposées à accorder la préférence à l'autre partie dans la coopération à des études futures, à condition que l'autre Partie offre des conditions et termes aussi favorables que ceux accordés par un tiers.

Les deux Parties prendront, le cas échéant, des mesures souhaitées et/ou possibles auprès de leurs autorités compétentes afin de créer des conditions financières, douanières, commerciales et politiques plus propices à la conclusion de contrats particuliers de coopération et de vente.

Si l'une des Parties du présent Accord ne respecte pas ses engagements visant l'équilibre de l'échange de marchandises et des services, cette dernière n'a pas de raison pour formuler des prétentions relatives aux préférences faisant l'objet de l'article 7.

ARTICLE 8. - **Echange d'Experts**

Conformément aux stipulations légales des deux pays, et si cela s'avère nécessaire, les Parties sont convenues de permettre à leurs experts désignés pour chaque contrat particulier, de prendre une part active dans l'organisation de la production, tout en adaptant les technologies échangées, de façon à atteindre ou dépasser les objectifs visés dans le contrats et à élaborer une politique de commercialisation plus efficace.

Les Parties sont convenues de ce que les matières relevant de l'assistance technique et de l'échange d'experts fassent l'objet de contrats particuliers.

Par principe lorsque l'une des Parties envoie des experts ou une mission, les frais de séjour et de déplacement seront à la charge du pays qui les envoie.

ARTICLE 9. - **Echange d'Informations**

Les informations scientifiques, techniques et autres qui seront échangées entre les Parties contractantes, sous quelque forme que ce soit, au cours de la collaboration, ou auxquelles celles-ci auront accès, seront considérées confidentielles et aucun tiers ne sera autorisé à en prendre connaissance sans l'accord écrit de la Partie contractante qui est la source.

Dans le cas où communication de l'information à un tiers (par exemple, sous-traitant) s'avère inévitable et a lieu avec le consentement de l'une des Parties contractantes, l'autre partie s'engage à prendre toutes les mesures nécessaires afin que le secret ne soit pas dévoilé par le tiers.

ARTICLE 10. - **Règlement des Litiges**

1. Les litiges pouvant surgir entre les Parties quant à l'application du présent Accord seront réglés à l'amiable par le Comité Mixte de Coordination, selon l'article 7.

La même règle est d'application en principe également pour les contrats particuliers cités à l'article 4.

2. Si les Parties contractantes n'aboutissent pas à un accord au sein du Comité de Coordination, les différends seront résolus aux termes des clauses d'arbitrage des contrats respectifs, prévus à l'article 4.

ARTICLE 11. - **Durée de Validité de l'Accord**

1. Le présent Accord est conclu pour une durée de 10 ans et entrera en vigueur après approbation des autorités compétentes des deux pays.

Dans le cas où aucune des Parties ne résilie l'Accord un an avant son expiration, la durée de validité du présent Accord sera automatiquement reconduite pour deux ans.

2. Avant l'expiration de la période de 10 ans, l'une ou l'autre des Parties contractantes aura la faculté d'en demander la résiliation, au cas où des parties très importantes du présent Accord n'auraient pas été remplies. La résiliation est

validée par une lettre recommandée à l'autre Partie, la periode de préavis étant comme il a été mentionné plus haut.

3. Les contrats de coopération conclus en raison du présent Accord ne sont pas affectés par sa résiliation préable ou bien par l'expiration de celui-ci.

4. Des changements au contrat peuvent avoir lieu uniquement par l'accord écrit des deux Parties contractantes.

ARTICLE 12. - **Signature**

Le présent Accord est conclu en quatre originaux, deux en ___ et deux en ___, chacune des Parties contractantes reçoit une copie en ___ et une copie en ___ les deux textes faisant foi.

Signé à ___, le ___

POUR LA PARTIE _____ POUR LA PARTIE _____

*

* *

Modelo apresentado *In Droit et Pratique du Commerce International,* Tomo 8, nº 2, 1982.

14. Contrato de conta bloqueada

AGREEMENT, made in the City of ___, this ___ day of ___, 19__, by and between:
A) ____, hereinafter called "X",
B) ____, hereinafter called "Y", AND
C) ____, hereinafter called "ESCROW AGENT";
WITNESSETH:
WHEREAS X has entered into a Barter Agreement with Y through which X shall sell PRODUCT 1 to Y and Y shall sell PRODUCT 2 to X; and
WHEREAS X and Y shall deposit the price of the products purchased in an Escrow Account with the ESCROW AGENT according to the provisions set forth hereinbelow;
NOW THEREFORE, in consideration of the sum which shall be deposited in escrow and of the mutual covenants and agreement herein contained, the parties hereto do hereby agree as follows:

1. X will deposit in escrow with the ESCROW AGENT the sum of US$_____ representing the amount of the purchase of PRODUCT 1, as herein provided.

2. Y will deposit in escrow with the ESCROW AGENT the sum of US$_____ representing the amount of the purchase of PRODUCT 2, as herein provided.

3. In the event one of the parties fails to effect the delivery of the products on the dates provided in the Deliveries Section of the Barter Agreement of which this Escrow Agreement constitutes ANNEX 1, and evidence of the non-performance of the obligation to deliver is produced to the ESCROW AGENT, the ESCROW AGENT shall pay to the respective party the amount deposited which refers to the goods already supplied to the defaulting party.

4. The ESCROW AGENT shall not be bound in any way by any agreement between the parties hereto whether or not it has knowledge thereof or of its terms and conditions and is required only to hold the money to be deposited with it hereunder and to pay and turn the same over to the person entitled to receive the same under the conditions hereof. It shall not be necessary for the ESCROW AGENT to determine whether the evidence of non-performance of the obligation to deliver is in due legal form. It shall be sufficient for all purposes of this Agreement so far as it affects the liability of the ESCROW AGENT that the said evidence of non-performance is _____(parties must agree upon the procedure they want to rule this subject).

5. After both parties have effected their respective deposits they must present to the ESCROW AGENT their invoices and the ESCROW AGENT shall provide a final balance of the Escrow Account. Any negative balance shall be paid in hard currency by the respective party thereof.

IN WITNESS WHEREOF, the parties have hereunto set their hands and seals the day and year first above written.

***Modelo apresentado pela FUNCEX, *op. cit.*

15. *Joint Venture*

A - FRAME AGREEMENT
BETWEEN
WESTERN SERVICE COMPANY
(hereinafter referred to as WSC)
AND
EASTERN EUROPEAN EXPORT-IMPORT ORGANISATION
(hereinafter referred to as EEO)
the following has been agreed upon:

#1
Messrs WSC and EEO agree to develop and extend their co-operation in business in third countries, especially in the joint participation in tenders.

#2
The aim of this co-operation shall be joint action when dealing with mutually interesting objects in third countries, with the concrete form of co-operation to be decided according to the circumstances.

#3
1. The parties declare their interest to act jointly in dealing with objects of the following kind in third countries:
 - machinery of different capacities
 - plants of different types
 - farming equipment
 - storehouses
 - as well as further operations to be agreed upon

2. Concerning the objects mentioned under item 1, Messrs WSC will mainly offer the corresponding assembly services and EEO will offer the technological equipment. An exact delimitation of the particular scope of services is to be made separately in each case.

#4
In case of opening up business relations concerning the objects mentioned under #3, EEO will with priority contact WSC as to the carrying out of the assembly.

WSC will for their part hand over to EEO information they receive on demands, forthcoming tenders etc. referring to the above items or will procure business via already existing contracts.

#5
The present agreement is valid until ___. Its validity will automatically be extended unless one of the two contracting parties cancels the agreement in writing one month prior to the above date.

#6
1. The following provisional time schedule is to be considered as agreed upon between the parties:

1.1 Exchange of lists of the employees/specialists of the two companies, responsible for the co-operation.   Date:_____

1.2 First meeting of the specialists to discuss general questions of a co-operation between the two companies in third countries:
- delimitation of markets
- coordination of the legal form of the co-operation
- potential joint projects etc.   Date:_____

1.3 Discussions at the level of the Directors General of the two companies on the achieved state of the specialists' talks and corresponding contractual arrangement of the future work/activities of Messrs WCS and EEO.

#7
1. The expenses incurred by the implementation of the present agreement are to be borne by each contracting parties themselves.

2. Documents, drawings, records etc. handed over under this agreement are to be used exclusively for the respective object and remain the property of the party they come from.

3. The exact date of the particular meetings will be agreed by telex between the two parties.

4. The meetings will take place in ___ or ___ as agreed upon.

#8
This agreement comes into force upon being signed.
Date:_____

_____
WSCEEO

B - CONTRACT N. ....
BETWEEN
EAST EUROPEAN MANUFACTURER (EEM)
REPRESENTED BY
EASTERN EUROPEAN EXPORT-IMPORT ORGANISATION (EEO)
AND
WESTERN SERVICE COMPANY (WSC)
the following is agreed:

Within the terms of the frame agreement for the execution of services by WSC for EEO, the two parties to this contract dated ___ agree to undertake a specific joint assembly project under the following conditions:

1 - *Technical personnel*
WSC will provide the following technical personnel for the services to be executed: _____
EEO/EEM will provide _____
for the duration of the work.

2. *Services*
The above technical personnel will undertake the following services:
- assembly of a machine, type ___, for {client company} in {third country}.

Objective: Instruction of WSC technical personnel in the assembly and repair technology of a machine type ___.

For the execution of the work as stated above, the local agents of EEO will provide on the day work begins the necessary scaffolding, lifting gear and other auxiliary material as listed in the standart assembly instructions of EEM. The tools and measuring equipment required by WSC technical personnel are to be provided by WSC.

Assembly conditions are guaranteed on the basis of regulations governing EEM's industrial safety and fire protection and general order and security. EEM's technical personnel have the right to supervise adherence to these conditions.

3 - *Location and duration of the services*

The work will be carried out in {location in third country} and will begin on {date}.

The work will last approximately ___ weeks.

4 - *Remuneration*

EEM will pay WSC each day worked the following rate of labour costs: US$____ per hour for the period of the assembly, up to and including mechanical test run.

The basis for payment are the certificates of employment which must be endorsed by the customer and the chief fitter of EEM.

Certificates of employment and hotel and travel bills are to be presented to EEM in duplicate.

The working week will consist of ___ hours. permission to work overtime must be obtained from EEM and will be dealt with separately.

5 - *Daily allowance and overnight rates*

Daily allowance and overnight costs will be calculated by WSC and invoiced to EEM after completion of the work.

Daily allowance: US$ _____
Overnight rate: US$ _____

6. *Travel*

WSC will advance all costs incurred by its technical personnel travelling to and back from the location of work. WSC is also responsible for the application to the appropriate consulate for entry and transit visas for its fitters.

7 - *Accommodation*

The company acting as local agent for EEM or their customer will make arrangements for appropriate accommodation for technical personnel in accordance with accommodation regulations.

8 - *Sickness*

In the case of sickness the company acting as local agent for EEM or their customer will arrange for medical attention for WSC's personnel.

Medicaments and any necessary stay in hospital (1.class): EEM's agent or their customer will be reimbursed by WSC for any costs incurred in this connection.

9 - *Rendering of accounts to EEO*

The certificates of employment endorsed weekly by EEM's chief fitter and the end customer to show the work completed will be taken as settlement basis.

WSC rendering of accounts to EEM is to occur within 2 weeks of WSC' technical personnel having completed the work.

Payment by EEO will be made at the latest ___ days after signature by the end customer of customer of the acceptance certificate.

10 - *Disputes*

All disputes arising from this contract will be settled by the Court of Arbitration in ___. Any lawsuit will be governed by the statutes of the Court of Arbitration in ___.

This contract is governed by laws of ___. This contract comes into force after signature by both parties hereto.

All changes must be in writing and form a part of this contract. WSC's technical personnel may in principle only be sent at the request of EEM.

Date: _____

_____
WSCEEO

*

* *

Modelo apresentado por BRIAN D. TOWNSEND, *op. cit.*